U0739495

2010 泡沫破碎

房价·银行与经济萧条

2010 BOOM BUST

House prices, Banking and the depression of 2010

[英]弗雷德·哈里森 著

龙桑田 李红丽 译

中国社会科学出版社

图书在版编目（CIP）数据

2010泡沫破碎／［英］哈里森（Harrison，F.）著；龙桑田，李红丽译.—北京：中国社会科学出版社，2007.12（2009.5重印）

书名原文：Boom Bust：House Prices，Banking and the Depression of 2010

ISBN 978－7－5004－6498－3

Ⅰ.2… Ⅱ.①哈…②龙…③李… Ⅲ.经济预测－世界－2010 Ⅳ.F113.4

中国版本图书馆CIP数据核字（2007）第164620号

图字：01－2007－4618

出版策划 任 明

特邀编辑 乔继堂

责任校对 林福国

封面设计 典雅设计

技术编辑 李 建

出版发行 中国社会科学出版社

社 址 北京鼓楼西大街甲158号 邮 编 100720

电 话 010－84029450（邮购）

网 址 http：//www.csspw.cn

经 销 新华书店

印 刷 北京奥隆印刷厂 装 订 北京一二零一印刷厂

版 次 2007年12月第1版 印 次 2009年5月第2次印刷

开 本 710×980 1/16

印 张 17.75 插 页 2

字 数 275千字

定 价 28.00元

凡购买中国社会科学出版社图书，如有质量问题请与本社发行部联系调换

目　录

前　言 ………………………………………………………………（1）

第一部分　房子安全吗

第一章　英国的房地产及经济周期 ……………………………（3）
第一节　为经济大起落所做的预算 ……………………………（3）
第二节　避开萧条的秘诀 ………………………………………（9）
第三节　房价试验 ………………………………………………（13）
第四节　税收挑战 ………………………………………………（19）

第二章　注定失败 ………………………………………………（21）
第一节　历史的模式 ……………………………………………（21）
第二节　归咎为“通货膨胀” …………………………………（26）
第三节　5%复利的秘诀 ………………………………………（29）

第三章　美国的虚拟现实情形期 ………………………………（38）
第一节　新经济　旧法术 ………………………………………（38）
第二节　极高的租金 ……………………………………………（42）
第二节　吸收规律 ………………………………………………（48）

第四章　艾伦·格林斯潘的杰出才华 …………………………（53）
第一节　泡沫问题 ………………………………………………（53）
第二节　货币的色彩 ……………………………………………（59）

第三节 多事的石油 …………………………………………………………… (63)
第四节 心灵的卫士 …………………………………………………………… (65)

第二部分 经济繁荣与萧条交替循环的根源

第五章 租金和18年的循环周期 ………………………………………… (73)
第一节 循环反复综合征 ………………………………………………… (73)
第二节 土地市场的根源 ………………………………………………… (78)
第三节 终止协会 ………………………………………………………… (84)
第四节 芝加哥的情形 …………………………………………………… (88)
第五节 未公开的证据 …………………………………………………… (98)

第六章 历史的模型 …………………………………………………………… (100)
第一节 快速致富计划 …………………………………………………… (100)
第二节 周期中段危机 …………………………………………………… (110)
第三节 作为起因的投机 ………………………………………………… (116)

第七章 土地投机的炼金术 …………………………………………………… (119)
第一节 战利品Ⅰ：自然 ………………………………………………… (119)
第二节 战利品Ⅱ：纳税人 ……………………………………………… (124)
第三节 罪在上帝 ………………………………………………………… (128)
第四节 自相残杀的代价 ………………………………………………… (132)

第八章 经济大起落结束了 …………………………………………………… (137)
第一节 绝望的论调 ……………………………………………………… (137)
第二节 形而上学的经济学家 …………………………………………… (142)
第三节 只是当地出现的一点困难 ……………………………………… (147)
第四节 搭便车者的追求 ………………………………………………… (150)

第三部分 第一次全球经济大萧条剖析

第九章 新经济：倒卖，英裔美国人的神话 ………………………………… (157)

第一节 硬接线 ……………………………………………………（157）
第二节 泰坦尼克号的教训 ……………………………………（161）
第三节 公共财产理论 …………………………………………（165）

第十章 在美国创业 ………………………………………………（169）
第一节 债务与破坏 ……………………………………………（169）
第二节 掠夺的财政 ……………………………………………（178）
第三节 风险制造者 ……………………………………………（183）

第十一章 戈登·布朗的魔咒 ……………………………………（187）
第一节 不够谨慎，假设1 ……………………………………（187）
第二节 税收储备骗局 …………………………………………（193）
第三节 危机中的建筑物 ………………………………………（197）
第四节 返回到5%…………………………………………………（201）

第四部分 自动稳定器

第十二章 反周期行为 ……………………………………………（209）
第一节 失败的语言 ……………………………………………（209）
第二节 自掘坟墓的政策 ………………………………………（214）
第三节 反周期策略 ……………………………………………（217）
第四节 人们的预算 ……………………………………………（220）

第十三章 澳大利亚：税收的弊病 ………………………………（227）
第一节 土地财富 ………………………………………………（227）
第二节 公共税收的土地价值 …………………………………（232）
第三节 失败的政策 ……………………………………………（239）
第四节 病态的税收 ……………………………………………（241）

第十四章 来自民主化财政的津贴 ………………………………（246）
第一节 一项新的社会公约 ……………………………………（246）

第二节　盈利 …………………………………………………………… (250)
第三节　灾难之路 ………………………………………………………… (254)
第四节　掠夺政策的结尾 ………………………………………………… (258)

附录　创立真实状态的哲学 ………………………………………… (263)

前言

美国航空航天局（NASA）是美国政府下属的宇宙探测机构，美国的纳税人已经为其科学研究和载人航天事业出资无数。美国航空航天局也不惜代价网罗最聪明的人才，让他们设计出最灵敏的仪器来加深我们的物理知识，了解宇宙对地球的影响。然而，美国航空航天局没能提醒我们注意一个正在发生的危险问题，而这个危险有可能摧毁生命。他们没有发现臭氧层中的空洞，这个曾阻挡大部分紫外线的天然屏障因地球的灼热而开了口子。直到1985年英国南极考察队的约瑟夫·法曼（Joseph Farman）及其同事发现臭氧层空洞，这一直都是自然界不为人知的秘密。

为什么美国航空航天局会失手呢？事实上，它并不是没有觉察到这种变化。航空航天局的精密仪器记录了这些数据。《商业周刊》（*Business Week*）（1991年7月22日，第10页）曾报道："他们的仪器已经记录了臭氧的减少，但是计算机按照既定的程序来解读这些数据，而既定的程序早就将反常的读数忽视掉了。"计算机的智能程度局限于人们输入的程序，所以问题的关键在于美国航空航天局应用知识的方式。科学家们掉以轻心，将那些与止常数据相去甚远的数值视为无关紧要。如果仪器上显示的数值反常，他们会被解雇。

那些运用资本主义运行机制研究社会科学的科学家身上也有类似的问题。政府采取的手段远不够完美，但它们却在收集将触发红灯的警示信息。像美国航空航天局一样，当土地市场的通胀统计数值脱离预期的基准值（通常在2%—10%之间），到达警戒性的高度（房价增长20%），直至高达每年60%的涨幅，最终泡沫破灭时，政府却仍然处在无反应的沉睡状态。传统的经济学原理是不考虑那些偏离官方认可的基准太远的数值的。

因此，资本主义经济中的“空洞”仍然是个谜，这个空洞就是给家庭经济和国家财政预算带来灾难的周期性经济衰退。问题的关键在于解读数据的方式。人民的代表不能“理解”我们双眼所能看到的东西。我们草率地利用所有事实，但我们并不了解它们。尽管政府中有最具智慧的头脑，在大学里也投入了巨额的研究经费，而我们仍然漠视了实际的情况。

在这次研究中，我把矛头直指托尼·布莱尔的财政部长戈登·布朗和美国央行行长艾伦·格林斯潘。不过这次研究并不是某个政党的政治攻击，只在于找出政府经济政策的核心体系中的问题。这种哲学体系中的问题本应受到所有政党质疑的，但是他们却都默默地接受了。这样，当我以几个有影响力的人物传记来分别刻画英国和美国的问题时，我们会记住那些财政部长和央行行长的上任和去留事迹；然而，令社会动荡的经济大起落其实都是一些支撑这个社会的法律制度的产物。

我对当权者的建议是他们应当对事情了解更多一些。央行行长有责任用简洁的语言，说话直截了当，给我们提供一个全面的经济运行账目，好让我们有可能去掌控自己的命运。但格林斯潘将他掩饰话语意思的技巧拿来开玩笑。欧文·斯特尔泽（Irwin Stelzer）是一位美国经济的密切关注者，他说道：“格林斯潘运用语言的特殊才干是出了名的，他的这种方式终结了语言作为沟通工具的性质。”① 作为政治人物，他们对那些信任他们、有信心投票给他们的人民负有领导责任，因此，他们应当对事态变化做出明确的计划，而不是因为害怕失去选票而妥协。只要他们不能解释为什么必须对公共财政和财产权中一些重要惯例进行改革，他们就会失去那些选票。

央行行长和财政部长对我们施加简易的经济管理手段（利率—借贷成本），自我审查制度已经破坏了对这种问题的监管。目前执行的货币政策使得关系人们生活的物价很高。经济学家称之为“牺牲率”(sacrifice ratio）——因减少通货膨胀而得到的产出累积损失②。关于损

---

① 欧文·斯特尔泽：“联邦政府的格林斯潘坦然面对狡猾的平衡术”，《星期日泰晤士报》（*Sunday Times*）2005年1月9日。

② 埃德·鲍尔斯（Ed Balls）、格斯·欧唐奈（Gus O'donnell）：《改革英国的经济和金融政策》（*Reforming Britain's Economic and Financial Policy*），贝辛斯托克—帕尔格雷夫出版公司2002年版，第78—80页。

失的比例，他们达不成一致意见。如果这种政策能缓和经济大起落，那么付出的代价也许是值得的。但事实上不是这样。他们利用资本主义经济结构的弱点，而货币政策被迫承担经济过剩的重任。货币政策给人们一种当局采取了措施的表象，但它最终不能抵抗周期性经济衰退的强大力量。

如果确实对这种经济循环大起落没有解决办法，或许我们可以容忍这种一眼就能看出是假的弱智游戏。我们采取的表面行动中应该有解决问题的价值。我们在实际生活中可能不能将罪恶的灵魂排除在社会之外，但在圣歌和宗教仪式中还是可以警告他们，这可能让其他人感觉更安全些。而我想说的是，经济大起落是存在解决之道的。

如果我是对的，那么暗含的意蕴是什么呢？我们应当重新解释一下央行行长们的秘密会议的意义。当他们碰头来判定是否要提高利率时，他们上演的其实是一幕心理剧，更多的是做表面文章，对现实起不了多大作用。我们会觉得这种仪式更好吗？当银行行长们宣布我们贷款将要支付多少利息时，他们的决定会间接损害企业经济利益。这种负面影响直接关系到是否要提高利率。无论提高或降低利率，一种失常的经济会更加不稳定，金融冲击会将负面影响波及人们的工作、储蓄和投资中。

在调查过程中，我质问戈登·布朗，指出他的分析存在致命的缺点。他借助200年的历史来支持他的英国经济管理方法——由托尼·布莱尔政府在2005年大选中大肆宣传的方法。我拿出400年的史料证据，证明他那将在1997年执行的决定对经济衰退周期起不了什么作用。

我们每个人都需要居所。然而，有三个世纪，劳动人民发现给自己提供一个像样的住所成了难事。我们要么指责自然界太吝啬（在这种情况下，自然界以奇怪的选择性赋予我们想要的东西），要么怪罪我们的法律和制度存在严重缺陷。我反对我们可以控制自然责任的观点。工业革命以强大的爆发力为我们提供了我们想要的一切物质。然而，许多人得不到他们可以买得起的住房。从18世纪的农业社会经过19世纪和20世纪的工业化鼎盛时期，直到今天所谓的21世纪“新经济”，我们可以从中发现相同的模式：相同的社会进程使人们丧失了大多数基本的需求，得不到理应成为家庭安乐窝的住所。

我从普通代表的角度来观察英格兰银行管理层和美国联储主席的言行。他们认为可以利用利率来消除经济周期性运动，我将解释为什么这是对市场经济的错误理解。像目前的经济结构，资本主义制度对平衡经济增长具有先天不足的缺点。操纵利率不会改变这个现实，相反，它会加剧市场的动荡，扰乱人们的工作和储蓄。

如果我是对的，如果我的解释对经济大起落的原因提供了有力的阐述，那么将意义深远。人们将更有信心地去做规划，计划何时购买房子，知道为抚养小孩和安度晚年需要多少积蓄。

如果我是对的，人们就有责任去掌控他们的命运。无论那些最具创造精神的企业家采用多么精细的财务和组织措施，上三个世纪的经济大起落都摆脱了企业家们所能想出的防卫方法。经济大起落战胜了最强大的政府，击败了人们有组织的努力合作（比如工会和合作组织）。过去这些失败是因为人们不具备认识问题根本原因所在的知识，而现在他们都已经驾轻就熟了。

如果我是对的，那么税收的民主运动时节已经来临。公共财政已经变成分裂的工具，这本应成为人们的民主。我将解释为什么房屋主特别要承担重大责任。有许多原因，持有财产所有权证书的人们应当采取主动，领导一场改革运动，以此改变我们缴纳所得和服务税的方式。

现在，以我提供的这些观点来武装自己，我们不再可能听任经济的狂热兴起和毁灭性衰退。我们必须不再让历史上的可憎人物继续演变成魔鬼，特别是地主。社会主义者还在大打过时的教条主义战。例如，在英国《新政治家》（*New Statesman*）2004 年 9 月 20 日的封面故事中，英国左翼大声疾呼：“交出我们的土地！我们每个家庭被少数贵族剥削了好几百万。”当我们继续对昨天的敌人发动意识形态上的斗争时，数以百万计的人们将继续失去与生俱来的权利和劳动权利。政治哲学必须转移到今天的现实上来，因为我们（人们）已经成为问题的一部分了。我们有时公允，不能再为反复的经济崩溃而继续指责其他人。

我们是财产所有者，我们有民主权利去坚决要求改变那些法律制度，因为那些法律制度都是合谋打击我们的合法愿望的。但是，保持沉默的诱惑实在太大，特别是那些通过不公正的管理制度谋取了超出他们最大财富梦想的房屋主。他们的房子资产增加了，然而，其黑暗面就是——悬在数百万人们脖子上的债务的增加。我们看看下面的表，英国的债务负担在 21 世纪初房产繁荣时期是增加的。按彼得·安布罗斯（Peter Ambrose）教授的估计，在虑及通货膨胀和房子增多的情况下，

1980—2004 年间的住房债务应当增至 1550 亿英镑左右。[①] 实际上，到 2004 年房产债务已经超过 8000 亿。对那些利用房子赚钱的人来说，房产市场仿佛一个包赚不赔的赌场。对那些需要住房的人来说，房产市场却意味着终生的奴役。

英国住房债务和 GDP（亿英镑）

	1980	1985	1990	1995	2000	2002
未付的住房债务	530	1270	2950	390	5360	6710
国内生产总值(GDP)	2310	3550	5570	7190	9500	10370
债务与 GDP 的%	23	36	53	54	56	65

资料来源：《英国 2003/2004 年房产回顾》（*UK Housing Review* 2003/2004），史蒂夫·威尔科克斯（Steve Wilcox）：《考文垂市：特许的房产协会》（*Coventry: Chartered Institute of Housing*）（2003 年，第 131 页，表 45）。

这种病态的社会现实并不能归罪于个人的心理问题。经济不稳定主要是因为税收和土地使用期限的法律使这种大起落成为惯例，而政府是要为此承担责任的。从前期的迅速增长到 2010 年经济衰退期间的两个例子说明了政治上的不足。

- 在美国，投资者发现了一部旧税法，这部税法可使他们购买商品房不用支付资本所得税。投机者创立了“共同产权协会”（Tenants in Common Associations），并涌进“自 19 世纪 90 年代美国俄克拉何马州的土地热而发展最快的房产所有权战略”。[②]
- 在英国，戈登·布朗自 2006 年 4 月以来，在税收法方面开了个大口子，以此激发了房产市场的投机行为。依照他推行的养老金新规定，投资者会将养老金转向房产市场，并以此减轻税赋——他们的钱可以说是公共资金的捐献。[③]

① 彼得·安布罗斯：《英国房产》（油印文件）2004 年 10 月 15 日。

② 吉姆·皮卡德（Jim Pickard）：“1031 趋势在美国减弱”，《金融时报》（*Financial Times*）2005 年 1 月 4 日。

③ 凯瑟琳·库珀（Kathryn Cooper）：“购房出租的投资者大获 40 亿英镑税收”，《星期日泰晤士报·货币版》（*Sunday Times · Money*）2005 年 1 月 9 日。

在这两种情况中，房地产的特别待遇一方面促使房价超出实际水平，另一方面将低收入工薪族支付的税金转移到了高收入的土地所有者手中。这样，在房地产市场通行的财政政策将收入从穷人到富人进行再分配，促使一小部分人暴富，而穷人承担一生的债务。

在我调查滋生这种病态负债的过程中，我要指责一些政策制定者和社会科学家，他们作为国家利益的管理者是失职的。他们擅自通过操纵贷款成本安排人们的生活，但他们的决定终究是故意当作不知道原委。英格兰银行的货币政策委员会（MPC）就是实例之一。在 2004 年，它提高利率，而没有全面考虑它对房地产市场的影响。它的经济学家并不知道随之而来对人们的消费决定或消费方向的影响，其中房价会上涨。听到英格兰银行的高管默文 · 金（Mervyn King）说这样的话是得不到安慰的，他说：“我不知道房价走向如何，而我知道其他人也不知道它的走向。”①

人们慷慨地纳税想知道的可能是未知的答案，而本书的读者不必依赖专家，就可以对重大趋势有更深入的了解。对我们的共同财富、我们的个人财产和社会福利的最终责任都铭记在我们每个人心里，这就是本书的目的。

---

① 谢赫拉扎德 · 丹尼什科夫（Scheherazade Daneshkhu）：“在回落迹象之后，房价将走哪条‘平衡之道’？”《金融时报》2004 年 9 月 25 日。

第一部分

房子安全吗

第一章

英国的房地产及经济周期

第一节　为经济大起落所做的预算

时间：2004 年 3 月 17 日，12 点 30 分；地点：英国议会下议院的公文箱前；戈登·布朗是从女王政府的下议院众多大臣中跻身上来的。这是他做的第八次预算，也是他为海市蜃楼般的经济繁荣宣布补救措施的最后一天。他会为自己辩护，声称成为谨慎的英国财政大臣吗？他曾在 2001 年的经济不景气时平衡了国家的账面，为经济发展掌舵。他将落败于自己作为财政大臣时所定的目标的考验？布朗的演讲内容将决定英国经济未来十年的命运，而他将它留到了最后一分钟才公布。以我的考虑，他用三年时间推行法律，并对潜伏在资本主义经济中的猛兽（经济大起落）采取先发制人的措施。

前两次经济危机（1909 年和 1931 年），布朗的前任们已经通过立法来改变税收制度，以此打下经济持续增长的基础。但是，由于各种利益集团的对立，改革措施还是被迫从法律中删去了。这次，情况不同了。托尼·布莱尔政府拥有大多数的下院议员，而且他已经将那些保护上院特权的后台拆除了。政府现在所要的就是让戈登·布朗充当 位强硬的大臣，以最终转移实权给人们的方式来改革公共财政。

这位大臣知道从哪里寻找经济的脆弱点下手。早在一年前，他就用正确的认识击败了他的前任。他们已经尽力去推行充分就业，但反复遭到房地产市场的阻挠。当 1997 年布朗踏入国会人街英国政府底层的财政部大楼时，他决定不遭受那种耻辱。他呼吁他的文职人员去分析在经济衰退时终止的经济周期，并总结其中的经验。他在 2003 年 4 月 9 日的财政预算讲话中透露了他们的发现。布朗拿英国的历史纪录与其他国家（如法国和德国）相比，并得出如下结论：

过去50年内英国经历的大多数收放经济问题，都是因房地产市场较快的循环且通常是较不稳定的性质导致的，或者说是由它影响的。

从政治上来讲，这种“诊断”有助于布朗对棘手的问题延迟做出决定。他以房地产市场周期为借口，拖延宣布英国是否将放弃其先令（英国货币）而赞同使用欧盟的统一货币——欧元。英国必须将它的房地产与欧洲大陆的房地产市场统一步调，而欧洲大陆的房地产市场价格波动不是太强烈。然后，英国会慎重考虑将自己纳入欧洲货币体系中。但利用房地产市场来拖延使用欧元的决定暴露了布朗的政策是徒劳。现在，他得解释他将如何预防下一轮房地产市场的兴衰。因为在这个十年的开端，房价每年上涨幅度达20%，甚至更高，显然房地产市场“过热”。采取什么样的措施可以防止在这个十年末出现类似的价格上升？因为这种价格上升会引起开销的疯狂上涨，而经济衰退会从2008年开始，直入2010年的低谷期。为了寻求解决方案和赢得更多时间，布朗委任了两位知名经济学家撰写关于理财和住房供应的报告。当他面临2004年3月17日国会下议院的演讲时，他手中已有了经济学家调研的结果。

在议会新闻记者团中的议会草拟作者都被预算演讲的潜台词给迷住了。戈登·布朗正竭力向政府的最高职位努力。他曾想要搬进唐宁街十号，在托尼·布莱尔的同意下，他现在已经住在唐宁街十号的一个小公寓里。但他还想要占用首相的办公室。实际上，在担任财政大臣的七年时间里，他所做的每件事情都是经过权衡的，以防会影响到他成为首相的前景。我们知道，布朗的政治前途与经济的健康发展密切相关。

他的首要任务是让人们接受并突出他作为经济管理权威的信任状。他告诉下议院的法律制定者，自从1945年以来，英国已经反复堕入经济萧条期，从经济繁荣走向衰退。

但我可以说，自从1997年以来，英国已经持续稳定地发展了不只是一个经济周期，而是两个经济周期，且没有出现以前的经济收放的弊病。2000年以来的全面增长几乎是欧洲的两倍，甚至比美国的经济增长都还快。

长老派苏格兰人不会反对唱他自己的赞歌。他成功了，因为他宣布了他要正面迎接“艰难决定”挑战的意愿。结果，他作为一名战略大师被载入史册，他的战略将使国家经济在低迷期仍持续繁荣，而在过去却要导致数百万人穷困。

但将来还有更多的事情。戈登·布朗的丰功伟绩更是令人敬畏。

> 我已经请求财政部研究过较为详尽的史料，我现在可以说英国正在享受着它最长的持续经济发展时期……是自从工业革命开始以来最长的稳定发展时期。

这是具有历史意义的。以前的经济学家和财政大臣都曾奋力寻找持续发展的秘诀，可怎么也找不到，而到戈登·布朗上任时却出现了。布朗显然是工党宝座的继承人，而这神奇的秘诀也从内阁的红色公文箱中出来了。

这只是一种幻想。戈登·布朗没有指出这种改革可以平衡一会儿狂飙至峰顶，然后以满眼苦泪在谷底收场的经济发展趋势。布朗没有提出合适的防范措施，2005—2010 年的经济大起落将会作为另一次寻求持续发展的惨淡失败而载入史册。

但新闻记者们并不介意那种结局，他们仍然前来听这位财政大臣的演讲。多数记者愿意称他为合格的经济管理艺术大师。布朗面临的挑战就是保持这种幻象。他将如何展示他的巧妙技法？以至于那些站在女王对立面、眼光尖锐的政治家们识不破这种老奸巨猾的戏法，而这种花招使得这个国家认为它是处在稳健发展之中。伦敦的金融学家也认识不到布朗的微观管理技巧已经加速了经济周期中最具创伤性阶段的成型期。

为了揭露布朗精心建造的政策大厦的内部瑕疵，我们将运用他自己的检验方法。

- 允许房价反复无常变化的政府会陷入收放的经济周期中。
- 在 200 年的历史中，资本主义制度的致命弱点暴露无遗。

我们将追溯更远的历史，通过研究 400 年的经济史来细察布朗的工作。在此过程中，我们会发现戈登·布朗通过他的举措和裁减人员，让工业经济基础中折磨人的毒素任意滋长。他没能中止人们在房地产市场谋利的投机行为。经济衰退会紧跟这种狂热现象而来，它会以空前的规模将一大批中产阶级推进金融危机的漩涡之中。

这在现存的记忆中就发生过两次。两位保守党的财政大臣［1970年的安东尼·巴伯（Anthony Barber）和1983年的奈杰尔·劳森（Nigel Lawson）］也曾认为他们能够在经济周期中取胜。事实上，他们进入财政部只是充当历史进程中的人质，如果经济大起落没有得到缓和，他们的名字就会不可避免地与那段严峻的经济形势联系在一起（见表1－1）。在第二次世界大战之后的每次房地产市场大起落中，房价都变得让人难以承受，以至于它们最终不得不直线下降，从而将经济中的其他部分也连带拖垮。

表1－1　　英国房地产带动下的经济大起落

财政大臣	房价高峰	衰退期：经济周期的谷底	赚取房价的最高比率	房价跌落%[1]
安东尼·巴伯（1970—1974）	1973/1974	1974/1975	4.7	33
奈杰尔·劳森（1983—1989）	1988/1989	1991/1992	5.0	23
戈登·布朗（1997—）	2007/2008	2010	［6.5］[2]	［20］[2]

注：1. 从价格的顶峰回落到长久的平稳状态的实质比率。
2. 作者的预测。

在20世纪70年代中期，房产实际价值的滑落是不真实的。很显然，当希思（Heath）政府决定在1971年的“竞争和贷款限额控制”改革中实现金融体制自由化时，问题就开始出现了。记录级工资通过一个易受影响的信用体系来资助，这就意味着抵押贷款和其他贷款会被大幅度的通货膨胀侵蚀掉。但掩饰老百姓住房下跌的真实价值，根本缓和不了那些劳苦大众的痛楚，他们曾倾其所有去买房子，却被推入领取救济金的行列。

这不应该是在20世纪80年代的。玛格丽特·撒切尔（Margaret Thatcher）和她的财政大臣们都是态度强硬的货币政策主义者。他们不赞同安东尼·巴伯主张的政府对商业企业投资的经济刺激政策。可是，他们的确指挥了一场典型的房子刺激消费者的泡沫经济。奈杰尔·劳森接受人们的责备。毕竟，他当时在财政部有足够的时间来采取补救措施。然而，这种自由滑落的结果没有被通货膨胀掩饰得那么好：随着房价崩溃，无数家庭的房子被银行收回，因为他们没有继续还贷的能力。英国牛津市纽菲尔德大学的经济学家约翰·米尔鲍尔（John Muellbauer）是为数不多的竭力拉响警报的人之一。房价与消费者债务的关系可以在统计资料中得知，但他认为一些有关问题本质的更为具体的东西应当重点提出来。

> 土地投机就是其中之一，随着价格上涨，一些土地受到囤积，以期望今后能以更高的价格出卖。在价格高峰期后，当价格仍然处在高位时，由于土地所有者都想出售土地，因而价格急骤下滑。紧跟1971—1973年房价高涨而来的是1974—1976年的暴跌，这是一个经典的不稳定实例。[①]

战后第三次经济大起落必然会与现任的工党财政大臣戈登·布朗联系在一起。在报告中，他与托尼·布莱尔（Tony Blair）意见一致，由于他没有竞争工党领袖地位，作为回报，他将负责国内政策的制定。无论这种报道是否属实，布朗的确在通过控制国家财政来主持国内政治议程。结果之一是房价的骤升，使得在2002年低收入的初次购房者对市场望而却步。中等收入的投机者取代了他们的市场地位，投机者购买公寓以供出租。当2004年末房地产市场暂停时，这些投机者又被相对富有的购房者取代了。这样，房价上升与盈利的比率上升开始达到新的记录。托尼·布莱尔和他的妻子谢丽象征性地引领了这种争购潮流。2004年9月，他们花360万英镑在贝斯瓦特买了一套房子，罗伯特·佩斯顿（Robert Peston）编辑估计他们借了大约6倍于他们俩收入的贷款[②]。其他人也会效仿布莱尔夫妇卷入这种购房贷款的债务之中，当房价暴跌

---

① 约翰·米尔鲍尔："英国房地产大灾难"，《住宅》(*Roof*) 1990年5—6月号，第16页。

② 罗伯特·佩斯顿："托尼·布莱尔对经济稳定下注巨大"，《星期日电讯报》(*The Sunday Telegraph*) 2004年10月3日。

时，他们中很多人将破产。

这种结局是可以避免的。戈登·布朗如果不想将他的名字也列入失败的财政大臣之列，那么他最多有七年时间来施行补救措施，那是可以改进房地产市场的。在野时，他系统地将工党的经济战略做了详尽的规划。如果工党想要返回执政，不存在任何风险。在1997年的大选中，投票人决定给布莱尔团队机会。戈登·布朗就任财政大臣的首要任务是宣布英格兰银行的独立性，这将杜绝以提供金钱为形式的政治贿赂。将来，利率将由货币政策委员会（MPC）设定，而该委员会是由知名经济学家组成的。布朗将通货膨胀率的目标设为2.5%，央行就不得不保持通货膨胀率在这个水平或者接近这个水平，而巴伯和劳森时期的通货膨胀将置于历史的长河中。

而这2.5%的目标是由戈登·布朗设定来排除抵押付息的，它得“一直”保持在这种水平①。通货膨胀的官方定义包括砖块和泥浆的跌价，但忽略建筑物下面土地的升值。这就是一个难题。房价决定人们的抵押债务额度，它又与通货膨胀相关联。伦敦经济学院的教授史蒂芬·尼克尔（Stephen Nickell）是MPC的成员之一，他解释了这种关系。

> 英国的房价目前（2002年）上涨异常之快。房价的迅速上升已经或正在对货币政策和利率产生影响，因为房价直接影响到消费和总需求，因此也影响到将来的通货膨胀。②

如果英格兰银行得在设定的通货膨胀率范围内考虑所有房价方面的信息，那么它会面临进退维谷的两难局面。正如尼克尔所说：“通过设定利率来控制房价，会很容易将通货膨胀和经济发展推离正轨。”因此，银行告诫市民，当它设定利率时，它并不是针对房价。在每月例行的会议上银行都遵循它的决定，并宣称：“这对货币政策委员会弄清银行设定利率并不意味着它针对的是房价或者其他资产价格通货膨胀，这

---

① 2003年12月，通货膨胀率减少到了2%，此时英国财政部改变了通货膨胀的基础，将英国的财政措施与欧洲惯例保持一致。

② 斯蒂芬·尼克尔于2002年12月11日在英国格拉斯哥的演讲——“房价，家庭债务与货币政策”。

将是非常重要的。”①

戈登·布朗在制定他的货币政策时，没有成功地处理好这两个现实问题。

- 房价有它自己的生命力。它们因政府自我承担巨大风险而被忽视。
- 如果英格兰银行不直接负责控制不稳定的房价，那么责任回到了财政部。财政大臣将不得不利用财政手段来精心控制房价的稳定性。

尽管将货币政策的权限让渡给了英格兰银行，但房地产市场价格稳定性的责任毫不动摇地仍然在布朗这边。但他没有及时采取补救措施，否则原本能够以人们可以承受的价格供应足够的房子。他采取决定性行动的最后机会是2004年的财政预算，因为它将要花三年时间来建立防御体系，以防即将到来的2008年繁荣顶峰及其后的衰退。他失败了，这让经济周期自行终止并跌入2010年的萧条谷底。但在此途中有条奇妙的绕道——在经济周期中我们必须排除的一处小障碍。

第二节　避开萧条的秘诀

英国是如何避免祸害到其他国家的2001年经济衰退的呢？在每次战后，当实际房价高于人们可自由支配的收入水平时，都会出现经济衰退，如1972年、1979年和1987年②。

英国的制造商也曾经历过一次经济衰退。经济的总产出量从2000年末到2003年末涨幅超过5%，而制造业却是另一番情景。他们在这时期的产出下滑超过5%。2001年6.7%的资本回报率是自1992年经济衰退谷底以来最低的了。那么，戈登·布朗如何引导英国度过这些年来的全球经济动荡时期，避免整个经济陷入萧条的困境？他的业绩为他的政治前景提供了很好的铺垫。在他的2004年财政预算公布一周前，他在工党的春季会议上做了如实报告。

---

① 2004年5月5—6日“英格兰货币政策委员会会议纪要”第8页；亦可参看www.bankofengland.co.uk/mpc/mpco405.pdf。

② 凯特·巴克（Kate Barker）：《确保我们未来的住房需求》（*Securing Our Future Housing Needs*），中期报告分析，伦敦皇家文书局2003年版，第20页。

> 当我下周首次公开我的预算案时，其核心和大多数重要主题……都将为辛勤工作的家庭着想，稳定经济……不只是一两年的事情，也不只是一个经济周期的事情。我们的目标是稳定这一代……我们将不存在通货膨胀的风险。①

通货膨胀就是不考虑在人们买房子时支付的一大部分成本。根据正式的通货膨胀定义，英格兰银行必须盯住通货膨胀。英国已经享有稳定的价格。不过，世界上其他国家也享受着这种状况。日本的价格下降了十年，德国也出现类似通货紧缩的情况。在其他国家，通货膨胀得到了缓和，因为零售商都大幅度减价来吸引顾客，而生产商也要在日益迅猛发展的全球市场中谋得一杯羹。

那么，我们该如何来评判英国躲过经济衰退呢？难道戈登·布朗改变了资本主义经济的发展规律？我们可以在财政方面发现具体情况。戈登·布朗实施了凯恩斯主义的政府投资商业企业的模式。然而，这次有些特别的不同之处。他没有承担起管理经济的责任，而是将此重任转嫁到了普通家庭身上。

1936 年，凯恩斯写了著名的《通论》，根据这几十年来流传下来的明智举措，政府是可以通过就业抵补措施来阻挡经济萧条的。失业本来是因为人们的消费不足。因此如果政府增加公共消费，这将弥补私人消费和投资的下降。

布朗彻底改变了这种理论。他没有接受维持零失业/充分就业的政治责任，而是悄无声息地将责任转嫁到英国的房屋主身上。他没有采取增加税收和/或公共债务的措施来加强基础建设的投资（以此创造就业机会和保持经济持续增长），而是让个人债务成倍增长。到 2004 年 7 月，债务达到了令人惊愕的 1 万亿英镑。为了支撑这种巨额债务，只能对房地产市场的通货膨胀睁一只眼闭一只眼。如果经济周期以我们预计的按历史趋势方式结束，那么房价在 2001—2002 年会紧缩。我将在第五章和第六章中讲述这将是经济周期中期萧条的结果。然而，在戈登·布朗的领导下，允许住房方面存在泡沫。这设定了新的价格基准：接下

① 2004 年 3 月 12 日，在曼彻斯特工党春季会议上，戈登·布朗发言——“我们要力争拥有世界一流的公共服务，绝不停止”。

来的房价泡沫将在它最终破灭前膨胀到惊人的地步，并会将这种泡沫经济推向2010年的大萧条。

与此同时，英国的消费者都处在一种狂热的消费之中。他们疯狂借钱消费，仿佛明天就会来不及去购买奢侈品、出国度假、购置新车和改进住房条件。1997年工党当选之后，消费增长高于产出，零售商大量引进不同的进口商品。在1999—2001年间，消费增长是GDP的两倍。到2004年的这五年里，不安全的消费者债务以每年平均近11%的速度增长。戈登·布朗盛赞自己在对待国家公共财政方面的有效“谨慎”，他“纵容”了有损节俭传统的个人狂热消费。英国的消费者会无节制地疯狂花钱，在大家都毫无察觉的情况下度过经济萧条期。他们在信用卡上所花的钱超过欧洲其他所有国家的总和。到2003年，英国的信用卡负债已达1200亿英镑。欧盟其他14个国家的消费者仅花费450亿英镑①。

导致无节制花销的经济和心理要害是房地产市场的失控。因为房屋主在房子上的投资回报每增加一个百分点，如果不够明智，他们会觉得自己比以前更富有了。于是他们以创记录的速度提取资金，购买奢侈品，这使得英国和世界上其他国家之间的贸易出现不平衡。他们还借更多的钱去购置更贵的房产——房屋主投机未来的资本收益。

国家过分保护的财政政策对工业有很大的破坏性，这迫使英镑升值。当英国的制造业主的订单严重缺乏时，他们从远东进口便宜物品。由于戈登·布朗将人们的注意力引导在2.5%的目标通货膨胀率上，因此房价不断飙升达10倍以上。

英国金融服务管理局（FSA）在2003年拉响了警报。它声称这种抵押债务的增长是“不行的”。而财政部面对这种贷款热有何作为呢？戈登·布朗没能采取有效措施来应对通货膨胀，而这种通货膨胀是因他所提倡的稳定发展而产生的。形式上的结果是在控制下的通货膨胀现象。这是财政大臣用来谋取政治利益的统计幻想。英国经济躲过了2001年的正式萧条，是因为戈登·布朗轻率地允许人们忽视储蓄和投

---

① 2004年3月17日《每日快报》（*Daily Express*）刊登艾米·维克斯的调查报告“疯狂的信用卡”。在财政部2004年预算的前期报告中，消费、储蓄和住房的官方指示都用图、表绘制出来了。

资的需要。

国家的储蓄率下降。在1997年工党当选时，储蓄占收入的10%以上，而到2000年，储蓄下降到了4%；2004年有所回升，但还是没有超过5%。至少在两个方面储蓄是至关重要的。第一，如果人们不想在晚年加入等待救济的行列，那么需要留出部分钱作为养老金。第二，如果英国不想落后于它的全球竞争者，那么资本设备的构成是极其重要的。戈登·布朗的职责就是确保有足够的储蓄来满足这些需求。

奇怪的是，财政大臣布朗对储蓄的谨慎需求保持沉默。2004年3月，六大投资组织联合起来，他们发起了一项试图激起财政部关心储蓄需求的运动，以便让英国迎接21世纪的挑战。金融专家都比较悲观，因为"布朗先生自从2001年以来，在财政预算报告中或报告前都不曾提及'储蓄'这个词"[①]。英国保险协会指出，储蓄并没列入政府的前五项大事之中。协会成员都担心政府没有填补国家财政巨大空缺的协同战略。

储蓄率低引起了财政部门的焦虑，而这对财政部来说是有意义的。储蓄受到了戈登·布朗及其经济顾问埃德·鲍尔斯（哈佛毕业的新闻记者）发明的谨慎管理规定限制。他们避免经济正式萧条的方法是让这个国家耗尽储蓄，相应的结果是让人们陷入债务之中。因此，经济责任就悄悄地从财政部转移开了。留给家庭去刺激财政，并让银行存款保持流动，以至于经济不会出现连续六个月的负增长（连续六个月负增长即为正式的经济萧条）。

布朗颠覆人们储蓄意愿的做法受到了理查德·赛克斯（Richard Sykes）先生的批评。理查德是一位政府顾问，还是伦敦皇家学院的院长[②]。但这种批评太迟了，缓和不了财政部已经优先考虑的事情。布朗在财政上疏忽的代价是可怕的。三年中最好的时期从2001年夏天开始，英国房屋主的负债增长超过了资产的增长[③]。人们被危险地置于正在萎缩且变化无常的世界经济之中。如果英国的失业突然上升，数万家庭将破产，其中许多人不得不放弃他们的房子来偿还债

---

① 凯文·布朗："储蓄混乱决不可能整顿"，《金融时报》2004年3月17日。

② 理查德·赛克斯：《恢复信任：21世纪的投资》（*Restoring Trust: Investment in the 21st Century*），伦敦明日集团2000年6月版。

③ 《英格兰银行通货膨胀报告》2004年8月，第8页。

务。这种事情没有发生并不是因为谨慎的财政管理，而是恰恰相反。由于房屋主陷入债务之中，经济持续不稳定。

第三节 房价试验

根据戈登·布朗的试验，为了英国经济持续增长，避免房价增长超过其他国家是极其重要的。在历史上，英国房价的增长远远超过欧洲大陆其他国家。表1-2所示为过去30年英国房价的平均增长率，明显超过欧洲其他国家；爱尔兰和西班牙是仅有的两个增长率相似的国家；德国的住房价格实际上没有增长。这将有助于解释战后经济的“奇怪现象”。

表1-2 1971—2001年房价平均增长率*

英国	德国	法国	意大利	西班牙	荷兰	比利时	爱尔兰	瑞典	芬兰	丹麦	平均
3.3	0.1	1.2	1.5	3.3	2.8	2.1	3.1	0.0	0.7	1.3	1.8

* 几何平均数。

资料来源：凯特·巴克：《确保我们未来的住房需求》中期分析报告，伦敦皇家文书局2003年12月版，第17页。

在戈登·布朗的领导下，这种趋势带入了21世纪。德国和法国坐享稳定的房价，而英国回到20%甚至更高的年增长率。因此，2004年英国经济出现了严重的不平衡。原本2001年英国经济注定要进入萧条期，失业率的上升会阻碍房价上涨。但是，由于个人对房价的刺激，房价持续增长，直至平均房价的收益比率达到5.8。因此，当市场最终到达2007—2008年的顶峰时，收益比率很可能为6.5（见表1-1）。

到这个十年末，房屋主将处于前所未有的债务危机之中。由于到2004年这前四年的利率处于历史上最低的水平，因而他们有能力偿还债务。但是，事情总归有报应的。利率在2003年末开始上升。随着2007年的价格高峰到来，众家庭将开始无力偿还他们的抵押贷款。

经济崩溃什么时候会发生呢？对那些消费者而言，想要知道他们能承担多少债务，能承担多久，从而作出合理决定，专家帮不了他们什么。在表1-3中，我们总结了一些分析家们的预测。这些都是在2004

年 4 月和 5 月公布的。他们做了简单的评估，为人们在什么时候去买卖房子提供必要的信息。不过，其视角是令人困惑的。它们是由金融机构和经济学家提供的，这些金融机构往往影响着公共政策，而经济学家的专家意见又常常影响着公众的行为。因而这种预测都扭曲了真实性。

国际货币基金组织（IMF）曾警告说："英国房地产市场的'突然调节'会造成大的风险。"戈登·布朗对此并不认同，他还拒绝与 20 世纪 90 年代早期的经济崩溃相比较。当房价每年上涨达 20% 时，这位财政大臣声称英国在计划中"平衡发展"。

对布朗来说，中听的观点是来自经济合作与发展组织（OECD）的首席经济学家。琼—菲利普·科特斯（Jean-Philippe Cotis）宣称："我没看到房价崩溃，只是在慢慢下降，因为货币政策先发制人，正对此采取措施。"经济合作与发展组织和英格兰银行持有同样的观点，其最佳预测是房价的上涨会在 2006 年慢慢停下来。

少数分析家的预测是最令人惊慌的。城市基金经理托尼·戴伊（Tony Dye）以"杜姆博士"著称，因为在 20 世纪 90 年代末，他警告说美国的高股价是很危险的。他声称 2009 年的房价将比 2004 年低 30%。然而，这种预言对房屋主或投资者来说没多大帮助。"正如戴伊至今应该知道的，妙在把握时机。他说市场正接近高涨的尾声，然后在接下来的五年，房地产会有 30% 的下降。"①

表 1－3　　英国房价预测

预测者	价格崩溃的风险：专家的预测
国际货币基金组织[a]	一次突然调整的可能性
戈登·布朗[b]	不会重现 80 年代的崩溃
经济合作与发展组织[c]	一次缓慢的下降
英格兰银行[d]	到 2006 年价格上涨为零
CEBR[e]	软着陆是完美的可能事情
戈德曼·萨奇斯[f]	10%—15% 下降（2004—2006）
NIESR[g]	崩溃的可能性为 50%
《资本经济》[h]	20% 的下降（2004—2007）

① "杜姆博士的呼吁是错误的"，《卫报》（*The Guardian*）2004 年 4 月 14 日。

续表

预测者	价格崩溃的风险：专家的预测
Citigroup[i]	2005 年价格下降
凯特·巴克[j]	不是危机的风险
托尼·戴伊[k]	30% 的下降（2005—2009）
马丁·沃尔夫[l]	不可预见，但它会发生
亨利·特里克斯[m]	2004 年复活节标志着价格高峰
《经济学家》[n]	在明年或差不多的时候(例如到2004 年5月）泡沫要破灭

a. 阿什利·西格："国际货币基金组织警告，房价崩溃会使经济脱离正轨"，《卫报》2004 年 4 月 22 日。

b. 埃德·克鲁克斯和安德鲁·鲍尔斯："布朗试图平息国际货币基金组织的房价恐慌"，《金融时报》2004 年 4 月 26 日。

c. 阿什利·西格："房价缓慢下降，不是崩溃"，《卫报》2004 年 5 月 12 日。

d. 英格兰银行货币政策委员会会议的各种纪要。

e. 道格拉斯·M. 威廉姆斯："崩溃会从价格相当高时开始"，《金融时报》2004 年 4 月 20 日。

f. 谢赫拉扎德·丹尼什科夫："银行专家警告，房价会下降 15%"，《金融时报》2004 年 4 月 15 日。

g. 安娜·菲菲尔德、埃德·克鲁克斯："价格上涨危及房地产市场"，《金融时报》2004 年 4 月 30 日。

h. 鲁珀特·琼斯："官方数据表明房价在下降"，《卫报》2004 年 4 月 14 日。一年半之前，《资本经济》已经预测会有 30% 的回落（凯文·布朗："房价崩溃另说"，《金融时报》2004 年 4 月 17 日）。

i. 费萨尔·伊斯拉姆："警告市民房地产市场崩溃"，《观察家》2004 年 4 月 25 日。

j. 阿什利·西格："利率设定者表示房价泡沫可以完整无缺地保持"，《卫报》2004 年 4 月 29 日。

k. 吉姆·皮卡德："杜姆博士说，房价将要崩溃"，《金融时报》2004 年 4 月 13 日。

l. 马丁·沃尔夫："濒临房地产市场崩溃更近了"，《金融时报》2004 年 4 月 16 日。

m. 亨利·特里克斯："房地产市场发展到了顶峰吗?"《金融时报·周末版》2004 年 5 月 22 日。

n. 帕姆·伍德尔："'房子牌局'——房地产调查"，《经济学家》2003 年 5 月 29 日。

根据戴伊的观点，2004年末房价暂停上涨，其后并不会出现反弹。在他看来，“这种价格跌落会持续到2009年”[①]。德国银行的一位经济学家也赞同这种观点，他说：“不幸的是，房价会停滞五年多。”[②] 英国经济将进入2010年的一场可怕危机之中，这些预测对它这种“繁荣”起不了干预作用，而这种繁荣我认为是萧条的前兆。

在《金融时报》的首席经济评论员马丁·沃尔夫（Martin Wolf）看来，转折点的问题是他们不可预测。他说：“无人知道萧条何时到来。但我相信，它一定会来的。”[③] 沃里克大学的经济学教授安德鲁·奥斯瓦尔德（Andrew Oswald）认为，当萧条出现时，经济会下降30%。他肯定在2003年夏天到2005年末期间，价格将下降达30%。因此，在2003年元月，他很有把握地大胆建议《泰晤士报》（*The Times*）的读者们：

> 到5月时出售你的房子，然后离开。在接下来的两年，从瑟索到托奎伊的房地产代理商都将经历流血之痛……我的专业建议是，你应当尽可能快地将你的房子卖掉……依我的建议，搬进租来的住处消暑。[④]

一位房主的房子价值处于平均水平，他听从上述建议，在教授预计的那段时间内，他会损失大约4万英镑的资本收益。因为价格每年以20%左右的速度在上涨，而在英格兰北部和威尔士涨得更快。默瑟泰德菲尔的房主们如果采纳教授的建议，那么会损失巨大。到2004年10月的这12个月里，英国威尔士的平均房价飙升了53%！附近地区的房主也尽享类似横财，如尼瑟涨幅为43%，塔尔博特港为42%。以威尔士为一个整体，哈里法克斯记载的增长率为37.5%[⑤]。在奥斯瓦尔德教授

---

① 大卫·布德沃斯（David Budworth）：“专家警告房价猛跌”，《星期日泰晤士报》2004年9月5日。

② 同上。

③ 马丁·沃尔夫：“房地产市场崩溃日趋临近”，《金融时报》2004年4月16日。

④ 安德鲁·奥斯瓦尔德：“繁荣接着是房地产的大灾难”，《泰晤士报》2003年1月3日。

⑤ 菲利普·桑顿（Philip Thornton）：“房价骤涨重振曾试图关闭的城镇”，《独立报》（*The Independent*）2004年10月16日。

提出他的专业建议一年后，他很不情愿地为他的误导向读者道歉[①]。他作为预言者的可信度大为失色，但也许公开发表“80 年代末是极端的情况，在新世纪，我们不会让任何事情再像那样发生”[②]。这种预测的预言者不多。

投资银行家戈德曼·萨奇斯（Goldman Sachs）认为，经济大萧条不太可能。伦敦的经济和商业研究中心（CEBR）也持有相同观点，该中心以它的“房子未来模式”断言，房价崩溃的可能性远低于 50%。伦敦朗伯德街研究所的首席经济学家蒂姆·康登（Tim Congdon）也持有类似观点，他表示，房价涨幅的放慢并不等同于崩溃，20 世纪 70 年代和 80 年代的经济大起落应该不会再出现[③]。享有盛誉的国家经济和社会研究所（NIESR）则避免正面回答，只表示房价崩溃的可能性为 50%。

世界级的经济学家和评论员从市场经济的共同原理出发，以现有的最好数据为证，并得到分析家们的支持，他们得到相反的结论。电视节目制作者将房地产市场作为一个商业展示节目中的一个小板块，展示如何在房地产市场投机赚钱的大量“真实事件”，有些是在外国的二手房。

房主们会因之前的困惑而得到原谅。关于预言，只有一个结论可以满有信心地被采纳，那就是专家们并不知道他们在说什么。在此，我的意思是，如果他们的预测是基于对证据的系统审定，那么他们猜测的英国房地产市场前景有可能是正确的。这似乎是《金融时报》的房地产市场评论员亨利·特里克斯（Henry Tricks）的观点。据报道，在 2005 年末之前，英国的房地产代理商因崩溃的前景而减少一半，特里克斯受这种来自房地产市场的信息引导，他表示：如果英国已经度过房价周期的高峰（2004 年复活节），那么他不会觉得意外。三个月后，受房价回弹的困扰，特里克斯宣称：“我将把专栏作家之笔束之高阁，并将我的

---

① 安德鲁·奥斯瓦尔德：“好，你的房价还没有崩盘，但是等着瞧吧”，《泰晤士报》2004 年 1 月 12 日。

② 迈克尔·桑德斯（Michael Saunders）的预测，由克里斯多夫·亚当斯引用，“生动的经济报告可能促使政府重新考虑政策”，《金融时报》2000 年 6 月 10 日。

③ 蒂姆·康登：“布朗是对的：房地产繁荣不会暴跌”，《每日电讯报》（*Daily Telegraph*）2004 年 4 月 27 日。

房地产代理商的小册子扔进文件箱里。为什么呢？因为我不再声称知道房地产市场将怎样发展……房价评论员一大沮丧的事实就是我们散播谬误的数据。”①

经济学家也坦言，他们也曾无法理解房地产市场。其中之一是英格兰银行的货币政策委员会成员凯特·巴克，她承认说：“与其他许多评论员一样，我对现有的房价如此持续强劲增长很是惊讶。”然而，她对房价还是提供了这样一则令人鼓舞的信息：

> 在某个时候它们回落的可能性日益提高，但仍然绝不能明确它们将必然大幅下降，或是任何下降都会突然发生。②

巴克并不是唯一困在这种迷雾中的人，她在货币政策委员会的另一位同事玛丽安·贝尔（Marian Bell）也承认，房价攀升“令人惊讶”。但她非常清楚英格兰银行从中扮演的角色：它并不是去防止房地产泡沫，而是事后去清理混乱局面③。当谈及管理经济时，如果英格兰银行中有影响力的经济学家都感到困惑，那么我们会失败是出乎意料的事情吗？

我们以评估2004年4月份发表的预测为准绳，其中包括《经济学家》的经济编辑帕姆·伍德尔（Pam Woodall）所做的预测。她对全球市场的调查发表于2003年5月，突出报道了美国、澳大利亚、英国、爱尔兰、荷兰和西班牙房价的大幅度上升。她还提出了一项警示性的预测：“在明年或差不多的时候，那些房价泡沫很可能会破灭，在未来几年内，美国房价会回落15%—20%，到实际的平均房价，而其他地方会达30%，甚至更多。”然而，房地产泡沫没有破灭。2004年5月，抵押贷方和政府机构跟踪报道了房价信息，在整个英国，房价都在上涨。《经济学家》为了它的国际读者（投资者和房屋主）的利益进行了调查，在所调查的国家中，一直保持着这种上涨趋势。如果房屋主读到《经济学家》的文章而出售他们的房产，那么他们会损失数万美元、英

① 亨利·特里克斯：“长一岁，长一智”，《金融时报》2004年8月7日。

② 凯特·巴克在约克郡和亨伯年会晚宴上的演讲，2004年4月28日。

③ 谢赫拉扎德·丹尼什科夫、埃德·克鲁克斯：“货币圣母说这无关乎房价”，《金融时报》2004年4月28日。

镑或欧元。

我们要为专家们无力提供房地产市场强有力的预测而担忧吗？国际货币基金组织在其《全球经济瞭望》（*World Economic Outlood*）（2003）中分析了房地产泡沫。它的结论是，房价泡沫破灭后的产出损失平均起来是股市崩溃后损失的两倍。随着房价泡沫的破灭，GDP 相比它先前的增长趋势会平均下降 8%。这就好比股票牛市崩盘后 GDP 会下降 4%。国际货币基金组织还报道说，房价的急遽上升更有可能紧跟着急遽下降，而不是股票价格飙升的结果。

无论我们是租房还是拥有自己的房产，房地产市场的动向都与我们密切相关。如同雇员需要为业务繁忙的企业工作，如同节俭者对我们的投资需要一个可靠的利润回报，如同父母需要满怀信心地规划孩子们的未来一样……当经济萧条时，我们都会受到影响。可是，很少有人认同房地产方面的业绩对经济的损害是多么的大。不过，在我们节选的预言者中至少有一位专家是对的，而大多数则是错误的。

第四节 税收挑战

说来奇怪，经济学家都不情愿从过去吸取教训。至少在房地产方面是这样。在 20 世纪 80 年代，蒂姆·康登教授曾试图提醒撒切尔政府注意即将到来的房子—债务危机，回顾他所谓的难题，即允许“撒切尔夫人支持者的货币主义”导演了劳森时期的经济大起落[①]。事实上，那时并没有难题，或者说在布朗任期内也没有。货币也许是英格兰银行行长默文·金所称的“社会或公众制度，而不是一项私人制度”[②]。但布朗的举措和人员裁减允许私人在房子累积抵押的基础上扩大货币供应的贷款。

货币的问题是它会由住房市场（更确切地说是土地市场）转变成一种腐蚀性的东西。尽管有 80 年代的失败经历，这仍是一个像康登那样的货币主义者还没有学会的教训。将近 20 年后，他声称，将“房地

---

① 蒂姆·康登：“经济大起落中的货币与财产价格”，《经济评论月刊》（*Monthly Economic Review*），伦敦金融中心研究 2004 年 5 月版，第 31 页。

② 默文·金：“货币政策制度”，2004 年伊利演讲稿第 3 页，www. bankofengland. co. uk。

产市场状况”等同于“经济状况”是错误的。在住房上的投资不及投资石油、外汇、公用事业股票和其他货币现象那样重要①。

然而，在分析家中间没有一致意见，因为他们缺乏一种财产周期理论。有深意的是，这一理论需要一个期限将这种数据统一叙述成经验和理论认识。他们将2004年与1988—1992年的经济大起落相比较是站不住脚的：他们用一个周期中间的某个点与前一个周期末所发生的事情相比较。这是英格兰银行的错误：它从“最近的房价和消费不会像80年代末和90年代初的房价涨落那样”② 这种声言中寻求安慰。我将在第二部分中解释相应的比较，即1988—1992年和2007—2010年的比较。

这种判断失败是具有破坏性的。以当前的政治和经济政策，我们会继续失败。但一旦我们明确了问题的根源，就可以立即进行适当的补救。这便是来自税收的挑战。因为解决方案来自财政，而不是货币或政策。

---

① 蒂姆·康登：“美元”，《经济评论月刊》2004年11月，第1页。
② 货币政策委员会五月会议纪要，第5页。

第二章

注 定 失 败

第一节　历史的模式

戈登·布朗是对的；200 年的史实（整个工业经济的历史）为反复确认屡次发生冲击资本主义的危机提供了最好的档案。我们的研究从科学家的怀疑主义开始，然后研究传统的理论。我们的挑战有一些充足的理由。第一，尽管人们不断尝试消除或控制经济周期，但均以失败告终，这表明通常认可的明智行为并不能让政府的补救措施起作用。第二个理由是，经济学（如当今通用的经济学）因一些重要概念的淡化而存在严重的偏见。经济学家日常应用的经济模式视这个世界为两大因素构成——劳动力和资本，而不是传统经济学家推崇的三大因素模式(见专栏 2 - 1)。这将经济从它的空间实体中脱离开来。特别是当我们考虑房地产市场对人们生活的影响时，它会造成分析的麻烦。因为土地是复杂经济的一个关键板块。

我们通过人们熟知的解释（规划系统）来着手寻找原因。因为人们能买得起的房子短缺而导致房价暴涨，土地使用决策方法的不完整应当承担责任。建筑业赞同这种解释，英国工业联合会（CBI）也赞同这种解释。CBI 需要解释为什么英国的生产率低于领先的竞争对手。在2002 年 12 月，下议院选举委员会发表了这种主张的调查结果。下议院各党派议定；没有证据表明规划是英国生产率低的有力解释因素①。建筑业本应认识到加压止血点在哪儿，而它似乎在散布令人困惑的信号。泰勒伍德罗是英国的一家大型建筑企业，它就针对规划者声称，房子的

① 琼·伊格尔沙姆（Jean Eaglesham）：“企业抨击下议院的规划调查”，《金融时报》2002 年 12 月 13 日。

产出不可能在2005年进一步增多，因为土地越来越难以通过规划系统批准。① 与此同时，《卫报》的读者们得知，泰勒伍德罗公司的首席执行官伊恩 · 内皮尔（Iain Napier）认为这些困难都是因为土地价格被不切实际的期望而膨胀所致。他抱怨说："随着不明智的价格膨胀，人们对土地怀有更高的价值期望，使得购置土地成了难事。"②

专栏2-1　　名字的含义是什么?

自然科学的发展是通过命名对象或行为形式，然后将它们分组归类而进行的。这样，我们可以辨别各种模式，从而产生一些理论，来解释是怎么回事，具体怎样，以及为什么会那样。然后观察家有望添加修改意见，以实现期望的利益。

起源于20世纪初的新古典主义削弱了这种科学进程。当新古典主义的一些代表重新定义某些重要概念时，就出现了混乱现象。结果是一个世纪的挫败管理，因为出现的民主政治被本应由其他方式解决的危机反复击败。对于这种古怪历史的动机，读者一定有他们自己的看法。它有什么不一样吗? 经济学家及其资助者是否有什么阴谋? 梅森 · 加夫尼*（Mason Gaffney）是加利福尼亚州立大学的经济学教授，他已经系统地探究了政治经济学中这种趣事的缘由。

- 在经济大起落中，我们使用古典经济学家（亚当 · 斯密和大卫 · 李嘉图）定义的租金和国土概念。国土指自然赋予的一切。这包括农田的天然肥沃、海洋中的鱼类、飞机飞行的天空，以及我们从地球上开采的矿物质。国土不是资本，而是一种人为的资产。
- 由国土获得的收入是经济租金（地租）。我们将它简称为租金，我们认为这是城乡土地以及所有自然状态下的资源的价值。这种租金不是商业地租，商业地租是我们付给地主，以使用建筑物和土地上的其他人为改造物，这些改造物就是资本投资，支付给它的就是利息。

* 梅森 · 加夫尼、弗雷德 · 哈里森：《经济污损》（*The Corruption of Economics*），伦敦Shepheard-Walwyn出版社1994年版。

---

① 梅贾 · 佩索拉（Maija Pesola）："伍德罗看到控制购买的好处"，《金融时报》2004年8月4日。

② 希瑟 · 汤姆林森（Heather Tomlinson）："建筑商说抵押贷款方的房价数字是有问题的"，《卫报》2004年8月4日。

“规划”顽固地当作一种解释，因为老套的官僚主义引起了财政吃紧的企业家们的怨恨。因此，为防止房屋建筑下降至70年来的最低水平，在戈登·布朗委托凯特·巴克撰写的报告中，特别突出了规划的问题。① 规划（在美国是城市分区规划）是一个容易达成的目标，因为它是官方程序。在讨论房地产市场矛盾的真正来源是否清晰时，我们不能感情用事。

早期的英国城镇规划法是1909年自由党政府的《住房和城镇规划法》，以及随后的1919年、1925年和1932年的规划法。这些法律虽然交付了英格兰大部分城市一半的家庭住房，但仍没有阻挡30年代的建筑高潮。的确，据评估，这些规划法促使制度良性发展，但其中隐藏着一个问题：“在此过程中，土地财产转移成更易进行投机投资的目标。”②

1947年的《城镇和乡村规划法》注入了社会主义者的规划优势。我们对它的长期作用的评估必须以事实说话。首先，权力在民主当选的政府手中。第二，我们必须回顾为何感觉必须进行规划的原因。沿着国家的乡村道路带状发展的这种城镇蔓延引起了乡村多虑者的焦虑，在公用设施和交通运输的基础建设上稀疏的资本投资得向工作人口征税——这些都证实失去理性的土地开发，从而导致劳动力和资本的无理性耗费。

通过各种政策的集中牵制，规划的确会对建设以及房地产价格产生作用。然而，依靠价格趋势的实际结果是难以估计的。在那些住房供应满足不了人们需求的地方，阻碍建设的限制规划条例将抬高房价。另一方面，由当地政府制定的规划确实有助于建筑企业集中在指定区域进行开发，这些区域的基础设施都由政府提供——由此得到的经济效益和某些确定的事情抵消了成本且压低了房价。

为阐明这种事情，我们必须从两个方面来进行比较，一是规划，二是可自由参与竞争的建设。这在英国是不可能的事情，因为在英国整个国家一律实施规划法。美国的区域规划多样化可扩大我们的视野。例如，我们可以比较得克萨斯州和俄勒冈州，前者对人们在哪里建设管理相对松弛，而后者则是国际上公认的实施严格规划制度的地方。从表面上看，得克萨斯州相对低廉的房价似乎认可了将英国房价问题归结为规划问题

---

① 凯特·巴克：《确保我们未来的住房需求》，第11—12页。

② 迈克尔·麦克马洪：“土地规律：现代英国的财产权与城镇规划”，引自M. 鲍尔、V. 本蒂维戈纳、M. 爱德华和M. 福林《土地租金、房地产和城市规划：欧洲远景》（*Land Rent*, *Housing and Urban Planning*: *A European Perspective*），伦敦克鲁姆—赫尔姆出版公司1985年版，第103页。

的那些人的担忧。到2003年的前23年中，得克萨斯州的房价涨幅将近89%。在俄勒冈州，房价涨幅达201%①！这是否表明，如果我们想要买得起的房子，那么我们就必须放宽规划管制？遍及全州的统计数字掩饰了真实的情况。我们比较两个正在蓬勃发展的港口城市休斯顿（得克萨斯州海岸）和波特兰（太平洋海岸），那么就会得到一些重要的认识。

波特兰独特的“城市发展边界”（UGB）是公认的严格实行区域规划的地方，设计中也包含休斯顿房地产市场蔓延发展的地方特色。是这种城市发展边界促使房价上涨吗？这种议论经美国司法部的一位政策分析家和一位经济学教授测试过，他们发现，“UGB对房价有小幅上涨的影响，且有统计上的不足”，它导致的价格增长不足1万美元②。其他西部城市不受“城市发展边界”的约束，然而，它们的房价也经历了可比的涨幅。2000年，波特兰的中值房价与其他西部城市的差不多。

然而，与休斯顿相比，波特兰可以要求一些补偿费来抵消1万美元的额外费用。事实上，这些补偿费之一可能比抵消的费用更多。拉特格斯大学的一项研究表明，全州的规划确保基础设施得到更有效的利用，同时以较低的物业税回报房屋主。在新泽西州，没有全州的规划，每所新房子要多付1.2万—1.5万美元③。“城市发展边界”建立在综合公共交通的土地使用政策的基础上，因而它是物超所值的！

然而，除了这种现金利益之外，它还具有社会和环保优势，因为它既是功能紧凑的城市，又能保存乡村的原貌。尽管人口急骤增长，波特兰已经在重复利用的土地上（黑土地）用填补开发的方法来界定边界。波特兰所不能避免的是90年代因投机而造成的价格大幅上涨④。然而，投机买卖是休斯顿土地所有者完全不知而先行一步的行为。根据《休

① “房价指数表明在2003年第四季度大幅上涨”，第8页图，联邦房地产企业监管办公室2004年3月1日发布。因为取样的广泛性，联邦房地产企业监管办公室的房价指数是住宅房价最全面的指数。

② 贾斯廷·菲利浦斯（Justin Pnillips）、埃班·古德斯坦（Eban Goodstein）：“发展控制和房价：俄勒冈州波特兰的情形”，《当代经济政策》（*Contemporary Economic Policy*）2000年7月，第341页。

③ 拉特格斯大学，《新泽西州中期开发和恢复计划的影响评估》（*Impact Assessment of New Jersey Interim State Development and Redevelopment Plan*）1992年。

④ 菲利浦斯、古德斯坦：“发展控制和房价：俄勒冈州波特兰的情形”，《当代经济政策》，第342页。

斯顿编年史》（*Houston Cbronicle*）（2003年3月2日），2003年，原始土地的价格翻了一番，较高的土地成本使得建筑商更难满足市场中最强部分的需求，即房价在15万美元以下的房子。

关于规划作用的辩论分成几个团体，波特兰的拥护者质问：如果蔓延发展且不限制土地供应都是提供适价房子的保证，那么为什么洛杉矶的平均房价比波特兰地区的要高3万美元？但是为得出最后的结论，我们可以回到英国。在1947年前的150年，房子和土地市场在经济周期的大起落中表现明显。我们如何去归结先前的那些事件呢？我们肯定不能责备规划者！从房价不稳定和供不应求这方面来说，两个世纪都一直是这样子。土地规划并没缓解但也没加剧经济大起落。[①]

1947年以来的趋势更加印证了这种结论。直到1979年玛格丽特·撒切尔执政后，房屋的总产出在私有和国家两方面都没有恶化[②]。在前30年里，在新的规划制度下，房屋产出量稳定上升，满足了人们的需求。然后，随着撒切尔政府的市场优先管理的实施，即使规划体系削弱了，并且在1985年废除了土地开发税，私有和国有的房屋产出量却都开始不断下降。

尽管规划不会导致房价定期飙升到顶峰的倾向，但它确实影响了从土地上获取的资本收益的分配。这些在凯特·巴克调查具有代表性的住宅区的价值中都有阐明，这些住宅区可能是建立在城镇四周未开发的土地和重复开发的土地之上（见表2－1）。将农民的田地改成住宅区，明显是具有吸引力的事情——假设在规划的地方有市场需求。

表2－1　英格兰东北部的土地价值（2003）

用　途	每亩价值
农　业	865—7534英镑
工　业	8万—20万英镑
住　宅	115万—126万英镑

资料来源：2003年，凯特·巴克：《确保我们未来的住房需求》，第115页，表7.1，引用2003年春季房地产市场评估报告的数据。

---

① 有关规划的论文声称，大都市周围的绿化带造成了价格适中的住房供应短缺。这不足以成为规划解释的特例。在20世纪50年代，绿化带成了神圣的环保空间。整个19世纪，绿化带都由私人所有者管辖，主要是那些将国土瓜分为他们自己的大型庄园的贵族们。当建造房子的回报吸引他们时，他们绝不会反对建房子。尽管如此，房地产市场的大起落了引起他们不安。

② 巴克：《确保我们未来的住房需求》（*Securing our Future Housing Needs*），第177页，图A.1。

奇怪的是，巴克的报告没有以广阔的视角调查土地价格的长期发展趋势作为一个整体对经济的重要意义。在此，具有长远眼光是至关重要的，因为我们正面临的事情还会不时地重现。这表明我们现在面临的是一种系统的现象，它建立在法律、制度和惯例的基础上，包含在工业经济的基础中。如果经济周期定期地以其规模为特征出现，那么有可能我们正在寻找一个单一的，或者说是关系不大的原因，并且那些原因都深植在这种体系的基础中。

第二节　归咎为“通货膨胀”

历史的观点认为“通货膨胀”导致经济萧条。整个19世纪的价格大体上是稳定的。我们不得将不稳定归咎为通货膨胀。在拿破仑战争和第一次世界大战期间，每年的通货膨胀如同病人最终下降的心电图，其变化逐渐减弱。1810年的物价水平为100，在19世纪末的经济垂危年头，物价水平下降了将近一半（为55左右），直到1918年才恢复到100的水平。[①]

提到英镑的稳定是很重要的，因为经济学家现在都倾向于以通货膨胀来解释20世纪的房地产骤热现象——根据最近几十年来流行的观点，他们认为不严格的货币政策是问题的根源。可是，历史现象表明，经济大起落与长期价格稳定（19世纪）和长期价格不稳定（1940年物价水平为100，到1999年上升为3000）是一致的。在两个世纪中，房地产市场都遵循一种相同的模式在运行，这表明在那200年间存在某种无关乎通货膨胀的机制在起作用。

因此，老百姓都很自信，认为他们的银行存款不会因物价普遍上升而受影响，而土地所有者安享为期99年的出租，而没有再探讨租金问题的条款。他们都想当然地认为土地租金的实际价值不会减少。[②] 这种轻率的想法一直持续到第一次世界大战英国脱离金本位制。从1855年到20世纪初的50年间生活成本指数都是平稳的，即便在三居室住房的

---

① 经济合作与发展组织：《大不列颠联合王国》（*United Kingdom*），巴黎，2000年，第46页。

② 我将这种观察归功于罗纳德银行。在20世纪50年代，房地产所有者仍使用长期租约，且没有考虑重新探讨租金条款。

价格骤升的时候也如此①。直到20世纪70年代，我们才可以貌似有理地提出：通货膨胀打乱了人们对它可能影响经济的程度的判断。但是，传统的想法一旦植入政治家的政策中就难以去除了。因此，在2004年以前的十年，西方国家的政府以控制通货膨胀率作为他们避免物价不稳定的首要管理机制，就在三个（日、英、德）经济大国中的两个（日本和德国）经历通货紧缩时，而英国则享受着极低的物价增长。（在英国，政府事实上一直在担心通货膨胀率太低！）

从心理学上来讲，如果通货膨胀指数在房价上显示出异常的上涨，那么它对引导人们的期望会更有用。在英国，1997年至2004年初，房价涨幅达150%。

这种房价损害了经济的繁荣，而戈登·布朗没能采取防御措施来保护经济健康发展。我们可以预知，直到2010年的这类事情都是400年（而不只是200年）土地买卖和经济周期产生的结果。在这一点上，读者需将我们的预言当作臆想。但是，如果我们的理论是有科学根据的，那么它必然会得出可靠的预言。因此，在本书第二部分对未来的预测中，我们对21世纪首次经济大萧条到来的几个关键转折点进行预测。

- 美国最近完整的房地产周期开始于1976年，1989年到达顶峰，然后在1992年跌入谷底，导致经济萧条。接下来的房地产周期从1994年第四季度开始。② 根据历史自身重复的特点，美国的房地产市场的顶峰将在2008年到来，接着便是2010年的衰退。
- 英国上一个完整的房地产周期也是在1976年开始，于1989年达到顶峰。接下来的周期开始于1994年，将在2007年或2008年停止攀升。

这种事态发展是以某个周期为基础的，而它们具有离奇的一致性。基本的财务算法具有推动时间表的机械作用，这可能在历史书中“读”到。但对某种正确的看法，我们需要开放的心境。规划和通货膨胀都不是导致收放经济的原因，那么这是否意味着戈登·布朗成功实现了“驯服”经济周期的目标呢？英国的工党左翼坚定地这样认为，但它的

---

① 《正在涌现的住宅投资》（*The Emerging Residential Investment Sector*），伦敦FPDsavills出版社1988年版，第2页。

② 联邦房地产企业监管办公室：《房价指数报告》，第6页。

意识形态让它认识不到隐现的经济大灾难。这是受戈登·布朗的经济学的误导。发表左翼观点的主要刊物是《新政治家》，它在2004年5月24日的封面故事中大胆地宣称："实行戈登的策略，别让托尼破坏了它。"在披露"下一届下议院的隐藏议程"时，该刊物在布朗和首相的领导地位之争中偏袒布朗。

> 布朗更喜欢为穷国减免债务的艰难谈判……工党的下议员们最终鼓起他们的勇气，代表他们的普通支持者的利益，然后礼貌地请求布莱尔先生自动辞退。从戈登在财政部的业绩来看，他们确信他能行。他们不会让托尼·布莱尔去破坏它。

由于对经济不稳定避而不谈，戈登·布朗以其隐蔽的凯恩斯战略来孤注一掷：让人们深陷债务之中，使国家经济维持下去。他详细阐述有效的财政改革措施的最后机会是他2004年的财政预算案，但他却支吾其词。他所能给下议院最好的东西是为期一年的他所称的"土地自然增值"的磋商。可惜太少了，也太晚了点。英国已经没有时间将它从2010年的萧条中脱身。或者说，400年经济史的价值已经在第三个千年的开端就砰地倒下了。

在《土地的力量》（*The Power in the Land*）一文中，我回顾了美国、日本、英国和澳大利亚四个国家的历史，该文发表于1983年。我推断出一个令人心寒的预言：如果历史模式将按其自身规律重演，那么全球经济自1974年从萧条中恢复过来将持续18年时间，之后又"旋转掉入另一个更为巨大的萧条深渊之中"。[①] 在我看来，历史的教训会不可避免地赤裸裸地出现——1992年的全球经济衰退。我向英国财政部提交过警示函（在1983年4月弗雷德·哈里森提交的《财政政策和土地市场对工业经济的影响》的报告中，向下议院财政部和行政事务委员会重点提出了缓和经济大起落的政策），并在一份经济公告中提醒过公众[②]。英国政府中的官僚们不愿意听，玛格丽特·撒切尔的保守党也

---

① 弗雷德·哈里森：《土地的力量》，伦敦Shepheard-Walwyn出版社1983年版，第302页。

② "繁荣注定了1992年的经济崩溃"，《经济情报》（*Economic Intelligence*）1988年第一期，伦敦激励税收中心。

不愿听①。这种警告也被随后的财政大臣戈登·布朗忽视了。

为什么会忽视那些警告呢？是因为我为历史模式提供不了令人信服的理论解释吗？那些模式老是重复，因此可以合理地把它们解释成预示未来可能发生的事情的指示器。但为什么历史会以这种方式呈现呢？我知识中的空白为那些不愿去惹政治麻烦的政治家们提供了便利，他们不愿对经济大起落采取措施。他们不会在未来有什么必然发生的信念中寻求安慰。

因此，很显然，我必须挖掘出经济周期潜在的原因。如果它存在的话，那么我必须给予历史模式一个令人信服的解释。我顺着相关的线索深入货币市场。现在，以一种为经济大起落提供架构的财政理论为依据，那么资本主义目前的结构无疑在受一种致命的病毒折磨。这种病毒不断地吞噬着市场经济的基础。

第三节 5% 复利的秘诀

房地产驱动的经济繁荣其实是由银行和担保公司的贷款流推动的。尽管《圣经》上责难，说金钱是万恶之源，实际上金钱只是资本主义经济的表象。银行业者利用法律、制度和人们容易犯错的弱点，获取由房地产产生的一部分特别利润。

现在我们将开始解开经济周期的要素，因此我们可以辨别那些真正重要的特征。

在经济活动中，转折点的时间确定是首要的。为了解事件是什么时候开始变糟的，我们必须弄清金钱和土地市场的关系。这揭示了房地产的生命周期——为期 14 年。这 14 年为房地产建筑业设定了发展节拍，从而也决定了兴盛和衰退的时间。通过掌握潜在的财务流程的计算方法，我们认识到作为一个整体预测经济发展趋势并不是高深莫测的技术。它更多的是一种常识。

首先要确立的事情是人们贷款的利息。一些高利贷法为我们提供了便利，它们规定了利息的基准数——贷方和借方以 6% 为上限，直到 1714 年才降低至 5%。从这一点看，5% 成了统计中的核心数字，它是整个 18 世纪和 19 世纪利息的最高限额，并延续至 20 世纪。英格兰银

① “土地价格威胁布莱尔的政党”(*INSITE*)，第 1 页，伦敦土地政策委员会，1996 年 12 月。

行依照《高利贷法》（此法于1822年废除），对它的国内账单维持5%的折扣率。①

贷款利息的确定更多的是靠政治力量，而不是宗教道德吗？14世纪晚期，当拥有土地的贵族受到现金束缚或者说陷入极其穷困境地时，重商阶级的财富明显增多。② 国王和朝廷中的贵族都必须借钱。土地所有者们兢兢业业地成为政治舞台上的主角，是他们的影响力来公布他们借钱的最高利息吗？在1624年的一部法律（《反高利贷法》）中，规定只要利息率不超过8%，就是允许的高利贷。③

利率对房地产周期来说意义重大。我坚决主张这是强加于经济世界的一个系统结构。在第五章分析一般的经济周期之前，我们将在这里探讨房地产周期。

这种算法早在一个世纪前就由爱德华·布雷布鲁克（Edward Brabrook）（1839—1930）总结过。布雷布鲁克是互助会的首席注册员。互助会是英国的财政管理机构之一，这些机构包括建筑协会（在美国是储蓄和贷款协会）。建筑协会是从"终止协会"（最初的名称）发展而来的，终止协会都是一些金融俱乐部。当其每个成员都购得一所房子时，该俱乐部就宣布解散。

协会成员持有协会的股份。作为成员，他们将储蓄投资建造住房。其诀窍就是确保：

- 某成员第一个得到将要建造的房子时，他是没有足够的储蓄来支付这笔费用的，他继续向这个协会捐献共用基金；
- 而最后一名成员得到他的房子时，他是乐意在占有他的房子之前每月捐献，持续14年。

布雷布鲁克解释了这种财务诀窍。他阐明了一个具代表性的协会的

---

① H. A. 仙农（H. A. Shannon）："砖块交易指数，1785—1849"，《经济》（*Economica*）1934年，第313页。

② W. 坎宁安（W. Cunningham）：《早期及中世纪英国工商业的发展》（*The Growth of English Industry and Commerce during the Early and Middle Ages*），剑桥大学出版社1922年第5版，第384页。

③ W. 坎宁安：《英国工商业的发展：重商主义制度》（*The Growth of English Industry and Commerce: The Mercantile System*），剑桥大学出版社1907年版，第154页。

内部运作模式。他提及的14年偿还贷款期限是至关重要的。这个时间表的宏观经济意义将在本书的其他部分作详细阐述。但是我们首先必须看看：这种算法是如何支撑人们储蓄和在建造房子上投资的需求的。

在早期的建筑协会：每股为120英镑，在14年内每月出资10先令是可以实现的。按5%的复利计算，14年差不多这笔钱可以翻一番。

他们通过抽签来决定谁将得到第一所将要建造的房子。幸运儿得到那所房子，但他还没有储够（60英镑）钱来支付。因此，他从其他会员那里借钱。这对每个人来说都是公平的，因为：120英镑的现值（在协会开始时）将在结束时实现，或者每月出资10先令，那么120英镑将增值60英镑。

该俱乐部通过在当地报纸上做广告来招募会员。第一个月筹集的资金足够资助某人去建造第一所房子。但那些还在等待他们的房子的人怎么办呢？

为了保护其他成员的利益不受损害，他们将以先得到住房者的住房作为抵押，以确保将来他按月出资10先令，直到每个成员都同样地在他的股份基础上获得一笔预付款，或者都积累了每股的120英镑。[①]

以这种方式，捐资在价值上都相等，并且每个人都得到房子。5%的复利决定了这个时间表——每个人花14年募集足够的现金以获得一所房子。即便在有关高利贷的法律废除时，5%的利率仍是标准值（参见专栏2-2）。有意思的是，在托尼·布莱尔任首相的头七年里（2004年前），平均年利率为5.3%[②]。

从第一年开始储蓄和建设，到第十四年该俱乐部终结，其成员都成为心满意足的房屋主。每个人都支付了120英镑，并且每个人也都有一所房子。当成员们成为邻居时，该俱乐部就解散。这似乎是一个美满的

① E. W. 布雷布鲁克（E. W. Brabrook）：《储蓄互助会和工业福利》（*Provident Societies and Industrial Welfare*），伦敦Blackie出版社1898年版，第120页。

② 根据负责财政稳定的英格兰银行副总裁保罗·塔克（Pual Tucker）的观点，英国中性的利率可能在5%—5.5%之间。这种利率既不会刺激经济，也不束缚经济。大卫·史密斯的“银行营销人员准备提高利率”发表于《星期日泰晤士报》（2004年4月25日）。

结局。在一个理性世界，这是可以实现的。但其中也存在一个问题。土地不像砖块和灰泥，它会引起非理性的行为。土地常常会增值，而砖块和灰泥会毁坏。土地会鼓动投机倾向，而资本偏好谨慎的行为。土地市场的投机行为扭曲了经济。

专栏 2－2　　终止协会

为了改善住宅，英国人民不得不集资买回祖先的土地。终止协会利用复利使成员的利益保持一致，其中一些人必须等到最后才能建造他们的房子。

该俱乐部招募的成员将出资，出资总额足够抽一次签，能使一个幸运的成员立即无息购买他的房子，但他还得继续交纳他的出资额，直到所有成员都有房子为止。[1]

从 18 世纪在英国伯明翰的第一个俱乐部开始，直到 20 世纪建造花园城市的尝试，成员从这种抵押贷款俱乐部借钱的利息都是 5%，这些俱乐部都是建立在成员互助自助的原则基础之上的。

- 理查德·凯特里的俱乐部最早在 1778 年刊登广告招募会员，而西摩·J. 普赖斯通过调查档案纪录，断定“将 1775 年视为现代建筑协会运动起源年是合理的”。[2]
- 哈利法克斯建筑协会于 1853 年发起，提供 120 英镑的股份，每个阴历月可按 5% 的利息付 10 先令，“通过框图计算，13 年零 7 个月内累积的分期付款和利息将缴足股份”。[3]
- 永久自制建筑协会始于 1854 年。每股为 120 英镑，而为每个会员建的房子成本不会超过 80 英镑。[4]

哈利法克斯协会的档案表明，在 19 世纪 80 年代一直保持 5% 的利息率。这也是永久合作建筑协会使用的利率，该协会贷款 2 万英镑帮助建造首个私人花园城市莱奇沃思，它是 1904 年建在英格兰的赫特福德郡租来的土地上的。[5] 尽管有经济衰退、利率流动和税收影响，北部的协会仍收取 5% 的利率，这一直持续到 20 世纪 30 年代。

1. 阿尔伯特·曼斯布里奇:《层层堆砌》,伦敦:J. M. 登特,1934 年,第 30 页。
2. 西摩·J. 普赖斯:《建筑协会——起源和历史》,伦敦:弗雷尼,1958 年,第 24 页。
3. 奥斯卡·R. 霍布森:《百年哈利法克斯》,伦敦:巴茨福德,1953 年,第 25 页。
4. 西摩·J. 普赖斯:《永久自制建筑协会百年史(1854—1954)》,伦敦:弗雷尼,第 8 页。
5. 曼斯布里奇:《层层堆砌》,第 19 页。

经济学家在讨论物价上涨时，他们通常谈的是“房子”。实际上，最好的横财并非来自土地上的“建筑物”。

- 在1979年玛格丽特·撒切尔的保守党当选后的十年，土地价格上涨了900%，① 而建筑成本指数上升为82%。
- 在1992年经济萧条的随后五年中，住宅土地平均价格上升达101%，相比之下，“房子”价格只上升25%，房屋建筑成本上升20%。
- 在托尼·布莱尔的工党当选后的五年中，土地价格上涨333%，建房成本上升30%。

土地价值和建筑成本的涨幅差异自始至终都在扩大——这可以发现人们在土地上投机的动机。为什么有人选择对土地进行投机，而不是沙石和水泥呢？因为那些横财都得自土地市场，而非建住房、办公大楼和工厂的原材料。随着时间的推移，不仅从土地上所得的资本收益会提高；而且当土地在人们居住和工作的地方日益不足时，土地上的资本收益比例就会增大。例如，英国的住房方面，50年前，通常土地的价值是房子市场价格的15%左右。这种比例现在几乎翻了三倍，如果在英格兰东南部买一所新房子，其中土地价值占房价的40%以上。②

这种价格的对比差异在整个欧洲都是一样的（见表2-2）。在经济相对稳定的国家，如丹麦和德国，建筑原材料成本几乎没有上升。我们再比较土地价格的上涨幅度，在2001年前的20年间，德国的房价翻了一番。除了卢森堡的土地富足之外，英国成了建筑成本和土地价格差异最大的国家。

房价、土地价格和建筑成本

表2-2　　1980—2001年部分欧洲国家的年增长率（%）

	房　价	建筑成本	土地价格
比利时	1.2	-0.5	1.8
丹　麦	1.0	0.0	1.2

---

① 第一太平洋戴维斯（FPDSavills）出版的《住房研究公告》（*Residential Research Bulletin*）第25期，第4页，1998年春。

② 土地价格数据来源于FPDSavills发布的公告。

续表

	房　价	建筑成本	土地价格
德　国	0.5	0.1	1.1
卢森堡	2.6	0.3	6.3
荷　兰	2.3	0.0	1.9
奥地利	3.5	1.2	3.1
葡萄牙	0.4	0.7	2.8
瑞　典	-0.2	-0.4	1.3
英　国	3.0	1.4	5.2

资料来源："欧洲房地产市场的结构因素"，法兰克福：欧洲中央银行，2003年3月，第16页表21。所有价格都是真实的。德国指的是西德。奥地利的数据是1987—1999年的，葡萄牙是1988—2001年的。土地价格是指下列时期：1990—1999年（荷兰和奥地利）、1980—1998年（瑞典）、1981—2000年（英国）。

随着生产率的提高，竞争使得相应的劳动力和资本成本趋于一致，因此，从创新获得的收益表面上像土地价值的增长。而土地价格上涨超过了经济增长的速度①。艾伦·格林斯潘向美国的银行业者暗示了这种宏观经济意义：

> 在评估房价泡沫风行的可能性时，重要的就是，切记房价涨幅与该国相应的总体物价水平上涨趋于一致。事实上，在过去的半个世纪里，房价的年增长速度比GDP增长约快1%。②

拥有土地的人因有那样的年增长率而获得大量财富。土地价格为什么会超过砖块和灰泥、福特汽车的内燃机、个人计算机、圆珠笔、数码相机和国内航线等的价格，原因只有一个——危及市场经济的垄断力量。土地市场（土地的供应是固定有限的）具有自然垄断的特点。相比之下，如果劳动力市场、资本市场和消费品市场的价格和利润上涨，

---

① 哈里森：《土地的力量》，第85—88页。

② 艾伦·格林斯潘："住房抵押市场"，2003年3月4日通过卫星传播对美国独立社区银行协会的年会发表讲话，第4页；文稿存于华盛顿联邦储备局。

那么供应就会增多，从而价格和利润又回复到它们竞争的水平。由于竞争压低了工资和利润，结果是得到一种不断增长的多产经济。这些人得有一个家，而他们被土地市场吸引了。在一定时期内，人们认识到他们资金的最佳回报在房地产上，于是他们开始在房地产市场进行投机买卖，获取资本收益。他们谈论砖块和灰泥，熟悉房地产市场。事实上，他们都依赖于土地市场的发展趋势。由于他们倾注资金在房地产上，因而导致土地价格剧烈变动，最终摧垮企业经济。

土地市场的开发规模是惊人的。例如在美国，2002 年股市上的互联网富翁崩溃时，人们单从房地产市场就撤出了 7000 亿美元的惊人股本。①

土地市场这种循环的特点是房价不稳定的要因，我们可以从图 2－1 中看到。此图是依据 FPDSavills 公司汇编的数据而制成的，这家房地产公司系统地记录了英国土地市场的发展趋势②。在这份土地价格和房屋价格的关系图中，土地价格变动比房屋价格变动更大。在 1988—1989 年的经济繁荣期，土地价格上涨近 80%，而房价上涨为 25%。

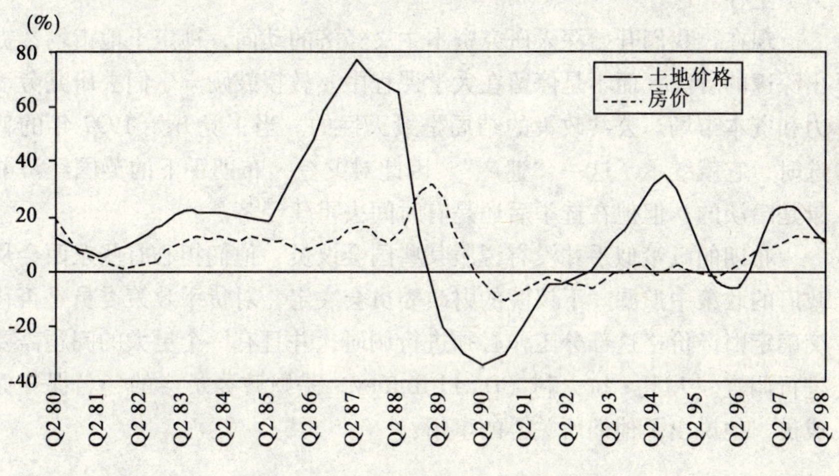

图 2－1　土地价格先于房价变动

---

① 艾伦·格林斯潘："住房抵押市场"，2003 年 3 月 4 日，通过卫星传播对美国独立社区银行协会的年会发表讲话，第 2 页。

② 1996 年和 1997 年夏 Savills 出版的《住房研究公告季刊》（*Quarterly Residential Research Bulletin*）；FPDSavills 出版的《住房研究公告》（*Residential Research Bulletin*）第 26 期，1998 年夏。

房价滞后于土地市场价格的涨落。为了分析经济现象，房价应当看作是土地价格唯一的替代物。这就意味着我们必须“了解”房价来说明真相。如果我们要将房地产信息作为经济期望最主要的指导器，那么转折点的时间通常会误差一年半左右。如果我们寻找低迷的信号，那么观察当地房地产机构提供的价格是不明智的。当然，你必须清楚土地市场中土地所有者和可能的买主之间的交易是否延迟。如果他们已经延迟了，那么你知道局势是上升的。

在土地市场上，当投机买卖最为激烈的时候，价格会飙升至最高点。价格迅速下落通常预示着高速公路与就业市场的变化。在劳森的繁荣期后，土地价格到1992年下降了60%。然后回弹，到1995年的涨幅为60%，此时建筑商重新找回信心开始建造新房子。

这些粗略的统计隐瞒了变动幅度的人为后果。例如，土地价格上升导致建筑商节省每所房子的空间。由于价格上涨，因此开发密度也明显加大。当房价变得不能承受时，建筑商将更多房子建小的动机增强。对大多数人来说，居住较小的空间不是理想生活方式的选择，而是无奈地为了生存。

现在，我们开始深入研究资本主义经济的动向，锁定土地市场，提出深邃的看法，而不是停留在大学课程中。教授鼓励学生们去研究劳动力和资本市场。公共政策的结局是毁灭性的。当工党开始1997年的普选时，它就继承了这一“遗产”。因此对戈登·布朗手下的英国经济前景是暗淡的，但他在选举后还是有时间去重建经济。

布朗的政策似乎并没有说服某些国会议员，他们担心有些东西会从政府的政策中遗漏。下议院的财政委员会决定，对货币政策委员是否移交确定财产价格这部分工作必须进行调研，并且有一个更大的问题需要进行调查。大卫·拉夫利（David Ruffley）是财政委员会的一名保守派成员，他说出了他们所关心的事情：

> 当设定的通货膨胀目标涉及房地产市场不能承受的暴涨时，我们需要立即审查。我们还要国家审计署连同财政部一起审查这种经济周期设想不是捏造的。①

---

① 谢赫拉扎德·达尼什科夫：“下院议员警告布朗经济增长和繁荣的风险”，《金融时报》2003年1月17日。

但这些忧虑不会有结果——没什么会转变财政部的经济运转模式和政府优先考虑的公共政策。没什么可以先发制人地预防 2007—2008 年土地市场的危机年头。如果某个政府知道它要做的事情，那么它只需要三年时间进行适当的改革，改革将自动产生一种重构的经济。戈登·布朗的最后机会是 2004 年的财政预算，但他没有抓住这次机会。因此，时间对英国来说是紧巴巴的。但是，2010 年大萧条的程度还将取决于世界上最大经济体——美国决策者判断的错误程度。如果他们也忽视历史的教训，那么他们逃避现实将会给世界上其他国家带来巨大损失。

第三章

美国的虚拟现实情形期

第一节　新经济　旧法术

加利福尼亚的硅谷孵化了互联网公司热。一种新的虚拟现实经济诞生了。

俄式东正教的修女在旧金山南30公里处半月湾拥有一片284英亩的地产，这片地产在1996年可以卖100万美元。2000年6月，修女们把这片地推向市场出售时，要价为284万美元。由于多家投标竞价，价格升至350万美元①。这样，凭空多出了数百万美元，这对修女们来说是天赐的巨大财富。当然，对那些现今也拥有一片自由支配的土地的人来说也一样。

然而，对其他人而言，新经济具有超现实主义的欺骗性。这毫不夸张！你可以每晚看到硅谷辛苦工作的雇员。他们购买穿越硅谷的22路公共汽车票，该公共汽车被称为"22号汽车旅馆"，因为它是那些无家可归者的家。他们在一天的工作结束之后，花上3美元，在黑夜里乘上22路车，在26公里的路线上来来回回，直到第二天早上开始工作。由于紧急避难所里拥挤不堪，那些拥有体面工作的人没有地方可去。他们的收入理应足够拥有一个家，但他们不行，那点收入还不足在平均房价为27万美元的地方交租金。

那些有房子的和睡在公交车上有收入的雇员之间的矛盾，在旧金山的建筑商看来是不难解决的。建筑行业为其不愿意建立低成本公寓区提出了三点理由：

---

① 迈克尔·麦凯布（Michael McCabe）、马歇尔·威斯朗（Marshall Wislon）："价格脱离了土地"，见《旧金山编年史》（*San Francisco Chronicle*）2000年7月22日。

- 土地价格高；
- 那些已经有房子的人反对本地发展；
- 税收增加了房屋成本，超过了许多人能承受的水平①。

如果华尔街和伦敦的分析家已经重点分析了上述三个因素将是如何冲击这个新兴的电子时代的，那么他们会为他们的客户免去巨大的经济痛苦，但他们没有这样做。因此，当互联网公司兴盛时，建筑业改变了经营方向，不再提供大多数家庭预算范围内的住房，转而提供月租金在1000 美元以上的一居室豪华公寓。加利福尼亚是第一个互联网经济繁荣的州，百万富翁的数量呈指数级增多，只有特别穷的人增长速度超过它，而这两大群体挤压着中产阶级。这就是真正的新经济时代吗？或者说是旧题新作？

电子革命让那些新兴领袖为其赚大钱的神话找到了合适的理由。宣扬这种虚拟现实关键在于一种论调，这种论调歪曲了人们对创造财富的异常力量的理解。稳定这种论调是每次经济大起落开始时进行的演习，在过去两个世纪中每次大起落都使经济脱离正轨。对这个互联网经济时代，美国在线（AOL）欧洲公司的主席安德烈亚斯·施密特（Andreas Schmidt）对历史作了清晰的解说（AOL 欧洲公司是世界上最大互联网服务提供商美国在线和德国媒体集团贝塔斯曼的合资企业）。美国在线通过并购时代华纳而成为影响电子经济的领头羊。按施密特的观点，互联网将影响到我们生活的方方面面：

> 现在不只是一个行业在发生改变，而且出现了整个全新的经济。那些意识不到这一点的人将成历史。两百年前，英国所有的土地都为地主所有，土地也就是金钱的来源。后来这些地主开始建立厂房，成了掌握经济命脉的人。今天所发生的每一点转变都如工业革命一样地动山摇。②

① 伦敦发生了类似事情，由于在那里护士、消防人员、警察等等负担不起住宿，致使这些职位空缺。

② 多米尼克·拉什（Dominic Rush）：“互联网巨人为恐龙复出做好了准备”，《星期日泰晤士报》2000 年 2 月 6 日。

如果他们没有改变人们对健全的经济原理和合理的公共政策的现实主义认识，那么对充满意想不到的历史转折的诠释也无关紧要。那些互联网世界的领袖们要大力提倡后工业时代思想的做法也是可以理解的。然而，这种神话就像侵入计算机的致命病毒，会侵蚀人们对谋生方式以及社会公共服务的认识。

对于像施密特一样的人而言，重要的是主张在不同时代之间存在不相连的突变，比如农耕时代以土地为基础，工业时代以资本密集型工厂为基础，而信息时代以微芯片技术为基础。此类裂变确立了计算机引领将来的新经济的地位。由这种历史的滑稽戏造成的损失源于对政治权力结构的不完整认识。政治权力的本性从封建社会（公开地通过收取地租赚钱）直到现在都存在，现在只不过是那些寻找最大累积地租的人在暗地里巧妙地处理而已。

奇怪的是，反对施密特最强有力的论据是卡尔·马克思的分析。他声言在创造财富过程中，资本家起了再生的作用。马克思是资本的独特性质最热情的解说者，这也是他为什么将他的书命名为《资本论》的原因。他也是资本主义最有力的敌人。可是，其中也有一件极具讽刺意味的事情，马克思指出了一个常被忽视的观点，即：

> 资本家在剩余价值和剩余产品的发展过程中仍然起到了积极的作用。而土地所有者只要得到剩余价值和剩余产品中合适的份额，他们对它的发展没有贡献任何力量。①

在马克思分析经济史的众多著作中，他认可古典经济原理得出的结论。比如，在封建社会晚期私有化的租金在19世纪的工业企业家掠夺时代仍然体现着它的本性。整个20世纪，尽管有税收规定的挑战，但土地市场的强大作用对资本主义经济的命运决不示弱。以这种理论来分析收入的分配，20世纪的革命创伤或许可以避免。但事实并非如此，因为马克思是神话制造者之一。然而，他确实将土地和资本作了正确的区分，并且他强调土地所有者的影响超过大企业的首脑。他在《哥达纲领批判》

---

① 卡尔·马克思：《资本论》第三卷，第623页，伦敦劳伦斯—威沙特出版社1962年版。

中指出：土地财产的垄断是资本垄断的基础[①]。这种19世纪对权力结构的正确认识到20世纪仍是正确的。马克思将资本突出作为矛盾点，给那些有损于理解健全政策的含糊概念加上了他的理论偏见。

那么，我们的目标之一就是解读这种常常使我们的最佳私人和社会利益落空的语言。新的分析的重点是正确认识土地在我们生活中扮演的角色。关于土地的一级分析是把它当作一个物理实体。然而，对商业和工业经济来说，更为重要的是土地的处置和作为租金收入来源的自然资源。这两个维度是数字时代的正确分析的核心。为追溯“土地”重要性的演变，我们从商业过程中的第一维度以前的例证开始。

房地产是许多公司的支柱，这些公司看似依赖它们制造的产品的销量。例如，麦当劳以其煎牛肉饼著称，但它的利润更多的是依靠其房地产，而不是那些绞碎的肉片。房地产位置是极其重要的。2001年6月，当美国的税务部门——美国国税局（IRS）考虑给予房地产更多优惠待遇时，麦当劳的股票价值成了华尔街分析的主题。麦当劳的房产和装备价值80亿美元，它是美国最大的房地产所有者之一。2001年，它在美国拥有12800家餐馆，10100个特许经营点的租金收入超过14亿美元。[②]

购买土地不只是将店铺地点设在顾客附近的问题。拥有地产是公司控制市场战略的一部分。这是能让其他公司失去销售机会的手段。英国的超市连锁店阿斯达（Asda）对此深有体会，它在1999年被美国零售业巨头沃尔玛收购。在90年代中期，阿斯达因一块土地向曼彻斯特市议会缴纳了无数英镑。根据提供给下议院环境委员会的凭据，这笔钱不够阿斯达购买另一处店铺；要防止竞争对手“快速服务”（Quick Save）在此建立一家店铺，还有更多的事情要做。出席竞标会议的议会头目格雷厄姆·斯特林格将成为布莱尔政府的内阁大臣，他证实阿斯达的出价动机是“他们不想有额外的竞争”[③]。

防止购买具有战略性的场地是垄断某个市场的传统战略。将竞争

---

① 卡尔·马克思：《哥达纲领批判》，伦敦企鹅出版社1974年版，第343页。

② 诺尔玛·科恩、安德鲁·埃奇克利菲—约翰逊：“美国国税局允许房地产创新”，见《金融时报》2001年6月7日。

③ 安东尼·巴尼特（Anthony Barnett）：“保守党的环保头目是‘绿化带的摧毁者’”，见《观察家》（*The Observer*）2000年2月6日。

对手排除在外的力量来源于靠近顾客且商业基础设施完善的土地供应量有限的现实。互联网公司都非常精明，他们知道他们成功的一部分取决于他们储备土地的能力。旧金山的 eGroup 公司销售副总裁史蒂夫·康福特（Steven Comfort）说："如果你对你的商业模式充满信心，那么你不是租现在所需的场地，而是租现在所需场地的三倍左右。"这种战略有增加场地需求并相应地使租金提高的效应，使其他人的成本更高。在纽约，互联网公司在房地产上的这种影响是引人注目的，尤其是在 20 世纪最后几年，这些公司争夺供应不足的办公场地使得租金几乎翻了一番。在此期间，他们驱逐了传统的印刷和服装行业的承租人。①

那么，互联网公司从哪里得到资金，可以给出高于传统的产品制造/销售企业的租金呢？我们现在从未知的债务入手。互联网公司不难从客户服务中获得利益。他们付租金的资金来自投机者，投机者相信他们购买这种还没有向市场供应产品的新公司的股票将来会成为富翁。

第二节　极高的租金

MEDIA PUNDITS 公司是互联网公司的典型，其股票买卖只是基于一个名字，全无其他。". com"这个后缀成了从投资者口袋中提出现金的全部。事实上，这种论点是困扰人们的另一个方面。硅谷的天才们已经找到了通向自然界尚未打开的市场的电子途径。互联网是利用地球上看不到的自然资源之一将地球表面连接起来的新方式。电子信息的传送是通过电磁波谱来实现的。为了获得电波信息，必须在接收端至电子束信息至移动电话和连接计算机终端的地下电缆网之间的突出位置树立天线。这就是支持互联网的物理设施，它是停留在电缆和计算机上面的知识主体。在硅谷工作的 25 万人已经找到了投机土地的新路子。

经济学家定义的土地包括自然赋予的所有资源。虚拟的幻想世界与有形的自然资源已经密不可分，那些声称他们比别人先认识到经济发展潜力的人将它们当作轻松赚钱的资源。它就是美国西部蛮荒地区的土地

---

① "硅谷改变了纽约市场"，载《纽约时报》（*New York Times*），摘自《南华早报》（*South China Morning Post*）2000 年 1 月 19 日的特写。

再次全面开发。有篷的四轮马车换成了四轮汽车，但风险和收益都是一样的：许多开创者会丧失全部财产，而一小部分人最终将成为巨富，因为他们拥有最大的“农场”。

然而，首先这些拓荒者必须解决一个小问题，那就是当来到这片乐土的顾客数量不足时，他们如何开发新边界的租金价值？解决方案是在一个老话题上做新的转变，旧的方案在19世纪铁路建设中已经尝试过并检验过。在21世纪的开端，我们会发现解决问题的答案就是一个词——证券化。这就是没有耐心的投机者让人们当天支付某个产品收入的方式，他们不会等到明天才支付或出售，更不可能等到明年。某一天将通过电波得到资本化的租金收入流量并出售给投资者。投资者设想他们以今天的价格购买了这种收入流量，将会稳得资本收益。这种圈套使得买卖具有投机性，并且这会让多数投资者最终以失败者告终，很少的租金收入可以转变成资本。

然而，对经营团体来说，证券化方式并不是投机买卖；事实上是一种可靠的赚大钱的方式。当那些董事们在自己的公司或其他人的互联网公司向公众出售股票时，他们会得到部分股票。而这时股票的价值是未经市场验证的。对那些有能力分辨这些公司是建立在不稳定的基础上的人来说，明智的决定就是立即抛掉这些股票。根据美国众议院金融服务委员会的一项调查，在高盛公司（Goldman Sachs），因高盛公司已有（或者说意欲拥有）一个金融协会，因此股票市场发行的股票都分配给了21家公司的高管。接受股票者包括前安然公司（Enron）的首席执行官肯尼思·莱（Kenneth Lay）。其中一些高管无意成为长期投资者，为确保先于其他人将未来的收入资本化并揽入口袋，他们会立即“抛出”股票。这对他们来说是无关紧要的。根据金融委员会的调查，由高盛推向市场的22家企业中，有2/3后来亏损了至少96%的价值。①

当隐藏在证券化诡计后面的假账最终暴露时，政治家们急于声称那些骗子是个别的反常者，这种问题不能归咎为经济制度的缺陷。经乔治·W.布什的解释，那些看着自己的储蓄和养老金都泡汤的人们有了一点安慰，他们应当指责那个别的坏家伙（详情参见专栏3－1）。

---

① 文森特·博兰（Vincent Boland）：“国会支持戈德曼的‘新经济’”，《金融时报》2002年10月4日。

在股票市场投机的失败者不仅是那些将他们的储蓄都押在包装着美梦的小册子上的人，那些相信政府决议而认购股票的纳税人在交易变味时也会遭受损失。美国铁路公司的股票暴涨便是实例。联邦政府免费授予土地给那些铁路公司，它们将建设连接东西海岸线的铁路。而清理地面、开拓隧道和铺设铁轨的所需资本额巨大，从车票所得收入难以回收购置车辆所耗的成本。最初赠予铁路公司的土地没什么经济价值。这是因为大量投资被投放到了人们难以生存的边缘地带。换句话说，铁路建设的高潮是土地投机买卖的一个典型例子。求财心切的人说服政府提供津贴（纳税人的钱），以弥补因修建铁路而遭受的损失。纳税人的钱可以投资在基础设施建设上，以吸引移居这些新地方的人们，并提高土地的价值。

专栏 3-1　　安然公司——一粒老鼠屎

安然公司是第一个因做假账隐瞒债务、假装缴纳外国税收而股价暴跌的互联网公司。2002 年 10 月，安然公司的前首席财务官安德鲁 · 法斯托（Andrew Fastow）因欺骗、洗黑钱及在 2001 年已经破产的能源公司的密谋而被指控，他致使投资者损失数十亿美元。

布什总统熟知像安然公司那样的背后诈骗行为。当哈肯（Harken）能源公司以惊人的高价收购他的公司时，他是受惠者。公司交易遭遇险境，但还是隐瞒了失败的事实。股票价格持续了很长的时间，足够布什以高利润出售他的大部分股票，他也采用了与安然公司一样的财务技巧。经济学教授保罗 · 克鲁格曼描述了这种伎俩：“由公司的权威人士组建一个掩护组织，它看似独立于公司，实际上在公司的控制之下。这些掩护者以虚高的价格购买公司的资产，造成股票价格膨胀的盈利幻影，这就可以让那些高管们将他们的股票兑换成现金。”*

在布什的案例中，哈肯公司贷款收购阿洛哈（Aloha）石油公司，这就造成了有 1000 万美元利润的假象，足以隐瞒该公司在 1989 年三个季度的亏损。布什在该公司的审计委员会工作。后来，担任总统职务时，他表示他没能遵循那些财务规则还不及违反交通法规严重。

*保罗 · 克鲁格曼（Paul Krugman）：“布什的公司如何利用会计伎俩”，《卫报》2002 年 7 月 9 日。

可是，铁路运营者对确保纳税人得到他们的美元价值并不感兴趣。他们关心的是土地投机买卖的魔术。他们的工作是让政府信服，某一天偏远镇区的经济发展会获得满意的租金和利润。然而，同时许多投机者对他们的回报也迫不及待。因此他们以假定的土地会产生的租金的价值出售铁路公司的股票。① 1995 年开始的美国互联网股票的交易，同样具有 19 世纪铁路股票狂热的所有特点。

互联网热也传染了英国。1999 年开始，租金暴涨，而那些易于受骗的人们不久就建立了投资俱乐部。他们将自己的储蓄集中起来，聚集在酒吧里商讨他们应当买哪些互联网公司的股票。1999 年末的泡沫紧跟着是新千禧年伦敦的股票交易出现连续三天 1000 亿英镑的回落。这些小打小闹的投机者都是志趣相投的伙伴。乔治·索罗斯（George Soros）是知名的金融家，曾因制服英格兰银行而声名大振，他也遭受了高科技股票狂跌的巨大损失。据报道，他的量子基金公司在 2000 年元月第一个星期遭受了价值 6000 万美元（3650 万英镑）的损失。1999 年，IT 硬件股票上涨了 700%，而在 2000 年，一周内股票下降了 15%。

这些都阻挡不了美国的“股票交易员”的热情。他们利用计算机新技术，在他们的卧室或起居室的某个角落买卖名称花里胡哨的新公司的股票。美国产权投资市场就像一个卑劣的贩毒者。它对 IT 股的命运入了迷，而 IT 股的价值约占美国股市的 1/4。

在伦敦，由于人们过分地相信他们是在新领域发财的先驱者，1999 年间证券交易所的日交易量翻了一番。从中很容易发现那些交易情况最好的股票。

- ARM 控股公司专为半导体设计芯片。它于 1998 年中开始在伦敦股票市场上市。一年半后，它的市值为 60 亿英镑，比值钱的 ICI 还多 20 亿英镑。
- 互联网的门户——雅虎也迅速获得了远远超过通用电气的市值。
- 亚马逊公司开始是一家在线的图书零售公司，后来扩展经营范围，销售百货和药物。到 1999 年底，即使经营亏损，它的市值仍达 200 亿美元。
- 赛捷（Sage）是会计软件集团，它的市值增长为 28000%。
- Freeserve 公司是一家互联网接入公司，当它发行股票时，还没有赚取一分

---

① 弗雷德·哈里森（Fred Harrison）：《财富之轮——自筹资金的运输系统和税制改革》（*Wheels of Fortune: Self-financing Transport Systems & the Tax Reform Dividend*），即将出版。

钱的利润。它的股票价值达 14 亿英镑。

美国无线通信公司和 IT 公司成了世界股票市场的老大。即便在现实中这些公司难以应对在全球电子商务中的预期增长，但还是阻挡不了股票投机者的狂热。股票经纪人透露，一些客户根本不知道他们想要投资的公司的名字，他们从互联网上的公告牌中挑选企业，依照某些描述来辨别它们。交易者的座右铭就是“今天买明天的股票”。

怀疑论者开始回忆这种历史的教训。之前的快速发展行业（如铁路）没有为投资者带来实质的利润，因为竞争使得利润削减，结果与其他行业差不多。但当人们受投机热所左右时，不好的消息往往被夸张的广告所淹没。个人发大财的神话点燃了辛辛苦苦挣工资还只能勉强维持生计者的无限遐想。戴夫·斯坦沃斯（Dave Stanworth）就是其中的神话之一。他是位 33 岁的伯明翰人，他相信自己是英国第一个互联网百万富翁。他家境贫寒，当收房租者来的时候，他把家里有限的现金都藏在了沙发后面。他从学校出来时没有获得毕业证书，然后当过泥瓦匠、赌徒。在他参加一门计算机函授课程之前，他还当圣诞老人邮寄圣诞卡。他的宏伟计划是建立一个计算机游戏网站。最初他在一家理发店楼上的房子里开始创业，1995 年他的 Games Domain 风靡全球，一天内收到来自 70 个国家的 1.1 万条成功信息。1997 年 2 月，他以 Attitude Network 公司 300 万美元的股价卖掉了这个网站。一时间他上了新闻头条，这也诱使人们去做类似的发财梦。当 Attitude Network 公司卖给 theglobe.com 公司时，人们没兴趣去了解斯坦沃斯的股票价值跌落多少了。①

互联网公司的股票成了新的货币。员工同意将他们的工资作为公司的认股权。在美国，不用支付现金就能雇用大学里的天才成了一项有吸引力的买卖。Akamai 技术公司向享有声望的马萨诸塞科技学院的学生提供认股权，以换取他们的假期工作。到 1999 年 10 月这家公司上市时，最初的股票价值已经飙升了 8 倍。学生们成了（纸上的）百万富翁。他们的偶像是比尔·盖茨——从哈佛大学退学而后创立微软公司并

---

① 朱丽叶·乔伊特（Juliet Jowit）：“在互联网上玩致富游戏”，《金融时报》2000 年 1 月 5 日。

成为世界首富的传奇人物。

互联网泡沫得力于做假账，假账夸大收入，人为地降低成本，因此互联网公司能给出盈利的报告。

- 劳动力成本以不支付薪水来掩饰。员工认股权使收入膨胀，而隐瞒了成本。
- 对于那些没有良好口碑或公认品牌的公司来说，广告成本是一大支出。这些成本会直接注销，以掩饰它们对未来利润的影响。
- 易货交易，比如与广告公司交换产品，以此当作收入，夸大销量收入。
- 设备通常以延期付款方式购买。制造商会将这类交易记入收入账目。而优惠的折扣和贷款购买似乎减少了公司启动资金。

这类欺诈的诡计取代了商业计划中原本应脚踏实地的评估。年轻的企业家们没有兴趣受“旧经济”的约束，比如必须为未来的产品确定某个市场。他们更多的是关注“编撰的故事”怎样更能吸引投资者。他们的步伐很快，洞察力肤浅，承诺事实上不存在的商业基础设施，谨慎在他们那里成了历史旧事。投资者相信这种全新方式运营的“新经济”是“令人兴奋的”，创办一家新公司是件容易的事情，而不必经历重建老企业的痛苦过程来增加产量和利润。在“新经济”中，机会以光速之势来去匆匆，对那些觉得有必要暂停加以思考的人来说也毫不留情，因此风险就被忽视了。人们的反射能力在操纵杆上得到磨砺，而在此与现实的反差更为强烈。在软件世界里，砖块和灰泥是没有容身之地的。产出不是在传送带上的产品，而是电子账簿上的数字。

性格外向的丹·瓦格纳深知如何去推销这种梦想。他喜欢穿着唐老鸭的马甲出席在产品推介会上。那些着装正统的企业管理者可能并不欣赏丹·瓦格纳在服装方面的品位，但他们喜欢他的商业特性。1997 年 10 月，他那一直亏损的高科技公司 Maid 接管了 Knight Ridder 信息公司，因为财政新闻称后者价值 2.61 亿英镑。这宗交易成就了世界上最大的在线数据和信息供应商。金融家们帮助瓦格纳从股票出售中募集 1.9 亿美元（1.2 亿英镑），并借款 2.7 亿美元。有了这个“正面”的故事，似乎任何事情都可以在高价中实现。三年后，这位小报称之为“新比尔·盖茨”的人被迫放弃了他的梦想。在 2000 年

3 月，他参加会议出售他的核心业务，价格不足他在 1997 年为此业务付出的成本。①

一些专职工作的人辞职在家买卖股票。但这种轻松的租金资本化的利润追逐与传统的土地所有者出售场地赚钱之间存在很大的差别。在后者，如果所有者乐于等待，那么他（她）的继承人保证会突然大赚一笔钱，因为土地是最好的有形资产。但投机买卖者没有所有权证书，他的时限是短期的，他们会在这种投机中失去一切。这就是当股票交易员马克 · 巴顿在亏损 12 万多美元之后出现的惨剧。随着他的绝望加剧，他愤怒了，最终以谋杀来释放他的压力。在两天之内，他杀死了他的妻子和两个孩子，然后疯狂滥杀无辜，杀了 9 名亚特兰大股票交易所的工作人员，伤及另外 13 人。最后，他畏罪自杀。

第三节　吸收规律

互联网被誉为信息高速公路。对这条路准确的描述就是：我们在那里可以穿越时空，改变日常生活中的许多方面。但理解这种商业前景对两个动机来说是至关重要的。我将首先讨论好的方面。

在远离主流市场工作的人们发现互联网仿佛一个救生员。在键盘上轻按几个键，他们的商业世界就从当地扩展到了全球。这也是位于英格兰施罗普希尔县的乡下二手书书店发现的一条商业途径，它也可以将其业务面向全世界。

施罗普希尔县的事迹载入历史是一次偶然，起因是要决定在那里修建一条路。城镇的发展像施鲁斯伯里——查尔斯 · 达尔文的出生地，它是背离罗马的“最少劳动”模式修建道路原则的结果。从伦敦到西北部的直接路线是通过切斯特。切斯特是驻军要塞，在那里可以管制兰开夏平原，并可在哈德里安城墙的西端巡逻。但当罗马人修建沃特林大道时，他们向左转向了一座名叫雷金（Wrekin）的小山。在雷金山的北侧，他们修建了城堡 Uriconium，那里自公元 50 年左右以后曾是古罗马第十四军团的总部。这条反常道路修建的战略动机是因为罗马人已经不

① 卡罗琳 · 丹尼尔（Caroline Daniel）：“这种交易标志着新神话的破灭”，《金融时报》2000 年 3 月 21 日。

能平定英国威尔士部落。沃特林大道绕道向西，以便他们巩固西边的侧翼。

在这种军事需要的基础上，那些将成为战略要地的村落被载入历史。为了到达威尔士横蛮的山村部落，罗马军团得穿过山脚的一个山口，而山口当时由丘奇—斯特雷顿镇占据。在这里，零售商仍然依赖每天经长途跋涉来到他们店铺的人数；或者至少在电子商务到来之前，他们仍是这样的。对于在大街上经营书店的罗格·图恩来说，文字处理器上的屏幕成了他通向世界的窗口。在一瞬间，客户的下游区跨越了狭窄的停滞地带，到达全球最远的各个角落。财务分析师满怀信心地预测：全球规模的电子商务将从 1996 年的 26 亿美元增加至 21 世纪的数千亿美元。

但罗格·图恩没有让“新经济”扰乱他的旧经济学。对他来说，位置仍然是紧要的，即便是在地理位置偏远的地方，如丘奇—斯特雷顿。图恩先生在 1993 年买下了房产，那时正值前一个萧条期的谷底。他花了 9.3 万英镑买下，然后装修改进花了 2.5 万英镑。10 年后，他断定对他在大街上的商住两用的房子来说，这个周期的顶峰已经到来了。他以 27.2 万英镑卖掉了它，获利 15 万。图恩在将它的图书生意带进互联网时，仍坚定地固守在地面上。他在城外又购买了一所房子，仍通过他桌上的计算机查看全球市场。

现在，我要讲的不好的消息是：电子时代将显现出一个新的剥削阶层。这就是在我们目前的财产法和税收政策下，数字技术的经济影响带来的不可避免的结果。其原因可归结为四个字——成本削减。计算机削减了商业和工业的成本，但在电子时代的结果与之前的科技革命一样。美国铁路降低了从中西部到纽约餐馆运输牛肉的成本，货船的冷柜也降低了新西兰提供给英国家庭羊肉和黄油的成本。同样地，计算机降低了办公室秘书工作的成本，也降低了工厂库存管理的成本。这种收集和处理信息的新方式改变了许多传统工作，重新塑造了许多我们生活的前景。网上银行的交易成本估计为 7 便士左右，相比之下，呼叫中心的成本为 37 便士，而传统的银行分理处的成本为 70 便士。①

---

① 经济合作与发展组织：《经济和货币联盟年鉴》（*EMU One Year On*）第 6 册，巴黎，2000 年，第 68 页。

计算机提高了“旧经济”劳动生产率的确证来自三位诺贝尔经济学奖获得者。他们用一种历史的观点来解释，正如美国斯坦福大学退休的经济学教授肯尼思·阿罗（Kenneth Arrow）所提出的：人类已经有了“一次又一次创新”，电报首次标志着我们可以消除距离的隔阂……电的最大作用是它在工厂的使用。美国弗吉尼亚的乔治—梅森大学的退休教授詹姆斯·布坎南（James Buchanan）说：“与今天的互联网最类似的是20世纪20年代的汽车。”汽车生产极大地促进了制造业的发展，但这也没能阻挡原材料市场在1929年的急骤衰退。宾夕法尼亚大学退休的经济学教授劳伦森·克莱恩（Lawrence Klein）预测，生产率的提高将持续到2010年。①

谁将受益于生产成本的降低呢？答案就在我所称的“吸收规律”（Economic Law of Absorption）。土地市场是一块巨大的海绵。它吸收的价值不是人们在劳动和资本市场获得的。这种收入转变成纯收益（即支付劳动力和资本成本之后的收益）和付给土地及自然资源所有者的租金（租金取决于特定的环境）。下面将举一些例子来说明。

- 当科学技术使企业主以更少的劳动力和资本投入得到同样的产出时，成本削减了。

雇员是否将企业节约的部分装入自己的口袋，这取决于企业对他们的技能需求。在20世纪90年代后期，计算机程序员供不应求。他们在不断扩张的行业中是一种流动的劳动力，企业竞相给出高额工资——雇员们获得了部分来自新技术的收益。但是这种收益也只有在企业需要提高他们的技术时才有。当工作完成，并且一些新企业已经进军这个行业，竞相压低了超额利润时，这种来自新技术的净收益将作为租金被土地吸收。随着计算机技能的传播，掌握该技能的人增多，从而降低了程序员的工资。最终，信息时代的纯经济利润将作为租金被吸收。

然而，部分纯收益偶然会被那些能够限制竞争的企业主截取。那就是反对纽约一大保险掮客马什—麦克伦南的观点。纽约州司法部长埃利

---

① 艾伦·戈尔茨坦（Alan Goldstein）：“米尔肯小组评估技术的影响”，《达拉斯早报》（*Dallas Morning News*）2000年3月10日。

奥特·斯皮策（Eliot Spitzer）声称，一些掮客从新经济的成本削减下的生产收效中获得超额利润。《金融时报》的一位记者在一篇题为“Finger points at the Broker Barons in their Rent-Collectors' Castles”的报道中，认为斯皮策的猜测至少部分是正确的：

> 马什—麦克伦南（也许还有其他同行）通过提供某种有用服务，已经超越了在竞争市场中作为寻求利润的企业主的身份，他们成了赚取租金的人。①

该记者约翰·迪扎德追溯了他们所得租金的来源。它们都应归功于“计算机、通信宽带和互联网的广泛应用降低了交易成本。增加的访问利润转向大的保险掮客身上是反常的现象。”通过竞争，那些利润将成为横财及时降落给土地所有者（在司法部长提及的事件中，他可以用诉讼的威胁强加于保险行业）。

- 政府部门减少税收时，也就减少了生产成本。

“企业园区”就是价格如何受税收影响的例子。在20世纪80年代，英国和美国风行通过不受税收管制大力促进经济发展的试验。试验的逻辑是如果企业准许免税，那么企业家们会在贫困地区投资。这种免税方案谁受益呢？纯利润都立即转变成租金，并且园区内的土地售价增长。这种转变的快速实现可能是基于土地通常是闲置的事实（大体上原先因税收而遭闲置）。投资者认识到最大限度地征收没有麻烦的租金的最简便方式是尽量少在不断增值的事情上投资。结果是他们倾向于使用雇用几个工人的仓库。当地经济并没得到明显的好处。但是这妙在可以最大效率地在土地租金中回收税收收益。

如果新信息时代的历史都有充分的资料证明，那么经济史家将证明后工业时代的主要收益都落进了土地所有者的口袋。至少马克思在这一点上的观点是正确的：租金将构成国家收入中“不断增长的部分”。但这条致富的特别途径布满一不小心就遭吞噬的风险。在美国，加利福尼

---

① 约翰·迪扎德（John Dizard）：“直指保险掮客聚敛租金的城堡”，《金融时报》2004年10月18日。

亚州就接受过这种教训。

硅谷得益于拥有世界上最集中的风险投资。在1999年的顶峰期，硅谷获得了260亿美元风险投资。当计算机时代在越过加利福尼亚海岸线的不毛之地渐露端倪时，给气派的总部选定一个一流的场所成了必得的战利品之一。掌上电脑的图标设计者Palm花2.2亿美元（1.41亿英镑）在美国圣何塞购买了39亩地，以显示它的强大经济实力。它有12亿美元现金可供挥霍，似乎任何事情都有可能实现。当经济崩溃时，巨额价值犹如太阳下的雪花一样融化了。2003年3月，该公司宣布其地产价值为6000万美元。①

随着泡沫的破灭，101号高速公路旁边长期闲置的七幢现代化玻璃大楼以象征性的租金给破产的互联网接入提供商Excite@ home使用。土地所有者发现他们持有的地产租不出去。到2001年夏天，他们开始向未来租户提供额外的好处以提高房屋出租率。自1992年的经济周期开始以来，空置率达到了最高的水平。在21世纪的开端，101号高速公路旁边商用地产的空置率为1.3%，两年后达到了15%。

大幅度租金掠夺遗留下来的东西经华尔街传送到了美国经济的各个领域。与此同时，那些无家的人更加负担不起已经降低的租金，只得晚上继续睡在他们的车里，或者在22路公共汽车上沿着高速公路巡游。

① 斯科特·莫里森："房地产崩溃的寒风席卷硅谷"，《金融时报》2003年3月3日。

第四章
艾伦·格林斯潘的杰出才华

第一节　泡沫问题

全球经济都受到了“9·11”恐怖袭击的影响。再一次地，一次偶然事故帮助了那些无法提供科学有效预言的经济学家们。他们中少数人对即将开始于2001年的经济下滑略知一二。劫持客机成了2002年全世界经济萧条的合宜解释，其中两架客机撞击了纽约世贸中心的双子座大楼。

在2001/2002年的萧条期，经济新闻告诉人们，美国和英国的产出量都以最快的速度下滑了9年。根据美国劳动部的数据，美国的失业人数和领取救济金者的增多达到了18年来的新高。9年和18年——这些时间不是疯狂的恐怖分子在阿富汗的训练营中密谋的结果。我们将看到，这些时间段出自一张根植于资本主义经济DNA中的时间表。

没有预测到这种即将到来的危机的银行业者付出了惨重的代价。单单在2002年，欧洲和美国的投资银行勾销了1300亿美元的烂账①。他们得到过中央银行的提点，最重要的是，他们认为90年代后期的经济繁荣是美联储主席格林斯潘挽救的功劳。投机者们忽视美国经济前一个转折点发生的惨剧。1990年9月，格林斯潘否认美国处在萧条期。事实上，早在7月就开始进入萧条期了。倒霉的格林斯潘没有得到美国国家经济研究署的帮助。国家经济研究署是公认的美国经济周期裁定者，它在1991年4月（萧条期结束后的一个月）指出，1990年7月是大萧条的开始。

---

① 莉娜·赛戈尔（Lina Saigol）：“投资银行勾销破纪录的损失”，《金融时报》2002年10月7日。

人们相信经济运转都是不可理解的，这不奇怪吗？相信它们是超越了政府势力的黑势力的牺牲品？相信合理运营方式是把经济看作一种纸牌游戏（在英国，就是投资者在房地产市场的投资机会）？（见专栏4－1）

专栏4－1　　拿你的家来下注

在英国，投资者在住房价格是上涨还是下降这个问题上下赌注。投机者利用最新的技术来计算风险，预计房价的毁灭性下降，他们可能致富。

城市指数（City Index）是一家影响面很广的博弈公司，通过它的《房地产财富手册》的分析，它能使与房地产市场博弈的参与者像其他人在灰狗运动场赌狗一样。

那些助长泡沫膨胀的银行寻求避免财务不稳定风险的方法。他们已经想出将风险推卸给别人（那些依靠稳定的股票市场获得回报来缴纳养老金的人）的方法。他们运用的手段像信贷的衍生物，通过这些最终将损失转移到那些设法储蓄的人们头上。

当国际货币基金组织（IMF）向英国超常的房价敲响警钟时，警告说这会破坏经济发展，但它又保证说银行有“相当的实力”承受房价的暴跌。这与“高负债持有房屋”会面临提高利率或失业时不堪一击的预言形成了对比。*

* 阿什利·西格（Ashley Seager）：“IMF 警告：房价暴跌会使经济出轨”，《卫报》2004 年 4 月 22 日。

这种结局是因一个单纯的事实：开业者运用的经济理论不能将租金收入当作经济的压力计。由于掌握方向盘的专家对记录在量表上的重要信息故作不见，结果，最强大的经济都定期地陷入了混乱的困境之中。

这样，人们只能从一些小恩小惠中寻找安慰。例如，2002 年 7 月 16 日，艾伦·格林斯潘向一位国会委员声称，我们应该放心，在这一代人中互联网公司的财务诈骗仅只一次。在之前的几个星期时，数百万美国劳苦大众得知他们的储蓄和养老金都消失在逃税乐园的隐秘账目中了。哎，我们的生命都只有一次。在这一生中，如果我们指望的养老金被盗，让我们在年迈时穷困潦倒，那么告诉我们这种财富抢劫案在我们的下一代不可能再发生，这几乎于事无补了。

但是，尊敬的格林斯潘主席所说的话是不可信的。因为他也宣称在交易所的金融交易中，诈骗其他人钱财的机会在不断增多。如果那些预言是正确的，那么诈骗案将会更加频繁，而不是一代人中只发生一次了。

对于美联储主席的经济预言，我们需要用形而上学的理论来解释。每当他与这个国家沟通时——他更多的是通过向国会委员会所做的声明，他总是用乐观的消息让人们恢复信心。在互联网公司的危机中，他的这种策略表现得更加完美。这使得人们相信国家通过调整利率，可以避免经济崩溃。但是，经济还是急速下滑了，萧条期从 2000 年延续到了 2001 年。这是可预见的吗？这是可避免的吗？

在第二章第二节中，我们看到在房地产建筑工业中的财务算法是怎样预测一个 14 年的建筑周期的。在本书第二部分，我们将在历史事实的基础上检验这种算法的逻辑。在此，为了阐明目前的问题，我们必须详细介绍 14 年的周期。从历史上看，我们发现这种周期经一个周期中间的小繁荣分为两个截然不同的阶段。这两个为期七年的阶段与所有者在出售和搬家前居住的平均时间相符。在英国，这也是新的商业房产推向市场所需的平均时间，即从项目构思和融资到建筑完成并交给承租人或者出售的平均时间。[①] 这对我们预测 1992 年全球经济萧条后的事件有何帮助呢？

在美国，1994 年最后一个季度，房地产市场开始恢复。如果我们的论题有价值，那么房价将在七年后的 2001 年达到“沸点”。事实的确是这样。2001 年的第一季度，房价达到了最高点。[②] 要是我们正确地了解经济史，这种时间的安排完全与我们所预期的一致。高峰房价是无法维持的，必须拿一些东西做出让步，结果是经济发展做出让步（垮掉了）。因此，根据历史的理论，即便没有互联网公司兴起时的狂热股票交易，美国经济也会滑入萧条期。

如果艾伦·格林斯潘注意到了土地市场，那么他应当运用历史的经验。他应当知道美国在 2001 年的萧条期，并且他应当有机会建议国会采取先发制人的措施。但是，他没能经得起这种考验。

---

① 莉斯·皮斯（Liz Peace）：英国房地产联合会个人信息部的首席执行官。

② 联邦房地产企业监管办公室：《1990 年第一季度到 2003 年第三季度美国房价指数》（*House Price Index History for USA* 1990 *Q*1 to 2003 *Q*3），第 6 页。

当经济已经复苏时，出现了第二个给他赎身的机会。美国房价暴涨，美国陷在房地产泡沫中了吗？这个泡沫是否将在2010年的萧条期破灭？难以置信的是，格林斯潘蔑视房地产泡沫的观点。美国房价持续上涨，房屋主们甚是享受着他们的房产价值上扬，这是事实。但是，很明显——“泡沫破灭的结果是房价急骤下跌，那么大多数期望看似要化成泡影了”。①

一些经济学家也与格林斯潘持同样的观点。联邦房地产企业监管办公室（OFHEO）的高级经济学家谢利·德雷曼负责监督该机构权威的房价指数，他总结说：“用房价除以收入，我们发现最近几年的房价增长明显减慢了。这表明房价目前还没接近泡沫的顶峰。”② 还不是顶峰，那么什么时候房价会达到顶峰呢？又是什么将使这泡沫膨胀？是什么样的重要警惕信号让家庭必须决定有多少储蓄，有价证券中应当有哪些资产，是否要出售房产、搬家到价格可以承受的地方去住，以减少他们的债务？

从经济学家的研究范畴中，我们能找到这类问题的明智答案。格林斯潘可能对OFHEO发表的研究报告了解得更清楚。OFHEO履行其职责，对两家政府支持的抵押贷款机构（Freddie Mac & Fannie Mac）进行压力测试，它发表了一份“可能破坏经济发展的压力”的报告。这份报告在2003年2月提交给了国会。报告提请注意前20年的房地产泡沫，包括美国农田中的开发、瑞典和日本的商业房地产开发、泰国的住宅和商业房地产开发。但是，是什么驱使那些泡沫不能维持在顶峰状态，以至于它们必然在房地产市场全面崩溃中破灭？还有，为什么房地产崩溃会拖垮经济的其余部分？有关房地产周期的文献在谈及现实问题时却支吾其词。

美国政府的一家金融机构中的一位高级经济学家就是这样对泡沫进行分析的：

---

① 艾伦·格林斯潘：“住房抵押市场”，2003年3月4日通过卫星对美国独立社区银行协会的年会讲话，第4页。

② 谢利·德雷曼：“用房价与收入的比率来决定是否有房价泡沫”，联邦房地产企业监管办公室，《2000年第四季度房价指数》（*House Price Index Fourth Quarter* 2000）2001年3月1日。

根据土地的独特特性和银行不可靠行为所冒的风险，最近一些研究解释了那些泡沫的出现。研究中观察到土地不同于金融资产（比如股票），因为土地供应是限定的，并且通常不可能将单独的土地卖空。研究表明，那些情形暗示着乐观者将设定土地的价格，因为只有那些已经拥有土地或者对购买土地有兴趣的人才会影响土地的市场价值。如果一大批中间商手头有着充足的财富，对土地价值过分乐观，那么泡沫就可能出现。土地价格的泡沫是否出现很大程度上取决于贷方的行为，因为贷方可以不借给那些乐观者。此外，由于土地价格上涨使得间接的增援贷款价值也上升，在这种自我增援过程中，贷方资产和资本价值也上升，这就会促使追加放贷。①

银行和抵押贷款机构都受政府的担保，这就形成了不良后果的贷款风险。“泡沫的破灭可能导致大范围的破产，这可能要求政府考虑紧急救济。在商业和农用地产中已经出现过这种结局，且在美国和其他国家的区域或地区性地产也偶尔出现过这种情况。”②

20世纪80年代和90年代，全世界许多银行出现过危机，就是因为银行忽视了市场风纪。③

OFHEO的报告也提出警告：将来可能出现更糟糕的银行助长土地投机买卖的情形。这是因为：“银行制度和财政部门最近的改变越来越难制定安全且稳固的规章制度了吗？”④ 计算机和互联网助长了金融系统中这种高脆弱性的风潮。它们让银行删除与借它们钱的人之间的个人链接成为可能。住在附近友好的银行经理依其人品对当地经济产生影响已经成为历史，取而代之的是削减成本和加速建立信用的呼叫中心。这

---

① 联邦房地产企业监管办公室：《体制风险：范尼梅、弗雷德麦克和联邦房地产企业监管办公室扮演的角色》（*Systemic Risk*：*Fannie Mae*，*Freddie Mac and the Role of OFHEO*），华盛顿特区，2003年，第19页。

② 同上书，第20页。

③ 同上书，第21页。

④ 同上书，第22页。

就是“外购”，或者说“金融机构作用减弱”①。由于首个全球经济周期在90年代加快了它的步伐，金融家在他们的客户面前不再有良好信誉。当经济崩溃到来时，它将再一次突袭银行业者。

其实，银行业者不是唯一的责任人，制定并保护制度的政治家也有责任。从互联网公司崩溃中复苏的美国经济受到布什总统大幅度减税的刺激，总统宣布到2011年这几年减税额达1.35万亿美元。随着股票市场的失宠，那么，在哪里投资比投资我们脚下坚实的土地更好呢？布什总统知道这个现实，正如我们在他的自我喝彩中听到的。下面这段话摘自2004年1月他在国会的演讲：

> 美国人民获得美元并让它们活动起来，从而推动经济向前发展。2003年第三季度的经济增长速度是近20年来最快的；新住房建设也是近20年来最快的；住房拥有率也是最高的。

在2004年，资金继续大量投入房地产，强化了房地产成了近20年来回报最高的资产的趋势。从1980年以来，美国罗德岛州的房价已经上涨了355%，加利福尼亚的涨幅为306%，首都华盛顿的为294%。20个州在那段时期都享受着超过200%的房价增值。但是，房地产也是资本主义经济混乱的震源，它促使城市蔓延发展并提高用于基础设施建设的税收，造成压制人们收入的经济大起落。

人们想听这种不好的消息吗（特别是那些已经计划付清抵押贷款的房屋所有者）？这会是政治家们躲开对房地产市场做真实探查的原因吗？毕竟，为房价提供干扰因素少的解释貌似有理。人口统计得到的趋势是，从土地市场投机获得资本收益的全民消遣变成了集体节制。美国人口的年龄构成正在快速改变。第二次世界大战后人口出生高峰期的孩子已经在70年代买下了他们的房子，自那以后，年轻的首次买房者人数减少了②。作为对房价、土地投机买卖倾向，以及那些价格对人们日

---

① 福里斯特·帕芬伯格（Forrest Pafenberg）：《互联网时代的单一家庭抵押行业：技术发展和市场结构》（*The Single-Family Mortgage Industry in the Internet Era: Technology Developments and Market Structure*），联邦房地产企业监管办公室，2004年1月，第28页。

② N. 格雷戈里·曼金（N. Gregory Mankiw）、大卫·韦尔（David Weil）：“生育高峰、生育低谷和房地产市场”，《地区科学和城市经济学》（*Regional Science and Urban Economics*）1989年。

常生活的宏观经济影响的一种解释，这种人口统计的论点是错误的，因为它没有考虑人们不断增多的收入。在20世纪最后几十年，随着收入的增长，人们需要在更合意的地方购买更大的房子。这就抬高了那些土地的价格，继而迫使建筑商节省成本，比如在一些地区（俄勒冈州波特兰）的更小土地上建房子。当开发商深入穷乡僻壤寻找更廉价的农业用地，在那里修建人们可以买得起的房子时，这也导致休斯顿和得克萨斯州的其他城镇向外蔓延发展。这种情况被媒体当作好消息来报道。OFHEO的谢利·德雷曼宣称："房地产增值仍高于通货膨胀，而这很好。"① 房价增长率高于通货膨胀率两倍多，比人们的工资增长速度快很多。这意味着房价变得越来越令人难以承担。当人们累积的消费债务（超过1.5万亿美元）在2004年达到创纪录的新高时，艾伦·格林斯潘在掌管这些事件。美国像英国一样，也逃不过2010年的大萧条。

第二节　货币的色彩

艾伦·格林斯潘获得了巨人的身份。财经评论员将他奉为名人，因为他使美国在1997—1998年亚洲和俄罗斯的金融危机期间保持平稳发展。

格林斯潘是全球市场的信心支柱。如果他笑了，且让人们恢复了信心，那么整个世界都阳光灿烂。但是，在这种平静的外表下面，有些事情正在出问题。

政府操纵经济最灵敏的短期工具是货币政策。联邦储备局负责维持货币供应在一定的水平，从而确保"通货膨胀"得到牵制，因为人们把"通货膨胀"看成是经济健康发展最重要的指示器。但是为了改变利率，联邦储备局必须能跟上货币的供应——M_3，正如这个名称，这是广义的定义②。不幸的是，经济已经因大多数专业人士而退化到主观

① 米歇尔·德鲁斯（Michele Derus）："为期七年的房价高涨在九年内仍将继续"，《密尔沃基杂志》（*Milwaukee Journal Sentinel*）2003年9月7日。

② M_3 如《联邦储备公告》（*Federal Reserve Bulletin*）（1991年4月，第A13、A14页）的定义，包括硬币和纸币、储蓄存款和旅行支票、隔夜回购协议和隔夜存于欧洲非美国银行的美金、多用途和中间交易货币市场共用基金余额、大面额定期存款（10万英镑或10万英镑以上）、定期回购协议和定期存于欧洲非美国银行的美金，以及只供公共机构使用的共用基金余额。

之道的级别。正如两位著名教授对货币供应的声言，结果就是"'这种'货币供应的准确定义跟科学体验一样了"。经济学家已经定义了一打以上不同的货币供应的概念①。

当美国使其债务高涨至无法估量的高度时，财政金字塔的脆弱性就取决于人们愿意给予格林斯潘的绝对信任了。只要他知道发生了什么事情，正在发生什么事情，而且他对财政之帆的边际调整需求有警觉，那么一切都会是令人满意的。但是，如果这位美联储主席失去了他的指南针，那会是怎样的结局？那是无法想象的！可是这位主席并不知道发生了什么事情，他在国会的交互询问中公开这样说。

2000年2月17日，众议院银行委员会集会听取格林斯潘的报告。来自得克萨斯州的共和党人罗恩·保罗（Ron Paul）医生是一位"健全货币政策"（"sound money" policies）的代表，他质询了格林斯潘主席。他指出，M_3 在过去三年多的时间里已经远远超过设定的增长速度。他又补充说，如果一位医生像那样用错药，那么他的病人会失去生命。

格林斯潘的答复承认，定义什么是货币已经变得越来越难了。这是一个多么惊人的供认！如果这位主席都不知道什么是货币，那么联邦储备局怎么能指引美国经济脱离前方正等着无戒备的投资者的险境呢？

保罗还质问道："那么掌控一些你不能定义的事情是很难的？"格林斯潘承认说："是不可能去掌控一些你不能定义的事情。"

这位掌管美国货币供应的经济学家，他对正在全世界响当当的美元价值具有决定性的影响力，但他却承认他不能履行他的职责。美国经济处在不明的境地，而民众却全然不知。没有一家大的通讯社放出这样的新闻——美联储主席不再管理美国的货币供应……信任金字塔已经扩展到令人恐慌的境地，但防止恐慌的唯一方法就是让那些积攒收入并进行投资的人们维持在乐而忘忧的无知境界。

保罗议员是一位产科医师，是得克萨斯州选区第十四届众议院代表。他怀疑官方资料中的经济信息。在财经记者杰·泰勒对他的一次采访中，他清楚地讲明了人们面临的现实：

---

① 保罗·A. 萨缪尔森（Paul A. Samuelson）、威廉·D. 诺德豪斯（William D. Nordhaus）：《经济学》，纽约麦格劳—希尔出版公司1985年第12版，第271页。

> 从自由市场的观点看，如果你看看货币供应，看看因金融手段导致的高物价，看看某些东西的成本，如房子、医疗保健和教育，那么你会发现我们存在大量的通货膨胀。在此正如我身边的一件有意思的事情，我的一个孩子在三四年前买了一所房子，最近他换了一所更大的房子。这样，就在三年时间里，他那非常普通的房子让他赚了3万美元。因此我说这是荒谬的。但是政府仍然表示没有膨胀。当然，他们捏造消费价格指数，并且根本不探究买房子的成本。他们采用另一种计算方法，使每年住宅供给成本增长率在3%以下。但当我问及我所在地区的人们是否认为没有膨胀时，他们认为那是一个笑话。他们完全不相信艾伦·格林斯潘所说的话。①

房地产危机上演的显著特点是政府及其机构不能高声说出事实真相。他们以危机与繁荣的“自相矛盾”之说来阻止深入讨论。美国住房和城市发展部常用“自相矛盾”这个词。特别是它提到因为“住房供给成本”上升快于通货膨胀率时表示：“矛盾的是，经济繁荣时期通常给许多美国人带来住房危机。”②

在1992—1999年间，美国住房和城市发展部所谓的“大力塑造美国城市的未来”工程已使870万家庭拥有自己的房子。到20世纪末，美国的家庭住房拥有率达到66.8%，而后在2000年第一季度便打破了这个纪录，达到67.1%的新高。

> 然而，矛盾的是，美国多数城市的经济增长在提高就业率和房屋拥有率的同时，对许多美国人来说，也抬高了租金和房价。③

字典中“自相矛盾”的定义是“指某事情看似荒谬，却是非常真实”。拥有全国最佳的信息和计算机装备的美国住房和城市发展部的房地产专家们，为什么他们将房地产危机归为一些“看似荒谬”的事情

---

① 杰·泰勒（Jay Taylor）：“保护我们‘不可剥夺的权利’”，《黄金与技术股》（*Gold & Technology Stocks*），纽约伍德塞德出版公司2000年5月11日版，第6页。

② 美国住房和城市发展部：《2000年城市状况》（*In State of the Cities* 2000），第Ⅲ页。

③ 同上书，第Ⅷ页。

的结果呢？这种说法会促使产生一种不现实的感觉，它会阻止采取补救措施。从而，人们会下意识地相信这种状况不是推动经济发展内在机制的合理结果。

语言可以人为地用来阻止进一步的思想。“自相矛盾”这个词就可以用来阻止一些尖锐的问题，因为那些问题可能会让超越人们承受能力的房价趋势的悲剧凸显出来，也会让伴随着穷困的发展悲剧凸显出来。美国在20世纪末拥有盈余的现金，且能够以现金支付它的债务，而无数市民却因房价陷入了更深的个人债务深渊之中。

2003年，未付的住房抵押贷款总计超过6.6万亿美元。老百姓家中拥有的资产作为家庭房产价值的百分比则是处在一个创纪录的低水平。人们承受如此巨大的债务，以至于家庭财力状况促使在2007—2008年左右停止发展。

美国住房和城市发展部所谓的“强势经济自相矛盾的悖论”中包含着社会发展的必然结果：

- 可买得起的住房供不应求。
- 更高的收入和就业率“具有高房价的负面影响（一些家庭买不起房子）”①。
- 许多低收入者不得不干两三份工作，才能勉强支付房租。
- 不断上涨的房价使得人们远离工作单位居住，老师和消防员不能住在他们服务的社区。
- 企业因为无力提供住宿，雇不到员工，从而危及企业发展壮大。
- 在调查中28%的城市中的官员表示，高收入的家庭存在严重或非常严重的住房短缺。②

美国住房和城市发展部的资料记载：“这种住房上的悖论正在大力影响着全国的高科技市场热。”③

1997年打破了一个全新的纪录——540万收入非常低的家庭将他们收入的一半以上花在住房上，或者挤住在面积极窄的房子里。这表明自1991年以来，低收入家庭增多了12%，退化速度差不多是90年代所有

① 美国住房和城市发展部：《2000年城市状况》（*In State of the Cities* 2000），第51页。
② 同上。
③ 同上书，第52页。

家庭增长（7%）的两倍。随着低收入家庭的增多，负担得起房子的家庭减少了，直到1997年这六年间，这种家庭下降了5%（37万多个家庭）。每100个收入极低的家庭中，只有36个家庭能承受且有钱交租金①。

在华尔街的金融专家们看来，只要艾伦·格林斯潘能够在旅途中保持这种表演，那么泡沫会继续膨胀。他们的大道上都铺满黄金。然而，对必须辛苦工作挣钱支付住房费用的人们来说，那种稳定经济所需的信任却没有了。在他们看来，那些统计数字是一件奇怪的神秘东西，它传达使人宽心的信息，却对他们的真实生活没什么意义。如果专家们都在玩弄他们的思想，人们如何能形成自己认清真相的方法呢？

第三节　多事的石油

如果金钱是万恶之源（这恶魔利用我们对钱的强烈欲望侵袭我们的生活），那么我们会期望中央银行为我们提供与这恶魔搏斗所需的全部信息。难道是金钱驱动战争？在此，这个问题是相对的，因为有些人认为战争导致经济萧条。他们想知道是否有些时候的战争是因从石油中寻找租金所致。在2003年布什政府决定攻打伊拉克时，其反对者就鼓吹战争与石油的关系。

为什么对货币的科学理解在全球化时代是有帮助的，还有一个可能相关的原因。美国的贸易赤字已经增至2.7万亿美元，这可能是首都华盛顿政治恐慌的原因。散布在全球经济中的巨额美元会表现出美国容易被外国操纵吗？这是涉及萨达姆·侯赛因的一种担心，因为他控制着世界上一大部分石油贮量。这里的地理政治学可以追溯到石油输出国组织（OPEC）成员国决定交易以美元标价的时候。伊拉克决定放弃美元，而采用欧元标价。可能是这件事引起了得克萨斯州布什总统顾问们的焦虑②？

如果要对这些问题进行公开辩论评估，它们必须用土地和租金的理

---

① 美国住房和城市发展部：《2000年城市状况》（*In State of the Cities* 2000），第57页。

② 约翰·查普曼（John Chapman）：“布什参战的真正原因”，《卫报》2004年7月28日。

论来支持，还有对货币的理解。历史上，战争与产生租金的自然资源有关。而石油—租金确实影响到了工业经济。但这并不意味着它们必然导致大量失业，或者说它们鼓动民主政府向那些并没有用大规模杀伤性武器威胁他们的国家发动战争。这里有一些令央行担忧的问题，其证据不明确。

- 当一场领土间的暴力冲突发生时，石油租金可能下降。这就是 2001 年末在阿富汗的反塔利班战争期间发生的事情，当时石油租金下降了，但美国的失业率却从 4% 上升到了 6% 。
- OPEC 的企业联合会炫耀它的垄断权，并在 1974 年抬高石油价格。根据我们的理论，这就是经济萧条无论如何要侵袭美国的那一年。经济萧条和美国失业率上升并不能归因于中东地区的犹太人赎罪日战争。
- 伊朗—伊拉克之间的冲突使得油价在 1979 年翻了一番，但这对我们的理论预期的 1983 年萧条期中点来说太早了。因为这，美国的经济低迷期提前了 12 个月，当时油价处于下降的趋势。
- 第一次海湾战争中盟军从科威特驱逐出伊拉克军队，我们可看到 1990 年的石油价格上涨。美国进入萧条期，而这在我们的理论预期的 1991/1992 年萧条期末的 12 个月之内。

2001 年 9 月的恐怖袭击正好发生在低迷期中点的开端之后，这是我们的理论预期的 2001 年萧条期。后来对阿富汗塔利班政权的冲击与石油或美国的失业并没有牵连，而 2003 年春天对巴格达的冲击是分散萧条期中点的举动。但由于在资本主义不稳定性的根源问题上意见不一致，经济分析家们都想抓住布什总统 1993 年 3 月在伊拉克的冒险举动作为全球经济艰难的一个解释。全球经济在 2001 年跌到了谷底，这也是前一个 18 年周期结束后的 9 年——在 1992 年可以高度自信地预测的一个结果！

人们期望给政府当顾问的经济学家们解决这样一个问题，那就是那些意外的“冲击”和石油价格的高增长率是否具有扰乱生产经济的威力。在这个问题上出现了古怪的沉默状态。这是艾伦 · 格林斯潘喜欢回避的问题，但在伦敦和华盛顿之间的一次卫星传播的采访中，记者诱他解答这个问题。当问及他石油价格与经济增长是否存在因果关系时，坐在伦敦会议厅的记者阿什利 · 西格记下了格林斯潘勉强的回答。

> 我原想回避这个问题。它是一个非常难的问题。石油价格对经济的影响难以推定，并且没有必然的政策反应。我们发现尽管过去40年里多数萧条期之前都有石油价格的上涨。问题是我们为此精心建立了数学模型来看政策的反应，我们将石油价格输入这种模型中，但并没有从这些模型中得到萧条的反应。这就意味着要么石油与经济增长的关系是错误的，要么就是经济对石油价格存在一种非线性的反应。①

理论与现实之间有一道人们不了解的裂口。为什么？怀疑论者对这些模型有一种说法：如果你输入的是无意义的东西，那么你得出的结果也是无意义的。但在这件事情上，问题不是想少些科学推理，更多的是想要回避政策的弦外之音呢？

第四节　心灵的卫士

我们的文明中已经深深地埋下了一种疯狂的文化。周期性的大起落抑制了资本主义制度达到其最大可能的繁荣，而我们宽恕它们，从而不断地破坏无辜者的生活。我们激发肆意挥霍自然资源的欲火，这给国与国之间埋下了紧张状态的种子。为了保护这些异常事物，我们必须用我们心灵的卫士来遏制我们的思想。即使我们正在这样做，也不能承认这个事实。

这是对政治家及其顾问们利用知识方式的不公平描述吗？为保护社会化就迫使我们接受那些我们会拒绝的荒谬行为吗？让我们看看伊丽莎白女王和美联储主席的表演吧。

到2002年，艾伦·格林斯潘已在央行任职15年。他在1987年股票市场崩溃前几个月上任。美国和世界经济在1992年都坠入大萧条中。从那时起，世界市场都处在仓皇失措的混乱状态。美国政府对俄罗斯产生了相当大的影响，俄罗斯看着它的经济在1997年快速下滑。一年后

---

① 2004年6月8日艾伦·格林斯潘通过卫星向国际货币大会所作的讲话。阿什利·西格记录了这次谈话，他在2004年6月9日的《卫报》上以“困惑的格林斯潘”为题概括了格林斯潘讲话的内容。

经济下滑趋势席卷亚洲，一些经济强国都被击倒。巴西和阿根廷继续拉丁美洲对危机的无悔承诺。最后又加上2000年美国经济的停滞，然后陷入三个季度的产出下降，跌进2001年。这能够说明这是一次正式的经济萧条了。那么，英国女王在2002年都是怎么应对的呢？她被一些坚持传统经济观的保守派说服，她宣称艾伦·格林斯潘应当被敬称为骑士。他那些符合骑士资格的业绩是什么？是他“对全球经济稳定的贡献”。

有一个人感激这出人意料的宣言，那就是艾伦·格林斯潘！2002年8月的前几天，在美国怀俄明州的杰克逊—霍尔（Jackson Hole）的演讲中，格林斯潘强化了他作为稳定经济卫士的可靠性的神话。他说：“在泡沫出现之前，我们是很难明确地确定泡沫的。”如果你都不能发现即将出现的泡沫，那么你怎么稳定经济？

格林斯潘的话是矛盾的。在1996年12月，他发出经济中存在“非理性的活跃成分”的警告，但他没有采取预防措施。为什么呢？他没有犹豫，并向世界保证。他表示：“即使早确定泡沫的存在，我们也完全没有可以事先对它采取措施的把握。”很明显，采取矫正措施也存在矛盾，因为它可能导致更严重的萧条。

当这些事实不再是常识时，那就必须将它退回到形而上学上面去。这就是格林斯潘如何说服人们相信他明白自己所作的事情。这种心理训练人们是难以弄明白的。这样，当他改变自己的想法时，他就声称：“在泡沫出现之前，我们是很难明确地确定泡沫的。换句话说，只有当泡沫破灭时，才可确定它的存在。”在非现实的世界里，你所看到的不一定是你所得到的。

格林斯潘的经济模式有着致命的缺陷，因为它没有考虑美国在过去200年每次经济大起落中起重要作用的一个变量——土地市场。在每次经济大滑坡中，核心运转机制是土地市场。人们在房子上经历了仓皇失措的价格变化。但根据格林斯潘向众议院的一个委员会所作的国会陈词，“形成泡沫的基本条件很难在房地产市场形成的”[①]。事实上，他远不担心住房资产上的通货膨胀，他自信房地产方面的丰厚收益将会弥补

① 艾伦·贝蒂（Alan Beattie）：“顶级顾问与格林斯潘一样对经济持乐观态度”，《金融时报》2002年7月18日。

股市下挫对消费的负面影响。在那次国会的陈词中，这位美国所依赖的经济才子露出了一个骑士的姿态，那就是他将为人们来之不易的财富担保。

格林斯潘可能应得骑士封号，但不是因为他稳定经济的能力。他让自己盯着货币政策，以它作为不稳定趋势的矫正手段，并把股票市场当作不稳定的主要场所。但是，自从1970年以来，经济合作与发展组织中24个国家的股票价格大幅上涨，只有三个国家随后出现大幅下挫(1988年的芬兰、1989年的日本和1998年的西班牙)。而在房地产价格大幅上涨的19个国家中，有10个随后出现大幅下跌。在得出这些结果的调查中，对有关房地产的事实有意地轻描淡写一笔带过。芬兰和日本的股市泡沫与其土地市场的严重投机密切相关。在日本，一些公司在股票市场交易中掩盖了土地投机过程，而这些公司都是大量土地的拥有者。尽管如此，房地产的相对重要性与股票市场相比是非常清楚的[①]。在格林斯潘的考虑中，这应当得到特别重视的。相反，他否认房地产市场能助长2001年破坏美国经济的泡沫。像美国宇航局（NASA）一样，它不相信显示着臭氧层危机的高数值，格林斯潘不能理解住房价格上涨幅度异常的重要性，特别是土地价格上涨。

那么，艾伦·格林斯潘荣获骑士徽章的仪式宣言的意图是什么呢?其中一件事我们是可以肯定的：这个仪式将分散领取养老金者的注意力，而他们的储蓄都在2002年夏被股票交易所吞噬了。

我们不能让格林斯潘一人来承担他在央行任期内的经济大起落的责任。但是，他那享有特权的角色对全世界的政策都有影响。在进入21世纪时，他对萧条周期中点的贡献特别具有破坏性。问题不只是因他主张对互联网公司大灾难采取措施失败。他信任美国已经进入新经济时代这样的概念，从而使这种灾难看来是正当的，实际上，那时它仍残留着对土地和自然资源进行投机的旧法术。

我们必须让像格林斯潘那样的公务员承担确定不了经济不稳定倾向的责任。这种不稳定是根植在资本主义经济中的，而格林斯潘在谈话中

---

① 迈克尔·D. 博多（Michael D. Bordo）、奥利维尔·珍妮（Olivier Jeanne）：《财产价格的大起落、经济不稳定和货币政策》（*Boom-Busts in Asset Prices, Economic Instability and Monetary Policy*）2002年5月。

把它当作“创造性破坏”。他提议我们应当感激交易所的混乱，用他那华美的语言来掩饰他的无知和无能为力。我们难道不应该感谢混乱的经济吗？它在破坏人们辛苦赚取的钱财过程中恢复了创造性。这便是格林斯潘伪装背后的逻辑。而这种混乱意味着无数小储户遭受经济灾难，他们承受不了这种“奢华”的创造性破坏。

定期的财富破坏不是自然规律，而是基于人为的规律。人为的规律可以改写。但在我们探究它们之前，我们必须去掉被我们奉为名人者那具有神话色彩的个人力量。格林斯潘就是其中的原型之一，历届总统给予他巨大的荣誉。他有权利用那些曾引导他公开发布警告的信息和理论，而那些警告可能促使政府采纳开明的政策。在 2000 年，当泡沫即将破灭时，格林斯潘却说：“我看不到任何迹象表明这些促进投资的高回报率生产的机会将很快消失。”他借此来打消人们的疑虑。在两年内，美国股市指数下跌了 25% 以上。如果我们不得不让格林斯潘免受他致使价格大幅上涨的指控，那么他会在社会舆论法庭遭到指控，因为他没有采取任何可以减轻价格大幅下滑的行动。他配得上英国女王给予的骑士指挥官称号吗？

在精神病院，我们知道为什么那些人需要心理游戏。他们得用虚幻的东西来充实自己受折磨的生活，那些虚幻的东西仿佛给了他们每天梦一般生活一些实质性的东西。这也就是一大批企业董事说服他们自己：他们应当敬重格林斯潘在互联网时代所作的贡献。2001 年 11 月，格林斯潘因“杰出的工作”得到了安然公司授予的“安然奖”，而就在这之后六周，安然公司宣布破产，扔下数千名没有养老金的员工。那些原以为他们的钱投在这家能源贸易公司的股票上是稳赚不赔的投资者呢，也全成了穷光蛋。

政府的声明也同样是借心理游戏来安慰自己。他们的举措看似目的性很强，但他们很容易将我们深深地孤立在虚拟的世界中。2002 年 9 月 26 日，当美联储主席在巴尔莫拉（女王的苏格兰式静养所）与女王的一次私人会见中正式介绍自己时，他为这种神秘剧上演增添了素材。在那里，他获得武士服饰的授勋。在午餐上，当亲切的女王与美国央行行长斟酒碰杯时，那些声称知道自己在做什么的其他财经官僚们却让经济在这百年内最糟的股市泡沫中继续衰退。

一位分析家在他的著作《繁荣与泡沫——世界经济中的美国》

(*The Boom and the Bubble*: *the US in the World Economy*) 的封面上写道:"一些博学者还远不明白是什么推动这种繁荣,以及为什么这种繁荣会转变成泡沫,或为什么泡沫会破灭。"[①] 由于知识的欠缺,经济学家可以随意玩弄有关房地产市场的信息。因此,位于瑞士巴塞尔的国际结算银行声称,"意外的股市收益是解释意外的房价增长最重大的意外"。[②] 对那些知道去哪儿寻找缘由的人来说,房价的大幅上涨并不意外,房价上涨背后的动机就是从土地上获得资本收益——而不是从股票中获得收益。

我们的调查将力求填补是什么驱使市场兴奋这一知识的空白,以及为什么房地产将膨胀成常会破灭的泡沫。我们必须回答下列几个问题:

- 在人们都应当是理性的投资者和消费者的自由市场,经济大起落是怎么出现的?没几个人从收放经济中获益。
- 为什么我们能在多年前非常准确地预知经济中的转折点?经济学家否认这类远见的正确性。
- 对经济的不稳定我们可以做什么?耻辱的财政大臣们退缩了,声称经济周期是根深蒂固的自然规律——对它没有办法。

为了阐述这些问题,我们必须回到工业革命的开端。为了弄清驱动房地产市场的逻辑,我们必须推想在英格兰伯明翰一所公共房屋里的情节。场景就是:一群人在痛饮啤酒,深思如何能买回那些被封建统治阶级从他们的祖先手中夺走的土地……

---

① 罗伯特·布伦纳(Robert Brenner):《经济繁荣与泡沫》(*The Boom and the Bubble*),伦敦维索出版社 2001 年版。

② 谢赫拉扎德·达尼什库夫:"股市可能冲击英国房地产",《金融时报》2002 年 9 月 9 日。

第二部分

经济繁荣与萧条交替循环的根源

第五章

租金和18年的循环周期

第一节 循环反复综合征

建筑是经济的一个主导部门。其表现在英国可追溯到1700年，当时J. 帕里·刘易斯（J. Parry Lewis）将该段历史载入其著作《建筑业周期与英国的发展》（*Building Cycle and Britain's Growth*）。根据自己对政局的解读，他自然而然问出了“是否定性的证据确证了这个观点？即整个18世纪直至19世纪初，建筑业在大约每隔18年发生一次的经济低潮期时，经历了巨大的变迁，而且砖产品的统计数据更加坚定了我们的信心，证实了该种过程的存在。”他由此得出结论：“我们也许可以十分简短地宣布我们的观点：定性的证据在整体上支持我们从统计数据中推出的结论。”①

不稳定性是建筑贸易的标志性特征。经济繁荣和萧条的出现具有令人担忧的规律性，不过同时也是不稳定的，具有不可思议的某些特征。周而复始但是无法预测。是什么导致了那些循环？如果我们了解真相，我们就能够制定出应对此种倾向的政策，防止18年一轮回的经济崩盘。刘易斯建议说，这种周期性“更有可能同战争的影响相关联”②。

对历史学家们来说，战争不失为解释经济衰退的借口③。有一位历史学家提出战争的发生源于经济因素：“经济增长创造出了经济剩余价值，由此来支撑核心力量集团的主要战争，并使这些大规模的战争将剩

---

① J. 帕里·刘易斯：《建筑周期和英国经济发展》（*Building Cycles and Britain's Growth*），伦敦麦克米伦出版公司1965年版，第15页。

② 同上。

③ W. W. 罗斯托（W. W. Rostow）：《19世纪的英国经济》（*British Economy of the 19th Century*），牛津大学出版社1948年版，第16—17页。

余价值消耗殆尽，对长期的经济增长造成毁灭性的打击。”① 战争会对经济造成破坏，这一点毋庸置疑，然而这并不意味着它们是构成促使周期循环反复进行的机制的一部分。

H. A. 仙农在其著名的 18 世纪砖产品指数中作出推断，认为战争和建筑业之间存在一种因果联系。他借鉴了当代关于 18 世纪伦敦生活的一些证据，还引用了一位作者的陈述：“据说，每一场战争都阻碍了伦敦建筑业的发展；营造商雇佣的劳动者加入了陆军或者海军，材料费用上升，而和平带来了建筑行为的蓬勃新生。”②

但是，因为解释经济类型要求精确，这种引起战争爆发的趋势是否具有一丝不差的精确性？表 5－1 提供了 18 世纪经济高潮和低谷的数据。这是基于木材进口数据得出的数字。刘易斯发现，砖的生产证明了木材贸易中的趋势确实存在。

表 5－1　18 世纪英国的经济循环

高峰	低谷	高峰之间的时段	低谷之间的时段
1705?	1711?		
1724	1727?	19	16
1736	1744	12	17
1753	1762	17	18
1776	1781	23	19
1792	1798	16	17

资料来源：J. 帕里 · 刘易斯：《建筑业周期与英国的发展》，伦敦麦克米伦出版公司 1965 年，第 14 页。

如果说战争引发建筑业的循环的推想存在价值的话，我们需要一个理论来解释为什么英国政府卷入了军事冲突，由此带来如此变幻莫测的规律性，为房屋建筑业的类型贴上了一个规律的标签。那个理论还需要解释为什么英国政府对其他政府所采取的那些挑衅行为按兵不动——然

① 乔舒亚 · S. 戈尔茨坦（Joshua S. Goldstein）：《长周期：现代繁荣与战争》（*Long Cycles: Prosperity and War in the Modern Age*），耶鲁大学出版社 1988 年版，第 15—16 页。

② 罗斯托：《19 世纪的英国经济》，第 16 页，引用 H. A. 仙农的“Bricks- A Trade-Index”，《经济学》1934 年。

而这正是经济行为18年循环周期的一个刺激因素。如果不能找到理论解释，这种推想的宣扬者们就只有死守这个令人吃惊的观点了，即在整整100年的历程中，看似随意的偶发事件其发生具有几乎一丝不差的精确性——而且，正如即将展现在我们眼前的，随之而来的200年，一直到2010年，都是如此！

从低谷到低谷、从高峰到高峰，平均间隔17.4年。18世纪建筑业经历过六次经济繁荣期，最后一次高峰发生于1792年。所有的繁荣期——除去1736年最弱的一次高峰——被那些战争理论的宣扬者解释为战争带来的令人压抑的影响造成的结果，在他们口中，繁荣期成为在和平时期影响可利用资金量的因素。有理论宣称发动战争的过程具有内在逻辑，以这样具有规律的类型存在、而且会导致经济活动的蹒跚前行，这是否合理呢？

18世纪是军事暴乱的年代，诸王忙于争夺领土统治权。他们必须借钱支付雇佣军团的军饷，从而导致贷款成本的提高。这原本应当对依赖于信用的工业产生负面的影响。从刘易斯所描述的循环周期中的经济低潮开始，我们会发现以下规律。

- 1711年经济低潮发生之前，英国于1710年取得了阿尔梅纳拉及撒拉哥萨之战的胜利。同西班牙的战争在当时似乎也是进展顺利。
- 1727年2月，英国卷入同西班牙的战争。1704年，英国就已经占领了直布罗陀，而西班牙埋下包围圈，企图夺回岛屿。
- 1744年，法国对英国宣战。
- 1762年1月4日，英国对西班牙及那不勒斯宣战。
- 在1780年将近年末时，英国对荷兰宣战，并于1782年2月失去了米诺卡。
- 对英国的报复。1798年英国重新夺回米诺卡，而西班牙在当年对英国宣战。

要依据这些军事冒险行动来解释经济活动的周期性，我们必须首先进行某些不太可能发生的假设。假设之一就是统治英国、西班牙、法国和那不勒斯的诸王之间密谋，达成了共识，他们把各自攫取领土的野心建立在完全符合一个平均约18年的精确时刻表的雄心壮志上，并对此进行周密的时间安排。这些对土地充满渴望的王室成员们兴致勃勃地忠实于这种模式，完全按照这种可以用高度精准性（事先）预测出来的模式行事，你认为这有可能吗？而且，所谓的兴致可能是以随意性为特征的：我们根本不可能据此为历史上如此轰动的一系列事件提供一个科学的解释。

英国君主政体对战争的偏好确实存在一些怪异之处，它时而宣战、时而退出，形成了18年一轮回的经济律动。然而，刘易斯和其他历史学家们应当如何解释19世纪美国经济活动中存在的类似周期性？军事冲突也许能够解释人们对美国房地产市场的投资决策，然而美国人并不热衷于这一类的军事冲突①。

如果我们能够确认一种周期性使经济全面停顿的行之有效的逻辑，这种解释将更加令人满意。我们是否能够找出一套足以与战争理论相抗衡的运行机制？

建筑业内部的事实依据也许能给我们一些提示。我们需要确认播下毁灭之种的表面上不和谐的发展趋势。作为我们对事实依据的质询的起点，必须指出供应量有限的土地构成了一个解释，而且我们能够对此进行验证。当然，土地市场对人们造成影响的方式要视市场运行的法律和制度框架而定。因此，也许要仔细审查这些框架，看它们是否支持这个理念，即：市场通过某种方式把现代经济分割成多个部分。

18世纪的木材进口似乎同土地市场的调节作用相关联。生活在这个世纪的分析家们将会同意这种合理的推测。其中一个分析家于1805年著书描述了其中的关联：

> 从18世纪初开始，再次采用熔炉和锻造炉来处理和加工铁使得木料价格有了一定程度的提高，而且租户们已经找到了把自己的部分土地改造成草地的方法，知道如何保存供熔炉所需的木料。这就提升了土地价值，在近50年间，价值较从前翻了很多倍［用了强调］。②

在经济积累资本和开发新技术的过程中发生了一些奇特的事情。随着市场产品供应量的增加（为了满足需求降低产品价格），土地市场的

---

① 这种解释也不能说明在不同文化的国家（如日本和澳大利亚）中18年的土地价值周期，我在《土地的力量》中有充分说明，也可参见下文第13章。

② 托马斯·威斯特（Thomas West）：《弗内斯的古迹》（*The Antiquities of Furness*），乌尔维斯顿乔治—阿什伯恩出版公司1805年版，第33页。

价格却受到了相反方向的影响——呈上升趋势。

问题在于土地市场的动态特征。拥护战争理论的刘易斯对这个论断肯定印象不深。我们可以向他出示两份观察报告来告诉他其中的疑点。

首先，建筑行业在18世纪的表现与其在19世纪和20世纪的表现相类似。这个事实被历史学家J. H. 克拉彭（J. H. Clapham）记载了下来。通过回顾“数不胜数的小投机营造商们，也就是所谓的偷工减料的营造商们”的运营条件，他总结道：

> 他们的方法延续至今仍然保持不变——满怀希望地租赁土地，靠信贷换来材料，把尚未售出或租出的半成品房屋进行抵押，还有不定期的破产。①

因此，不管18世纪的缘由如何，看起来他们在19世纪仍然占有一席之地，并继续迈入20世纪，一路走到了21世纪初。20世纪70年代初和90年代初，英国大量的建筑企业宣告破产，这不可能是战争引起的。我们必须看得更加透彻。

第二，我们也许会问：刘易斯会如何驳斥我们关于土地市场的理论？很不幸，他承认自己不够资格对土地影响城市经济的方式提出一个见多识广的观点。他井井有条地回顾了房产业已有的全部证据，一直追溯至1700年，末了，他在研究论文的倒数第二页的脚注中这样报告说：

> 自从开始著作此书，对城市地产经济进行全面充分研究的重要性对我来说已十分了然。奇怪的是，在英国这个主题居然被忽略了。②

土地对于建筑行业至关重要，如果认识到了这一点，某人在写作一本名叫《建筑业周期和英国的发展》之前，就应该想到估量城市地区的经济学非常重要。至少，如果我们宣称土地是商业循环的基础，为使

---

① J. H. 克拉彭：《现代英国的经济史：早期的铁路时代（1820—1850）》（*An Economic History of Modern Britain*：*The Early Railway Age*,*1820—1850*），剑桥大学出版社1967年版，第164页。

② 刘易斯：《建筑周期和英国经济发展》，伦敦麦克米伦出版公司1965年版，第372页。

自己的观点具有可信度，我们必须考虑其法律、货币和制度特点，因为这些因素合并在一起构成了土地市场。这就意味着我们必须探索出土地中商业地产权利的根源，以及该类地产买卖进行的社会框架。

第二节　土地市场的根源

土地在16世纪之初还不可能形成市场，因为没有可供贸易的土地。土地被封建阶层掌控，作为争权夺利、攫取社会地位的手段，也是向租户收取租金的工具。亨利八世在16世纪30年代解散了修道院，只是情况发生改变：大量的土地收归王室所有，随后被卖掉。历史学家们对1540年以后的交易进行了编年。“这里至少出现了让市场期待已久的土地供应。”将解散作为自己博士学位论文研究课题的乔伊斯·尤因斯(Joyce Youings)这样写道。800个宗教团体的地产被推向市场进行流通。王室规定了交易的条件。单单从1589年至1590年间，成交量就超过了300宗。①

> 人们期望成交价格合情合理，不要过高超出限量，而他们大部分人都因为投入资金能马上获得5%的收益而感到心满意足。几乎没有人可能在自己的有生之年看到更好的收益率。②

房地产市场趋向成熟需要时间。到1600年，贸易条件基本完备到位，由公证人办理不动产的交接，绘图员负责丈量土地，担任房地产代理和抵押顾问的律师数量成倍增长。

> 1570—1640年3000多宗包括自耕农为买方的交易案例中，一半以上的成交金额均在100英镑以下，这表明年收益不到5英镑。③

16世纪的后50年间，一些调查团代表王室，被委派前去出售土

① 乔伊斯·尤因斯：《十六世纪的英格兰》(*Sixteenth-Century England*)，伦敦Allen Lane出版社1984年版，第159页。

② 同上书，第162页。

③ 同上书，第170页。

地，他们被告知以当前的年利润为标准，要求买方支付20年的纯利润，也就是不包含像土地管理费用一类开支在内的总收益①，转化成利率就是5%。这就是"普通公式"（the normal formula）②。尤因斯通过解读那些羊皮纸文稿，追寻修道院地产破落的轨迹，强调说："大部分买方准备支付一个合理的价格：他们既无法承受膨胀的价格，也不会奢望真正的便宜买卖，除非他们是政治领袖或者公务人员。"③

这个公式之后的逻辑何在？这是一位流行病学教授乔治·米勒（George Miller）医生对自己提出的问题。他想弄清楚为什么租金会有一个15—20年内的增加，并且一直以来都如此反复出现④。为什么会是5%的优惠利率？他的结论是，答案就在于成年人劳动生涯的平均长度。从中世纪一直到1870年左右，英国人的平均寿命在35—40岁之间。一个年轻的成年劳动力在获得土地后，占有时间不可能超过15—20年。支付比租金收入更高的价格并不能带来商业回报。王室规定的条件是与人们的寿命相一致的。这种每20年内就有5%的增加的规律在生理学和经济学上都能解释得通。

贷款的利率高于5%，是因为资金市场还不够高效成熟。国家试图通过高利贷法案约束利率，把允许范围从17世纪的8%下调为18世纪的6%。6%的资本化率暗示了土地成交价格是按照16.6年的收益价值计算的，这与17.5年的平均成年寿命十分接近。合法的利率似乎与一个农夫的劳动生涯的长短达成一致。这种利率与土地的剩余价值也有关联，这种价值使得一个农民在负担上缴利润之后还有可以谋生的空间。

这段金融历史与商业循环的攻击及其18年平均持续时间是否相符？我们首先来分析一下这个假定的论据：土地成交量源于1600年及其前后的商业基础。

但是尤因斯行事非常谨慎。

---

① 乔伊斯·尤因斯：《十六世纪的英格兰》，第161页。

② 乔伊斯·尤因斯：《修道院的解散》（*The Dissolution of the Monasteries*），伦敦George Allen and Unwin出版社1971年版，第121、125页。

③ 同上书，第126页。

④ 乔治·米勒：《公平与效率》（*On Fairness and Efficiency*），布里斯托尔政策出版社2000年版，第184页。

> 大量的修道院的土地被最初的获赠者再次售出，部分土地数次易手。但是正如许多作家所指出的那样，市场并没有变得生龙活虎，投机行为也不流行。[①]

不管怎么说，尤因斯描述了一直持续到新世纪之初十年间的经济行为。在接下来的一个世纪，大量的国有土地被变卖，售价急速向上飙升。她所谓的“土地流”包括数次转手买卖的土地。很多交易的成交价被抬至价值40年的收益。“即便如此，如果用经济收益来衡量的话，交易价格也许永远不会赶上土地的真正价值。”尤因斯这样报道。[②] 这是第一次土地繁荣，其间的社会成交量引人注目。人们赚钱的方式不是依靠生产财富，而是进行名下产业的交接。价格达到顶点，超过了支付力可以承受的水平，并且最终不得不降价以吸引买家。王室为了维持销量，被迫同意用分期付款的方式购买。1598—1603 年间，伊丽莎白一世的土地税总计达（减去扣除额后）150827 英镑。[③]

这会是一种模式的开端吗？是否17世纪被分为界限明显的数个土地市场的高调行为阶段？

以该世纪平均成年寿命大约十七八年作为出发点，随着所有者的过世，他们所属的土地将原本应当索回，不会传给下一代。部分土地仍被保持在家族的名下，农场在重新进入市场流通之前由父亲传给儿子，保持两代的所有权。

表5－2　扩大土地交易量的设定日期

1600
1617.5
1635
1652.5
1670
1687.5
1705

① 乔伊斯·尤因斯：“教堂”，《英格兰和威尔士的农业史》（*The Agrarian History of England and Wales*）第Ⅳ卷：1500—1640年，剑桥大学出版社1967年版，第349页。

② 尤因斯：《十六世纪的英格兰》，第161页。

③ 西德尼·J. 马奇（Sidney J. Madge）：《皇室土地志》（*The Domesday of Crown Lands*），伦敦Frank Cass出版社1968年版，第43页表Ⅺ。

表 5－2 为我们的分析提供了理论框架。它显示，整个世纪都按照 17.5 年的倍数在历史长河中前进，该世纪的一系列事件终结于 1705 年。刘易斯在 1705 年旁打了一个问号（表 5－1），质疑 1705 年作为经济循环中的高峰期，而 1711 年（同样打了一个问号）作为低潮期。根据他的记载，在之前的十年间经历了一场房屋建筑业的繁荣期，然后其中也有过一次“倒退”①。我们是否能够消除这种猜疑？1705 年是否是连接 17 世纪的农业经济和为工业革命打下根基的 18 世纪节奏加快的资本形成的转折年份？克里斯托弗·克雷（Christopher Clay）报道称：1704—1713 年间，自由保有的土地以 17—19 年为期成交——平均算起来 18 年（见表 5－3）。这难道是个巧合？

表 5－3　　**土地价格的变动**

阶　段	普遍价格跨度	备　注
1646—1650	14—16 年为期成交	不正常的低水平
1650—1664	18—20 年为期成交	回复
1665—1689	16—18 年为期成交	下降
1690—1703	20—22 年为期成交	上升
1704—1713	17—19 年为期成交	下降

资料来源：C. 克雷（C. Clay）：《在 17 世纪晚期和 19 世纪时期自由保有的土地的价格》EcHR，第 2 期，XXⅫ，1974；引自克里斯托弗·克雷（Christopher Clay）：《英国的土地所有者和不动产管理者》，Joan Thirsk；《英格兰与威尔士间的土地纠纷史》第 5 卷：1640—1750，剑桥大学出版社，第 173 页，表 14－1。

对于 17 世纪的最后 50 年，克雷将 1650—1703 年归类为各个“普遍价格跨度”，平均跨度为 18 年，也就是英国人的工作生涯期待值。一个规律开始昭然若揭：这些土地市场交易的条件构成了 18 年经济循环的基础。18 世纪的商业循环平均跨度（见表 5－1）为 17.4 年，这与平均成人寿命惊人地接近。但是这个时间表是如何产生那种我们与循环相联系的不稳定性的？仅凭自身，这是个不可能完成的任务。随着人口的增长，我们找不到符合逻辑的理由去否认一个 18 年的周期应该自然

① 刘易斯：《建筑周期和英国经济发展》，第 15 页。

跟随另一个18年的周期。对于这个过程内部出现的断层，我们需要确认妨碍可持续发展的法规或者制度。

王室和贵族修改发展了孵化土地业投机行为的相关法规和日常规范，而土地投机正是新兴的企业经济的特征。学者们对在新的市场形成之初投机的角色把握不足，低估了其实力①。土地买卖者的经营方式简单易懂。土地所有者们

> 通过明智的交易，成功地筹到了必要的资金，用来购买自己谨慎选择好的某块王室土地。确实，他们偶尔也会贷款甚至倒卖那些尚未付款的土地。②

历史学家们需要仔细审查为土地投机寻求一个明智时机的条件③，以此来评估发展成为一种系统的模式的行为。是什么导致某些人心甘情愿冒着风险在开放的市场上以近乎高利贷的利率（6%或者8%或者更高）贷款，目的是为了购买收益率5%的地产？

慢慢累积的证据证明了17世纪综合影响的存在，同时它们也促使了18世纪的经济生活成型；这些影响更有可能同现代商业循环相关联，比战争为循环反复的经济繁荣和萧条的大起大落负责的理论更接近事实。人们开拓王室土地，从中获得的收益甚至低于它们的市场价值。生意人意识到他们能够通过买卖土地获得资本收益。这就使得他们从投资生意中积累现金，而不是依靠企业劳动力获利。贵族阶级推动了市场的商业化。他们拥有的庄园数量从1558年的3400个增加到了1600年的2200个左右。

土地确实不断地为其所有者提供了社会地位晋升的机会以及攫取政治权利的途径，而随着交易数量的增加，这种情况得到了缓和。新兴的市场建立在内部知情者交易的基础之上——位高权重的朝臣们获得了最大额度的短期收益，“特别是通过购买，随后出售低价买进的王室土

---

① 乔伊斯·尤因斯：《修道院的解散》，第127—128页。

② 同上书，第131页。

③ J. E. 丘（J. E. Kew）在这个领域作了先行研究，“1536—1558年的皇室土地支配和德文郡土地市场”，《农业史回顾》（*Agricultural History Review*）1970年，第XVII、II页。

地"[①]。尤因斯指出投机是一种大多数人的行为，她认为其影响没有威胁性，可以忽略不计。同时身为律师、商人或政府官员的投机者们"只不过是飞过的鸟儿、过眼的云烟，对土地的价格除了边缘效应外没有更大的影响。他们的作用是积极的，特别是在疏散较小个体的过程中"[②]。我们是否应该接受她的观点，赞同忽略"那些购买土地仅仅是为了在一个非常短的时间段内再次出售的人"是安全的？这些人们启动了一个新的社会进程。先前，人们通过征服或者偷窃获取土地利润。现在，这种结果被合法地供奉在土地市场的神龛内，使得付款成为一种单纯的收入转接，不涉及任何增加国家财富的互利互惠的责任。

16世纪的君主们玩忽职守，怠慢了其作为共同财富管家的职责。通过变卖王室土地，国王和王后们减少了长期的收益流，充实了国库的财政小金库。他们的行动促进了收益的社会角色的转换。迄今为止，收益就是针对我们今天所谓的公共消费所支付的社会税收。通过出售新的市场中的土地，国王们协助和支持朝臣们把收益转换成个人税收。此举既出，他们就使得这个过程——把那些辛勤工作的人挣来的收入进行再分配，让那些希望不劳而获的人分一杯羹——制度化了。直到20世纪的后半世纪才出现了能够与财产重新分配相匹配的机制，而劳动者们奋起抵抗这种变相的"福利"经济学。国王和贵族们把社会收入（收益）私有化，而社会学家们把私人收入（工资）社会化。

我们将试图量化第四部分这种不合理的收入倒置的影响。但是，首先我们必须阐明一个农业社会的经济学是如何变形、进而融入工业经济的蓬勃发展中的。我们开始的观点是工业革命，当时城市中心承受着在圈地运动中被赶出农场的移动劳工们带来的压力。他们需要工作，同时也需要住所。住所的价格必须在他们的承受能力之内，而且他们需要资助。是否能够发明一种机制，可以提高住所的产量以满足增长的需求？当然可以。那种机制是否会与倒卖土地的偏好如影随形？当然会的。这种机制被称作终结型团体。

---

① 尤因斯：《十六世纪的英格兰》，第166页。

② 同上书，第176页。

第三节　终止协会

我们对于现代经济的繁荣与萧条的根源的探索指引我们来到伯明翰的一个酒馆。

酒馆老板理查德·凯特里在1775年的某个黄昏售出了无数扎散装啤酒。发生在这个机灵警觉的老板的眼皮底下的故事必须放在相关的背景中考虑，让我们看看英国面对的两个挑战。其一是工业革命的冲击。这个历史性的发展被亚当·斯密编年记载了下来［他在1776年出版了《国富论》（*The Wealth of Nations*）］。随着流离失所的人们聚集到像伯明翰一样的城镇，他们对于住所的需求如三级跳般地增长。其二是当时的地产价格正在飞速地向高峰攀升（表5－1表明高峰发生于1776年）。手无分文资本的人们发现，要获得地产困难重重。然而，如果他们能找到一种把大家所有的积蓄凑到一起从而打入地产市场的方式，住房问题也许就能得到解决。这种“终止协会”（terminating society）就是解决问题的途径，而理查德·凯特里的酒馆就成为试图发明这种方法的饮酒者推崇的去处。

伯明翰是坐落在利亚河旁小山下的一个中等市镇。其历史平淡无奇，虽然此地的人类定居史可以追溯到诺曼人征服的年代。大约从1700年开始，伯明翰开始扩张地域，以至于到1821年为止，房屋的数量从2504所增加到了17300多所。这座小镇四处密布街道，形成了两个交叉路口。人们的足智多谋在查理二世统治时期得到体现。玩具贸易开始盛行，较早展示了内地人们的独创性。到19世纪80年代为止，镇上的企业蓬勃发展，遍布锻造炉和熔炉，而且“富足的制造商们在周边地区修建了大量赏心悦目的别墅和疗养所”①。

这里是激烈革命的震荡中心。矿石通过熔解液化制造成各种奇妙的物件，远销世界各地。然而工业革命需要一场金融变革。这场变革是由那群集会商讨集资买地的人们发起的。这种协议是最早的专门为大众家

---

①　阿什利·博恩顿—威廉姆斯（Ashley Boynton-Williams）：《1800—1855不列颠群岛的城镇图》（*Town & City Maps of the British Isles* 1800—1855），伦敦Studio Editions出版社1992年版。

庭住房建设服务的金融机构的模型。但是，伯明翰雪山上的金十字架的出资者们也为商业循环增添了一些新的元素。营造和购买房屋——有些为了居住，还有的作为投资日后租出去——的工匠和专业人士没有意识到这一点，他们为现代的经济大起大落的循环创造了一个制度的框架。他们一致推崇地主理查德·凯特里作为他们的业务主管。他们为了庆祝能带来5%收益的交易而饮酒狂欢。他们不可能事先明了这一点，但是他们在金融方面的聪明机智会给整个传送带产品这个新兴世界带去一拨一拨震惊的浪潮。在接下来的25年间，仅在伯明翰就成立了20多个团体。它们推动建筑业取得了爆炸性的长足发展。与此同时，它们扩大了对工厂间隔地带稀缺土地的需求。

直到17世纪，农业占据社会主导地位，乡村地区的建筑业一直维持一年到两年建一幢住所的速度。财政来源于五年一度的农业平均利润。[①] 然而在18世纪之初，营造住所的结构已无法满足城镇居民的需要。追求技术革新被大批量生产的经济所取代。西部内陆地区，从什罗普郡的艾恩布里奇一直到达伯明翰周围的黑区，为资本的形成以及企业化行为奠定了节奏基调。这个区域是工业化输出的摇篮，以横跨大峡谷的铁桥为标志，峡谷位于什罗普郡威灵顿附近的群山中，中有塞温河潺潺流过。

对于在金十字架集会的金融改革者而言，终结型团体是补救过去不公平的方式。它们的祖先曾经在圈地运动中被剥夺了土地，却能够在股东会议的支持下买回部分土地。

第一个终结型团体的成员根本没能预测到他们筹集购买土地款项的效率如此之高，同时也推动了致使经济陷入周期性困境的病毒肆虐蔓延。时至今日，学者们在辨识19世纪建造业循环上仍然会遭遇困难[②]。最为杰出的调查者西蒙·库兹涅茨（Simon Kuznets）竭尽全力记下了高

---

① R. 梅钦（R. Machin）："大重建：再评估"，《过去与现在》（*Past & Present*）第77期，1977年11月，第48页。

② C. W. 乔克林（C. W. Chalklin）：《乔治王时代英格兰的省城：1740—1820年建筑研究》（*The Provincial Towns of Georgian England: A Study of the Building Process, 1740—1820*），伦敦爱德华—阿诺德出版社1974年版，第251—255页。

潮和低谷的统计数据，同时承认要对这些数据作出解释有一定的难度①。

这一系列事件并非一个神秘的谜团。刘易斯提供了关于房产市场的经济大起大落的最为清晰的描述。

> 随着建筑业繁荣期的进一步发展，它会设计一个定位并从自身寻找一个刺激发展的推动力。等到每座房子建好并入住，固定投资的吸引力变得显而易见；而且从建造房屋的经营活动、建造和买卖的投机行为、对土地价值的欣赏尊重中获取的利润仍然吸引人们走得更远。手工业者摇身一变，成为建造大师，而在那些大一点的城镇中，大量的人们通过这样或那样的方式参与如雨后春笋般涌现的大大小小的工程……首批投入该领域的人们成功了，他们的利润激励着其他人争相效仿，直到一次令人震惊的戛然而止。所有的一切做得过了头。房屋闲置的时间更长，收益停止上升，而且甚至可能开始缓慢地下降，进一步造房的建议不再具有吸引力。很多房屋将会靠贷款建成，而营造者无力将其出租，或售出会导致其破产。②

试图在建筑领域为经济的大起大落制定一套订正战略的努力以失败而告终。这值得我们深思，因为房产市场毫无疑问在19世纪初运行不畅。首先，存在一个巨大的住所缺口。在英国的短缺量可以从1811年的人口调查中觉察出端倪，因为其中记载着200万的家庭居住在167万所房子中。然而，建造足够的避难所并不单单是个建筑业的问题，与过分拥挤的街头相映照的是大量被闲置的住所。1801年在英国和威尔士，大约5.7万所房屋无人居住；当时家庭的数量比房屋数量整整超出30万之多③。

房屋市场运行不畅；而且，市场理应推动资源的合理配置。规律应当引导人们尽最大可能有效地利用他们从自然界采集的或者通过脑力和

---

① 西蒙·库兹涅茨：《美国经济中的资本》(*Capital in the American Economy*)，普林斯顿大学出版社1961年版，第424页。

② 刘易斯：《建筑周期和英国经济发展》，第56页。

③ 同上书，第26页。

体力劳动创造的资源。显然，这不是18世纪的情况；而且也不是当今21世纪的现状。

价格理应提醒我们警觉产品生产的潜在浪费，这样我们才能够在可供选择的空间内调整资源的利用领域。价格暗示了瓶颈的存在（导致价格上升的元凶），或者不受欢迎的过剩（当价格下跌时我们就会意识到这一点）。然而，涉及地产领域，400年来的证据告诉我们，房地产业是个奇特的例外，市场规律对它不起作用。不幸的是，政府被迫对地产市场进行了过于严密的监控。

在劳动力市场展现的是另一幅截然不同的景象。在那里，不管出于什么原因，招聘者的布告栏总会被激烈地指责为效率不高。布告栏也影响着其他总是无法找到所需的合适劳动力的企业的经营。为了对这种低效率进行调控，政府采用一种统计手段来显示问题的数量范围。一组关于经济合作与发展组织成员国之间的对比数字表明：据劳动力景气指数显示，表现最差的国家名单中日本、意大利和法国榜上有名[①]。类似的措施对比和量化了资本工具的低水平利用率，从而帮助统计员们计量经济中的“产量代沟”（Output gap）。

掌握了这个信息，你会想到经济学家们应当查明了引起经济繁荣和滑坡的根源所在。如果他们做到了这一点，政府就能够采取补救措施把经济的不稳定性交予历史托管。我们的无能为力是否有可能是某个至关重要的信息的致命性缺席造成的结果？缺少那个数据是否因为我们掌握的理论不够完备，使得我们对何者重要、何者轻微的问题辨识不清？重要的是，政府对于比较统计数据保持着非凡的热情，只有一个奇怪的例外——土地。

我们即将详细阐述的商业循环表明了这一点：当一个制造财富的机器藏匿着掠夺者，它在生产上的成功同时会滋生造成自身灭亡的种子。

- 资本积累导致了利率的持续下降。这对劳动人民来说应该是令人欢欣鼓舞的消息。这意味着他们能够获得节省劳力的工具，从而用更少的资源（包括他们自身的劳力）生产出他们需要的产品。但是，这个趋势渐渐在走下

① 经济合作与发展组织：《经济和货币联盟年鉴》（*EMU One Year On*），2000年2月，第176页图A4。

坡路：当利率下降之时，土地的价格就会提高。在现行的规律之下，随着土地价格的日益提高，远远超出了人们的购买能力，这就使得创立新的企业日益艰难。

- 根据自由市场哲学，竞争使得人人平等、物物平等，以此创造出现实世界的最好一面。但是，当资本需要土地才能发挥作用时，土地对于资本的依赖性却不那么明显。这种不对等的关系源自一个事实，即土地供应是有限的，不管是谁，垄断了土地就占据了支配地位。

要明白资本家市场为何不遵循大家的期望值制造出产品，我们必须理解土地市场的经济学。我们的分析的出发点就是建筑业循环。因为涌现的模式完全可以预测，我们能从其自身找到线索。要跟随这些线索顺藤摸瓜，我们必须把焦点从 18 世纪末英国的伯明翰转向 19 世纪美国的芝加哥。

第四节 芝加哥的情形

霍默·霍侯特（Homer Hoyt）是一个房地产业调查者，他仔细对比了芝加哥这座“多风城”有关土地价值方面的数据，并发现价格变动与平均 18 年的模式相一致[①]。这个模式在其他城镇甚至大陆相当普遍[②]。我于 1978 年在其位于华盛顿的公寓中采访了霍侯特。他认为 19 世纪的 18 年周期性在 20 世纪已经消失了。

霍侯特诋毁自己不同凡响的发现的重要性，这一点令我感到不满。霍侯特通过大规模的土地投机生意继续充实自己的金库，但却认为是这个原因导致他改变态度、歪曲自己著名的统计数据发现是站不住脚的。无论如何，虽然我对一直持续到 20 世纪的 18 年模式持有信心——仅仅被两次世界大战的闭塞影响打扰过——从前我总是不能对那种趋势的持续时间作出一个理论性的解释。需要一个令人信服的解释，一个把房产建造领域的动态考虑在内的解释。这个解释现在能够出炉了。图 5 -1 就是这套理论的一个风格化的呈现。经济活动的发展趋势的曲线被分为

---

① 霍默·霍侯特：《芝加哥土地价值百年》（*One Hundred Years of land Values in Chicago*），芝加哥大学出版社 1933 年版。1855—1930 年间，土地价格的涨落与 5% 的利率有着明显的联系，参看第 352 页图 80。

② 哈里森：《土地的力量》。

多个构成18年周期的组成部分。

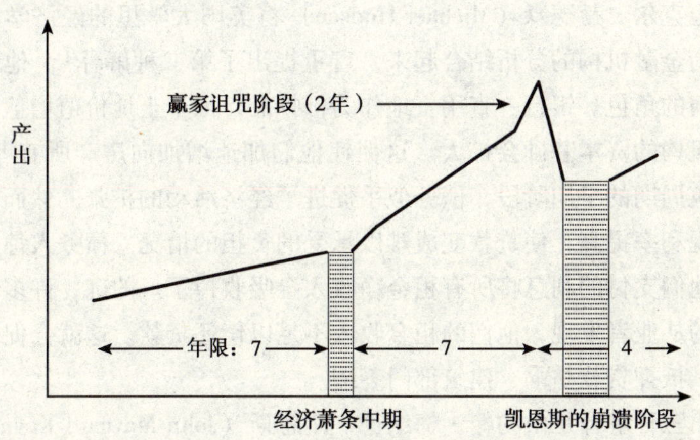

图5－1　18年商业循环略图

如果我们把一次经济萧条期的低谷作为出发点，我们会发现经济从最深沉度的蛰伏期恢复过来大约需要两年。在增长阶段的另一端，从增长高峰阶段的低迷时期过渡到低谷大约需要两年。但是在检查这些转折点之前，我们要描绘一下循环中间阶段的14年。增长周期被分为三个片断。分割的目的是为了寻找一些合理的解释，来解释这么一类问题：为什么增长阶段不能持续？为什么它恰恰持续14年？

十八九世纪的建筑业中，产品生产尽可能地拖延时间，等待人们购买土地，为列入营造计划的住所支付现金。这种过程持续时间为14年。这个周期是被贷款的成本（真正的平均利率为5%）所决定的。原则上，找不到理由解释一个终结型团体成功之后，为什么接下来的团体不能够顺理成章获得成功。增长可以持续。建筑业的潜力将会被人口增长率所限定。不幸的是，对房屋供应量的限制根本没有参照人口的发展趋势。

三个因素似乎能解释建筑行为的周期性终结。第一个因素与土地的有限性本质相关联，因为同其他事物一样，税收政策和产权允许价格——土地的布告栏——以超过人们收入增长水平的速度上升。那些已经进入地产市场者基本上是安全的，只要他们不过分贪婪。随着价格上升至超出大家平均（更不用说那些处在水平线以下的人了）工资的购买力，那些原本在地产市场之外者注定要沦陷。结果是：房产市场发生爆炸，而且它的重大影响力足以拖累其他产业，把它们一起拖进泥潭。

迈克尔·赫德森（Michael Hudson）将美国大学里的经济学教学和华尔街金融机构的分析结合起来，着重提出了第二种解释[①]。他强调贷款扮演的角色。银行一直用土地作为抵押品，由于土地价值增值，因此金融机构的资本基础会扩大。这促使他们加速增加向房产所有者放贷。在建筑周期的早期阶段，债务似乎促进了经济活动的扩张。然而，最终会出现利率提高，使贷款变成难以承受的负担的情况。债务人惊恐地发现，他们支付的利息将所有租金净收入全吸收掉了。的确，许多房地产方面的从业者发现，他们的租金收入不足以偿还贷款。这就会促使建设停止，抵押贷款枯竭，建筑部门萎缩。

第三种解释是由约翰·梅纳德·凯恩斯（John Maynard Keynes）提出的，最近梅森·加夫尼（Masen Gaffeny）对它做了更详尽的阐述。加夫尼是一位经济学教授，他毕生研究土地市场在资本主义经济中的角色。他特别提到浪费的资本投资以及人们储蓄回报减少的问题，是这些导致了经济活动的萎缩。本章在稍后将探究这方面的问题。

由于这类影响的汇合，经济中的建筑阶段会中断。下面我们从增长的第一阶段谈起。

复苏阶段

萧条期结束后，开始一轮为期 7 年左右的新增长时期，并随着人们的商业期望改变而结束。这是凭经验对这种周期总结出的特点。英国的抵押贷方协会已经证明了买房贷款的平均时间足够推断出房地产市场抵押的平均时间，刚好超过 8 年半[②]。这将 18 年的周期分成两个差不多相等的时间段，这段时期与房子的筹资密切相关。

房地产部门中这种事情的汇合向 18 年周期的中间发展，从而产生强烈的经济活动，这表明土地价格在急骤上涨，之后是衰退期。

爆炸性阶段

从萧条中期开始恢复，房地产市场开始为期 7 年的增长。这种更高

---

① 作者会见时赫德森的谈话。
② 1993 年 BMRB 调查，第 33 页表 8.5。

水平的增长在房地产方面呈现出一些独特的特点。这个阶段得分成两个截然不同的时期。

第一段时间持续5年左右。由于经济增长，土地价格明显提高，但政府不发出“房价”过高的警告。随着价格的频繁上涨，政治家们警告人们必须遵守规矩。这种警告信息特别针对的是工薪阶层。因为他们想要以超过经济增长率的速度提高他们的薪水，因而遭到政府警告。分析家们对4%的工资涨幅表示义愤，他们忽视了土地的平均价格正以两位数的速度在上涨。

投资者不谨慎，人们将他们的住房当作投资，而不是给家人的安全港湾。媒体煽风点火，鼓动大众心理，它们宣扬人们应当“买更高价的东西”作为增加财富的方式这样的理念。一些有远见的预言者认识到人们正在制造泡沫，而且它将以泪收场。但这隆隆警钟声被人们的贪婪和害怕得不到超额利润的急切心理所淹没了。

胜利者的诅咒

14年发展期的第三阶段为期两年左右。这段时间的房地产交易的动机几乎都是想获取巨额横财。土地价格在“胜利者的诅咒”（Winner’s Curse）的影响下几乎呈直线上升[①]。这是一段疯狂交易的时期，价格不再引导人们做理性的决定，人们根本不思考投资是否值得。这在房地产市场尤其明显。投资者都不顾后果地竞相出价，对房产价值评估做出最高误差的人最后获胜。这种心理很简单——不计成本，志在必得。购买者确信那里会发一笔横财，因此他无论如何都要出价高于其他竞买者。随着价格的逐步上升，现实与幻想之间的差距扩大，直至事态发展的转折点。

在英国的房地产市场，出现“房价谈妥后又抬价改售”情况警告了“胜利者的诅咒”。中间商出卖他们已经谈妥房价的买家，进而选择了给出高于前买家价格的后来者。这就是门前台阶上上演的随意谬误剧。胜利者的成功是对他和其他人的诅咒——价格高得难以置信！

市场交给了那些认为他们是胜利者的财产所有者，因为他们拥有契

---

① 保罗·R. 米尔格罗（Panl R. Milgrom）、罗伯特·J. 韦伯（Robert J. Weber）：“拍卖和竞相出价的原理”，《计量经济学》（*Econometrica*）1982年第50版，第1094页。

约，但出现了一些不寻常的事情。他们发现别人都在犹豫，不愿意接手他们手中的土地。市场进入了一种停滞状态。这时恐怖的情形出现了：房产不可能获得他们之前购买时期望的回报。房地产市场崩溃，而且这股狂风会突然席卷其他经济部门。

当竞争促使土地价格超出工薪阶层能够承受的水平时，其社会后果是少见的。以拍卖会上轻率地为艺术品出价为例，这种不计后果的行为并不会损害其他人的利益，就像20世纪80年代日本的集体买家将价格抬到创纪录的水平也没有关系；即使价格随后下降（在90年代的萧条期的确下降了），其他人也不会因油画投资上的这种轻率行为而受损失。这与人们投机抬高土地价格的情况是两码事。投机者使土地供应"枯竭"，因为在找到愿意满足他那不切实际的期望的人之前，他不得不储藏着这笔财产。同时，他的成功出价也会抬高其他可比场地的价格，因此他那不切实际的期望的后果也传给了其他人。

当这种胜利者的诅咒迫使土地价格一路上涨时，我们知道经济处在虚幻的掌控之中。土地买卖者（包括那些"买卖"他们的住房的家庭）以他们对未来增值的期望为基础定价。在美国的"繁荣"时期，这种额外价格按土地价格的70%以上来计算①。

因人为地使土地供应不足，创造新的就业机会和维持产出的前景都没有了。与可承受的土地供应不足相对应的是可供资金的短缺。这时流动资本出现不足。

- 银行在土地价格盘旋上升的基础上扩大贷款，诱使人们为自己挖掘更深的债务大坑。当人们不再能偿还他们的抵押贷款时，其中一些人会放弃他们的房产。不能偿还贷款的情况增多，表明经济中存在危机。恐慌开始到来了。
- 在资本密集的项目上过分投资，更加加大了利息上涨的压力。在商业上的投机建设是投资偿还期为什么以就业代价拖延的一个原因。政府在公共基础设施上的不谨慎投资（例如为迎合城镇蔓延发展）是实际资本开始停滞的第二大原因。

---

① 卡尔·L. 冈特曼（Carl L. Guntermann）："开发前的住宅土地价格"，《房地产研究》（*Journal of Real Estate Research*）1997年第14卷（1/2）。

土地投机者是其中的先锋。当土地价格达到顶峰时，那些人们选出的经济卫士却似乎进入了沉睡状态。他们对看似健康增长的状态如此欣喜若狂，以便为自己赢得骑士称号，而不是提醒人们留意隐约可见的危险。1988 年 11 月 1 日，奈杰尔·劳森在下议院做《财政部长的秋季报告》便是一个典型的例子。

英国半途越过了胜利者的诅咒这道坎。劳森为之欣喜，他声称要相信他所认为是无与伦比的成就——“其他经济大国没有谁有如此健康的公共财政”。英国实际上处在经济的悬崖边，前面是深深的裂口，而财政部长却在请求议会为他的明智经济管理欢呼。他公布了详细的时间表（我们在图 5－1 中列了出来），但他没有解释这种趋势的理论思想。

> 英国经济的持久活力正是经济供应方发生改革的凭证，这种变革使得 1988 年之前这 7 年创下了自战争以来无可比拟的强劲而又稳定的经济增长记录。

七年的增长……但是这位财政部长没有意识到自己正在主导最后阶段“胜利者的诅咒”的开端。他用信誓旦旦的话麻痹了下议院，让他们沉入幻境之中。

> 简言之，经过两年出乎意料的快速发展，预计明年的经济增长将回到合理的水平……我们眼前的光辉前途进一步证明了政策的英明，这些政策我们已经实行了 9 年半。[①]

戈登·布朗站在反对派的立场怒视这位财政部长，但他同样不能理解议会听到这些话的意义。七年的增长，人们轻率地为土地开出不切实际的高价，但在接下来的几个月里，由于市场停滞，房地产市场也陷入低迷状态。英国即将陷入严重的经济萧条之中，而经济管理者都不能正确解读经济罗盘上的读数。

---

① 《英国议会议事录》（*Hansard*）1988 年 11 月 1 日。

表 5－4　　大面积住宅用地的价格

	1987 年的价格（英镑/公顷）	1986/1987 年的价格变化（%）
伦敦内	4100000	51.2
伦敦外	1687000	44.5
东南部	818000	28.1
东英格兰	625000	39.1
西南部	440000	24.6
中东部	233000	26.2
中西部	245000	24.4
西北部	192000	15.4
北部	185000	12.3
约克郡和亨伯赛德郡	181000	13.1
威尔士	137000	12.7

资料来源：格雷厄姆·哈雷特（Graham Hallett）：《欧美土地与住房政策对比分析》，伦敦劳特利奇出版公司 1988 年版，第 139 页表 7－1；摘自国内税收评估所的《房产市场报告》的数据，1987 年伦敦皇家特许测量员协会杂志。

表 5－4 突出反映了劳森称颂自己的成绩时土地市场的真实情况。这份数据突出了投机的变化程度：在英格兰东南部的投机活动最残酷、最轻率，投机者幻想从资本收益中发大财，致使在土地买卖时给出高于前一年价位 40%—50% 的价格。任何经济都不能如此增长的，而在工资的年涨幅只有 4%—5% 的时候，住宅市场最不应当出现这样的情形。在这种状况下，要恢复正常，唯一的途径是经济崩溃。但是，这不只会使投机者遭受损失，还会拖累无辜的民众。

另一个有关胜利者的诅咒的戏剧性事例值得人们回顾。这件事强调了投机者们正在寻求的财富并不是以物理状态存在，而是能从自然资源中得到的租金。英国政府此时的财政部长是戈登·布朗，他管理全国的电磁波频率。财政部为电信公司提供了五个租赁许可证。第三代移动电话需要使用这些频段。这种有限的自然资源价值几何？受经济和社会研究委员会委托的经济学家说服了政府，通过拍卖会上拍卖这些许可证来寻找答案。财政部期望筹资 10 亿—20 亿英镑。2000 年 3 月 6 日开始第一次竞标，电信专家将他们的期望值提升到了 50 亿英镑。这对英国的纳税人来说将是一大笔横财！由于竞价呈跳跃式抬高，很快超过 100 亿英镑，此时警钟开始响起了。难道价格还不够高？4月3日《金融时报》竟发表了安慰民心的社论：

> 政府远不像电信公司那样为稀少的无线频率寻找合适的经济价格。因此，拍卖是分配这种资源的最有效方式，也是为纳税人获取一份合适的租金的最有效方式。

然而，令人们担心的是这5家公司虽然从13家竞争中脱颖而出，取得了自然资源的垄断权，但是他们未必会履行租约。但是人们一旦被投机热控制了，便失去了平常的理智。因为在激烈投机争夺的每个阶段，大家都盲目地出价。电信公司无从得知下一代移动电话提供的服务价值有多大。分析家们警告说，这种高额投标可能危害到公司的商业生存能力。当竞价突破200亿英镑时，投资者开始恐慌，他们担心自己投入的钱得不到对等的回报。最终的夺标价合计达220亿英镑之多。这使得胜出者承受着危及他们的商业运营的巨额债务。英国电信公司为此付出了代价——它花100亿英镑得到许可证，超过了它的预期——而到了2001年3月，它不得不低声下气地乞求伦敦市的金融家们，试图偿还其300亿英镑的巨额债务。这是一个经典的土地投机结局，因为卖方是代表纳税人利益的政府，这结局是让人无法接受的。

电信巨头的竞标失误通过股票交易影响了经济的其余部分。如果一个投机者凭计谋取胜，那么这种债务重担就会影响公司股票的持有者。沃达电话（Vodaphone）公司就是这种范例，它通过出高于别人的价钱得到一个3G牌照。经过四年时间，到2004年，事实证明沃达电话公司一直表现不如预期。由于它在伦敦证券交易所FTSE 100指数中的规模之大，与纽约、澳大利亚和日本的股市相比，它使得伦敦指数全面走低。

萧条阶段

经济学家约翰·梅纳德·凯恩斯想出了一种帮助政府避免经济萧条的战略，他考察历史得出萧条期持续时间一般在三年至五年间。这种经验证据为我们提供了为期四年的平均萧条时期。

凯恩斯在《就业、利息和货币通论》（*The General Theory of Employ-*

ment Interest and Money）中明确了高涨时期重要的起始点。繁荣的假象导致过分供应特殊类型的资产。这是一种资源浪费，或者如凯恩斯所说的“方向错误的投资”①。为什么理性的人们会用一种浪费的方式投资呢？凯恩斯指出，经济急骤繁荣的基本特点是对投资收益的欺骗性的期望。在充分就业时期，可能产生2%收益的投资会因此当成6%的收益期望。乐观的错误之后是“悲观的错误”，其中本应产生2%收益的投资根本没有收益，这就是新投资失败的前奏，从而导致失业。“我们处于房屋供应不足的情形，然而有房子的地方没人能承受得起其价格。”②

经济周期的最后阶段是以“V”形崩溃，掉进萧条的谷底，然后爬升回到恢复阶段的起始点。我们怎样计算出四年的平均时间呢？这由凯恩斯来回答。

在乐观的前期，人们期望从他们的储蓄获得的未来收益都投资在资本设备上，他们假定收益足够抵消反向趋势。这里的反向趋势包括资本货物的不断累积，其生产成本的不断上涨，以及利率的提高。然而，投资者最终发现在技术上称之为边际效益的回收并不是他们所期望的。市场“突然灾难性地”下降③。在这个时候，人们尽其所能地将他们的储蓄转换成现金。这对生产投资也有反作用，它加速了新固定资本构成的下降。

这如何帮助我们理解萧条的时间表呢？在凯恩斯看来，这个时间表由一些必须考虑的事情来规定，比如耐用资产的使用寿命和消费者不愿购买的剩余产品的运送成本。这些将产生一个时间表，这个时间表有一个并不是偶然的重要次序，也就是说，它不会是这次一年、下次十年这样变动，而是有一定的规律性，可以说是在三五年间变化。④

在凯恩斯的观点中，在经验的基础上观察经济现象，发现从资本十分短缺阶段，慢慢提高投资者的期望，到他们得到满意的投资回报，这

① J. M. 凯恩斯：《就业、利息和货币通论》，伦敦麦克米伦出版公司1967年版，第321页。

② 同上书，第322页。

③ 同上书，第316页。

④ 同上书，第317页。

平均需要四年的时间。时间因素必须虑及在繁荣后阶段已经多余的资本的使用、衰变和退化。在凯恩斯看来，这个时间表是资本耐久性的稳定功能。

另一个影响是运送剩余产品的成本。这不得不关注消费者对产品不感兴趣这个事实，他们在萧条时期只求努力保住职位求生存，而不会花钱。

> 库存产品的运送成本很少会每年低于10%。因此，下跌的价格必须足够使他们在一段时间（三年至五年）内通过外界吸收这部分成本。那么，这种吸收库存成本的过程即为消极投资，它对就业更具震慑力……①

再一次，萧条阶段的第二个因素需要平均四年的时间来完成它的使命。因此，两个因素（将资本回报率调整到投资者可接受的水平和消化旧库存）所需的时间使我们的18年周期的时间表圆满结束。凯恩斯的分析将周期性萧条的原因与发展阶段的模式和时间联系起来了。

我们所说的经济周期揭示了一些什么呢?

- 来自房地产部门的证据支持了18年周期的时间表。
- 经济周期与经济的各种特点无关：美国拥有广袤的土地资源；日本自然资源极其缺乏；英国人口相对其疆域来说很多；而澳大利亚的人口相对其广袤疆土来说是很少的。

该证据指向事物的两个重叠且相对的层面。

- 房地产市场为期14年的活动产生投资，并满足消费者需求。这与有价值的商品或服务在市场开展销售有关。
- 对土地进行囤积和投机，他们中许多人在掉进自己的圈套之前利用土地价格飞涨赚钱，这导致财产浪费和不劳而获。

过去300年里人们建房或买房的能力都用同一个词——承受能力。市场上住房的生产周期与人们积攒资金去建房或买房的时间一样长。这

① J. M. 凯恩斯：《就业、利息和货币通论》，第318页。

段时间为期14年，也正好合为抵押的成本。这种月计账户竟然反映了人们的行为方式?

第五节　未公开的证据

在文献中，支持这种14年发展阶段的经验数据很少，因为经济史学家们没有以他们的理论指导来寻找它。刘易斯引用了一位学者（伯纳德·韦伯）未公开发表的材料研究工业经济中被人们忽视的方面。韦伯的文章标题为“购买房产的平均年数信息”，此信息跨越1872—1907年。数据来自英国格拉斯哥拍卖的房子。“这一系列数据的明显特征是它与建造房子的周期类似。”①

表5-5　在格拉斯哥购买房产的平均年数（1872—1907）

1872	14.3	1886	12.8	1901	14.9
1876	17.0	1891	13.0	1906	13.0
1881	13.5	1896	14.1	1907	12.1

资料来源：刘易斯：《建筑周期和英国经济发展》，伦敦麦克米伦出版公司1965年版，第159页。

表5-5列出了支付房价的年数。这些数据不只一点相似。它们都是房子建造周期的核心，如同建筑与供求相结合。在1907年的前35年里，理性的人在格拉斯哥竞价买房的平均价格为13.85年的租金价值。作为我们提出的14年发展阶段的确证事实，这与人们获得科学假设的经验确证非常相近。

韦伯明白这必须从建筑成本、利率，以及出租率和房价的角度来检验。他在计算过程中将这些变量都考虑进去了。我们发现有两处与我们的分析相关。第一个是输入的总成本。这些数值在下半个周期中变动很小，如果有什么区别的话，那就是实际上它们在下降。劳动成本上升很少，但这些都多于建筑材料成本下降所抵消的②。因此，从1870年到

① 刘易斯:《建筑周期和英国经济发展》，第158—159页。

② 克里斯多弗·鲍威尔（Christopher Powell）:《1800年后的英国建筑史》（*The British Building Industry Since 1800*），伦敦E. & F. N. Spon出版社1996年第2版，第92页。

20世纪初的价格压力都不是由劳动力成本或原材料成本产生的。1876年房价高涨，那恰好是18年周期的下半周期的起飞点，在1884年结束，1886年是该周期的谷底。

第二个是土地成本。这必须进行推断。评测房子盈利能力的指数从19世纪70年代初到80年代初这10年间飞速上涨，在这个18年周期的下半个周期内涨幅超过1/3。那么，谁赚取了这个差额呢？不是建造房子的木匠和水管工人，也不是提供砖瓦和泥浆的企业主。房价急遽上升只有土地所有者得利。

但为什么人们不能持续支付较高的房价呢？为什么建房和买房的趋势必然会出现慢慢地并戛然停止的情况，就像春天到来花儿肯定会开一样？因为人们的工资上涨赶不上土地价格的上涨。这就出现了一段房价不能承受的时间。请记住抵押贷款5%的利息，人们可以承受的平均价格接近14年的租金。当人们被迫承受超过14年租金的价值时，承受能力指数激增。建筑工业会缓慢发展并戛然停止。

因此，如同夏天过后必有冬天的规律一样，房子的周期从第一年开始，到第十四年结束都是可负担得起的。房子在此期间的定价在潜在买主可承受的水平范围内。房地产作为经济中的主导部门，它的问题会波及整个经济，影响到经济中的其他部分。

建立在合理原则上的经济，第一个可终止的社会将顺利地由新的可终止社会取代。社会在人口趋势和技术进步的基础上温和地斜向上发展。在现实中，当建筑工程开始结束时，人们发现资本主义制度不首先经历萧条期的创伤是不能开始新一轮的建筑的。在萧条期内，价格被迫下降到人们可承受的水平。

因此，在英国，金融俱乐部的成员聚集在酒吧商讨对策，它们最终变成了建筑协会，而美国的俱乐部变成了储蓄和贷款机构。上班族为妥善保管钱财到那些机构存款，但这些机构无意之中被卷入了有损它们使命的经济事务。人们渴望拥有家，那是为他们梦想的坚固城堡提供安全的地方。但当房价飙升时，大多数人的抵押贷款成了劳苦一生的债务和煎熬。

第六章

历史的模型

第一节　快速致富计划

纵观四个世纪的经济史，似乎每隔 18 年便会出现一次经济萧条。这种历史记录是否能够支持建筑业是推动这些周期的核心动力的理论？我们在第五章里探讨了这些周期存在于 17 世纪和 18 世纪的证据，然而 19 世纪和 20 世纪农民生活方式的影响，又是怎样以不断适应的形式超越了工业革命并使自己永存的？

1714 年诞生的《反高利贷法》使贷款利率降至 5%。我们看到这种情况推动了为期 14 年的建筑周期。这是否也同时导致 1714 年成为下一个长达 13 年或 14 年的衰退期（1727 年）的起点？为什么建筑业未能在 1727 年之后平稳发展？是否存在一种金融逻辑准确地操纵着经济活动？这种现象背后的争议在于，如果我们从 5% 利率生效这一年起计算现代建筑行业周期，那么每个周期的平均跨度为 17.4 年（见表 6 - 1）。我们认为，在 18 世纪有 4 个周期是由于 5% 的贷款利率的金融逻辑导致的。要确定这种周期是否存在连续性，我们必须仔细观察 19 世纪和 20 世纪的证据。

我们需要一个起点。我们可以从两个日期中任选其一。一个日期是在伯明翰的酒吧，从那里我们向前跨越 18 年，与我们假设的带有历史事件后果的日期相比较。另一个我们可以从生活记忆中的经济衰退期（比如 1992 年）中选择，从那时倒退 18 年并推测未来。如果我们的理论符合历史证据，那么第二种方法应该能带我们回到啤酒爱好者们在“金十字”酒吧召开第一次会议的年代（1775 年）。

1992 年的萧条使大多数发达国家的人均国内生产总值（GDP）下降。[①] 我们将这个日期作为起点，并由此产生表 6－1 设定的时间表。

为了快速回顾经济繁荣和萧条的历史，我们可以将托马斯·约翰逊（Thomas Johnson）撰写的一本书作为基本教材。托马斯·约翰逊 1882 年出生于一个名叫科克尼提洛克的苏格兰小镇，1931 年被任命为掌玺大臣和枢密院成员。作为工党议员，他曾在二战期间担任苏格兰事务大臣。1953 年，他被封为荣誉勋爵。1955 年被任命为英国广播公司总监。他担任的最后一个公职是阿伯丁大学校长，于 1965 年逝世。作为一个敏锐的观察家，他对英国政治和经济领域的贡献是不可磨灭的。

表 6－1　18 年经济周期：英国从工业革命到信息技术泡沫

重大衰退	期中衰退
1776	1785？
1794	1803
1812	1821
1830	1839
1848	1857
1866	1875
1884	1893
1902	1911
1920	1929
1938	1947
1956	1965
1974	1983
1992	2001
2010*	–

说明：＊为预计。

① 安格斯·麦迪逊（Angus Maddison）：《世界经济观察》（*Monitoring the World Economy*）1820—1992 年，巴黎经济合作与发展组织，1995 年，表 D－Ia，第 194—197 页。

1934年，约翰逊出版了《金融家与国家》（*The Financiers and the Nation*），记述1824—1931年的金融兴衰史。[1] 他以犀利深邃的笔锋，精辟细致地分析揭示了19世纪英国经济的活力和浮躁，并痛斥由于人类的愚蠢导致的浪费。

> 就这样，从繁荣到萧条，从萧条到繁荣，周而复始，年代交替。傻瓜们耗尽了他们的钱财。每当一批缺乏经验的小储户用省下的金钱进行投资，并满怀希望地环顾左右，期待在“相当安全”的条件下获得丰厚利润时，总有一些花言巧语的金融领导者用他们的快速致富计划做诱饵，吸引这些牺牲者。[2]

这些能说会道的说客可能将他们的计划包裹在金融迷宫里，然而土地投机商却从人们手中夺去了钱财，然后又夺去了许多人的工作，导致一些梦想破灭的人变得焦躁、绝望甚至自杀……让我们来走近开放的历史记录，来看看表6-1列举的日期是不是转折点。请记住我们设定的建筑行业历史里程碑之一，是第一个房屋建筑金融俱乐部成立的1775年。我们可以设想他们在12个月（1776年）内的协作建房活动，我们可以将这些活动假设为一个18年周期的开端。如果的确如此，导致这一周期结束的崩溃应该发生在1794年。因此如表6-1所示，我们通过回溯英国历史可以发现：

- 1776年是一个18年周期的开端。这个理论上得出的日期符合根据经验在表5-1列举的经济周期。
- 1794年是一个由新的建筑行业金融安排拉动的繁荣周期的结束。1794年是两个18年周期之间的转折点吗？这一年的重要意义究竟在哪里？

1794年 对于刘易斯来说，建筑周期的顶峰是1972年。[3] 而约翰逊称1793年为“黑色年”。利物浦市政委员会目睹了地方银行系统的全面崩溃。3月20日，市长报告称，58名商人敦促该委员会为来自英

---

① 托马斯·约翰逊：《金融家与国家》，格拉斯哥奥西恩出版社1994年版，第36页。
② 同上。
③ 刘易斯：《建筑周期和英国经济发展》，附录1，表A1：1。

格兰银行的一笔贷款担保，以使该城市能够在“吃人的巨大压力”下生存。英国议会签发了一道特别法令，授权利物浦在一段时期内发行可兑现支票，以略高于4.5%的利率放贷。由于采取了这个被著名经济学家韦布斯（Webbs）表述为“多年来英国地方政府最大胆的金融手段”，利物浦市民挺过了这场风暴。①

这场灾难的起因是什么？开凿运河引发的土地租赁投机机会。这些情况又使北方原材料价格大幅上升，并促使工业产品流向新的消费市场。剧烈的投机还出现在运河建造和毫无节制的贷款方面，城市土地的价格迅速超过人们的承受能力。在利物浦，教区牧师沃尔顿明确指出土地投机带来的人类生存成本：

> 利物浦商业城，包括居民住宅区、娱乐场地和奶牛场的扩大，已经导致多年来粮食产地骤减。②

为了获得土地，棉纺厂主不得不支付“巨额租金”。在这个过程中，他们与丧失土地的农户的冲突最终引发了食品骚乱。

在从1776年开始到1794年结束的18年周期之后，是否会出现一个新的18年周期？

1812年 被描述为“投机狂潮”（phrenzy of speculation）席卷全英国的年代，紧跟着是作为其后果的大萧条和严重的失业，特别是在兰开夏郡和伯明翰地区。恶劣的经济形势导致工人工资下降和失业，极大地降低了住房需求。1812年出版的一期《曼彻斯特守护神》（*Manchester Mercury*）报道了“悲惨的萧条再加上土豆价格上涨”导致布里斯托、特鲁诺、利兹、马克里斯费尔德、斯陶波克和伯明翰等地发生骚乱。③

塞缪尔·泰勒·科尔里奇（Samuel Taylor Coleridge）在他于1817

---

① 西德尼（Sidney）、比阿特丽斯·韦伯（Beatrice Webb）：《英格兰当地政府》（*English Local Government*），伦敦朗曼—格林出版社1906年版，第485页。

② 艾伦·布斯（Alan Booth）：“英格兰西北地区的食物骚乱问题1790—1801”，《过去与现在》（*Past and Present*）（77），1977年，第84页。

③ 刘易斯：《建筑周期和英国经济发展》，第27页。

年撰写的《布道》（*Lay Sermon*）中阐述了一种反复出现的趋势的内部机制："繁荣和萧条'每隔12或13年'就会出现一次，并导致某种周期性的信贷危机"。到这个与我们基于建房抵押贷款的14年期限几乎吻合的周期结束时，人们很快就将他们的谨慎抛到九霄云外。他们开始尝试"富有诱惑力的、大胆而轻率的冒险。欲望的法则和虚假信贷同盟……行业运动年复一年地变得令人眼花缭乱。盲目的情绪和盲目的行为，导致欲望和冒险的大漩涡"①。

1830年　股票和日用品投机成为1825年的一种社会现象和席卷全年的热潮。人们纷纷投资于愚蠢的冒险。从投资和就业角度看，受到重大影响的是土地。1826年，60家银行停止支付，整个国家"面临着任何国家从未经历过的最大和最彻底的震荡"。② 保守党议员查尔斯·坎宁（Charles Canning）在议院选举前说：

> 在1825—1826年的大崩溃中，成千上万的草根百姓丧失了全部家产，不是由于他们自己参与投机或赌博，而是由于他们信任并将微薄的储蓄托付于银行经理，却被贪婪追求暴利的后者用于愚蠢而疯狂的冒险和非法商务活动。③

铁路投资收益缓慢（1828—1831年），1832年建筑行业跌入深谷。

1848年　金融崩溃提醒我们，政府制定的法律和规则可能诱使人们进行不计后果的投机。在1847年以前的三年里，议院通过了建设9500英里铁路的2.5亿英镑投资。对交通基础设施的政府投资导致土地价格上涨，却没有适当的补偿性财政稳定机制，以避免经济因过热而崩溃。

铁路大王乔治·赫德森（George Hudson）拥有1000英里铁路。他是这次经济萧条的最大投机牺牲者之一。"在1847年前的10年期间，绝对一文不值的项目被不断炒卖，价格飞涨。直到这时，整座大厦再次

---

① 塞缪尔·泰勒·科尔里奇（Samuel Taylor Coleridge）：《布道》（R. J. 怀特版），伦敦Routledge and Kegan Paul出版社1972年版，第204页。

② 乔治·康林，引自约翰逊《金融家与国家》，第2页。

③ 同上书，第3页。

倒塌，10家铁路公司连同它们的股东们损失了7800万英镑。”① 六家银行倒闭。赫德森在这场连锁灾难中损失了所有资金。

> 首先是倡议者、土地所有者和议院律师开始鼓吹修建铁路的好处，然后金融界也加入其中。他们操作铁路股票，将价格炒上了天，以致无法卖出。成千上万的农民破产，接着是普遍衰退和恐慌，达到前所未有的程度——甚至超过后来发生于1921—1923年的大萧条。②

议院被土地所有者和他们的律师控制。他们操纵政治家为他们的利益服务，例如1845年通过的《土地法》。这个法令未能使政府采取倾向于在工厂劳作的人们和那些投资于资本工具的人们的方法进行收入再分配，而是确保向土地所有者支付补偿。但这种补偿是不充分的。他们只能获得10%的“赔偿费”（Solatium）——按照《钱伯斯简明辞典》（*Chambers Concise Dictionary*）的定义，是“对失望、不便或感情伤害的补偿”。这项额外的付款是对由于铁路公司强制收购而失去选择权的人们的弥补，但它忽视了这样的事实：土地所有者并没有为他们获得的补偿创造任何价值。

英国经济开始受到其殖民地发生的事情的影响。澳大利亚兴起建筑热潮，引起土地需求旺盛。1846年推出的《殖民地银行规则》似乎来得太晚。虽然这项法律试图禁止除进行银行业务以外的作为间接物产或控制土地的贷款，但仍有遗漏——建筑协会可以从银行贷款，然后借给投机者。

1866年　伊索·汉森（Esau Hanson）没有在历史教科书上留下任何有意义的个人记述，但他在经济周期的年鉴上却有着象征性的重要地位。1852年12月23日，在“老公鸡”（Old Cock Inn）酒店的一次会议上，一群哈里福克斯市民成立了“哈里福克斯永久收益与投资协会”（Halifax Rerman-eet Benefit Building and Investment Society）。商人伊索·

① 乔治·康林，引自约翰逊《金融家与国家》，第15页。
② 同上书，第20页。

汉森是其中之一。第二年 5 月，他成为从该协会借款的第一人，获得 160 英镑作为抵押贷款（两份全额股份，每份 80 英镑）。他将在 13 年内每年偿还 13 英镑。①

汉森是个精于计算、不择手段的人，在大多数昂贵的规划住房需要花 155 英镑才建成的 19 世纪 50 年代，他只需花 80 英镑外加 5% 的抵押便可建成。② 汉森的偿付一直持续到 1866 年经济周期结束时。英国经济学最著名的学生卡尔·马克思证实了这个经济周期的终结。他在 1864 年叙述了他的存款被冻结的事情。他在致朋友的一封信中写道：

> 你一点也不会感到惊奇，我一直进行着投机——一部分是美国债券，但更多的是英国股票。今年这些股票像春天的蘑菇上涨（推动着与上市企业相关的每项有形和无形资产），达到相当不合理的水平，接着其中大部分迅速崩溃。在这种情况下，我曾经赚到 400 多英镑，而现在复杂的政治环境提供了更大的空间，我将从头再来。这是利用人们的时间获得较小需求的操作方法，为了解脱资金困境，值得冒一点风险。③

在这 12 个月内（1895 年），英国回到了萧条状态。一些股票玩家付出高昂代价才发现了马克思提到的风险。乔治·哈德森得到了报应。他因无力偿还巨额债务而被判 9 个月监禁。但他在前一周期进行的惊天铁路大欺诈却逃过了法律的惩罚。

1866—1867 年的灾难是由于“异常的投机和赌博”。④ 这个世纪后 40 年的故事就是“交替出现的经济繁荣和衰退；天花乱坠的谎言充斥着国内和海外的投资市场，成千上万家庭的储蓄被周期性的公司炒作和银行欺诈席卷一空”。⑤

---

① 奥斯卡·R. 霍布森（Oscar R. Hobson）：《哈利法克斯 100 年》（*A Hundred of the Halifax*），伦敦 B. T. Batsford 出版社 1953 年版，第 19、20、135 页。

② 参见利兹永久建筑协会发表的第 1 次年度报告，1850 年，记录显示一套住房需要花费 70—75 英镑（土地费和街道费不计）。

③ 弗朗西斯·温（Francis Wheen）：《卡尔·马克思》，伦敦：第 4 期，1999 年，第 268 页。

④ 约翰逊：《金融家与国家》，第 33 页。

⑤ 同上。

1884 年　刘易斯认为，1884 年的住宅市场发生了一些事情。但他的租金指数尽管“可以用作住宅市场行情变化的指南……却不能告诉我们更多”。[①] 在 1875 年前五年间建造了 47.7 万套住宅。在 1880 年前五年间，建造了 53.1 万套住宅，达最高峰。到 1895 年，这个数字降至 40.2 万套。[②]

经济活动的另一个指数是东北海岸泰恩河口各大造船厂的船舶制造。Jarrow 市造船产量总吨数连续七年增长，1883 年达到顶峰，1884 年开始下降。船厂工人再次经历“坏年代”。后来在 20 世纪 30 年代成为 Jarrow 市工党议员的埃伦·威尔金森（Ellen Wilkinson）报道了人们对 1884 年事件被迫采取的反应方式。

> 由于缺乏资源应对衰退，人们的最初行动是尽量减少房租开支。两家、三家或更多家庭合住一套住宅。每个家庭的房租削减到一半，甚至更少，但住得更加拥挤。一些大家庭全家人挤在一间屋里。同时一些街道的住宅几乎空无一人。[③]

这些指数不能解释为什么 1884 年会成为劳苦大众的坏年头。倾向于战争是造成 18 世纪经济周期的理论的刘易斯，无法解释推动 19 世纪经济周期的动因。他注意到建筑行业：“很明显，1875 年前后这个市场发生了一些事情。同样明显的是，1884 年也发生了一些事情。但指数并没有说明什么。”[④]

秘密必须揭开，但来自市场的信息却不能通过交易的数量和价格得到解释。难道是作者疏忽而没有考虑土地市场的角色（参见我们在第五章的注释）？刘易斯精通统计学，是公认的建筑行业经济学权威。他的著作被当作主要参考书。但他的研究是针对一个行业，其宗旨是理解市场的动态，是探究一个没有具体空间的经济体的实际意义。如果像刘易斯这样受过良好教育的人都不知道什么是推动建筑周期和英国经济增

① 刘易斯：《建筑周期和英国经济发展》，第 326 页。

② 同上书，第169 页，表 7－3。

③ 埃伦·威尔金森（Ellen Wilkinson）：《被抹杀掉的城市》（*The Town That Was Murdered*），伦敦维克多 Gollancz 出版社 1939 年版，第 103 页。

④ 刘易斯：《建筑周期和英国经济发展》，第 326 页。

长的因素，那么政治家又怎能驾驭经济繁荣或萧条的风波？

1902 年　金融欺诈浪潮在 1898 年达到了无法遏制的地步，以致首席大法官（丘罗温的罗素爵士）通知伦敦金融城，“猖獗的欺诈已经充斥各个阶层，涉及社会资金的大量损失，人们最终将无法承受的巨额损失。”[①]他指出，一块以 4.8 万英镑出售的西非地产实际上并不存在。这块“地产”被售出后，一个代理人被派往当地，以 140 英镑的价格从一个部落首领那里购买了一些土地，只是为了验证地产契约上的描述！1890—1897 年间，税务部报告损失了 2810 万英镑，[②]这些钱都是通过倒闭的公司消失的。

1920 年　应该在 1920 年经济衰退之前出现的繁荣并没有到来。第一次世界大战像扔进燃烧的油井里的炸药：剧烈的爆炸熄灭了大火。战争扭转了土地投机的周期。1914 年，财政部拨出巨款作为对德作战的经费，这个举措缓解了笼罩着英国的萧条阴影。

1938 年　30 年代中期的建房热潮过后，英国像其他欧洲国家一样，进入 1938 年的衰退。[③] 但从 30 年代中期起，欧洲大国开始扩大军需工业，以应对可能发生的下一次地区冲突。像被土地价格高涨削弱的家具制造业一样，坦克和炸药制造商也从政府财政津贴得到补偿。这种经济补偿机制抵消了即将发生的经济危机。冲出经济萧条的代价是火山喷发一样的亿万平民百姓的生存欲望。

1956 年　假定的跨越第二次世界大战的经济初期的结束应该在 1956 年。土地投机在 50 年代几乎销声匿迹。家庭日用品仍依赖配给，不存在建房热潮和土地投机的氛围。没有出现经济衰退。战争对欧洲城市和工业基地的摧毁是如此严重，以致需要一个大规模的十年重建计划才能使经济恢复到战前的“正常”水平。这一资本振兴计划必须足以产生各阶层人民战

---

① 约翰逊：《金融家与国家》，第 43 页。

② 西德尼、比阿特丽斯·韦伯：《资本主义文明的没落》（*The Decay of Capitalist Civilization*），伦敦 Allen 和 Unwin 出版社 1923 年版，第 107 页。

③ 哈里森：《土地的力量》，第 76—78 页。

前预期的收入。这项投资一直持续到1955年，使可能出现的萧条胎死腹中。经历战火重建生活的人们为避免发生衰退而付出了沉重的代价。

1974年　历史学家认为，欧洲经济在50年代初期恢复到了正常的发展节奏。这符合我们对1956年成为新一轮经济周期开端的预期。但这时有一些新事物进入经济生活。由于战争和战后的投资计划，作为主导经济的建筑行业周期得到同步运行。战后的第一个18年周期这时在整个欧洲展开，根据我们的预测，将在1974年结束，进入衰退。

按照流行的说法，70年代初期的衰退应归咎于心怀不满的阿拉伯产油国利用石油输出国组织（欧佩克，OPEC）将石油价格抬升到创纪录的高位。从工业化国家榨取的石油利润削弱了它们的生产力。欧佩克的行动符合我们对操纵资源牟取私利的垄断行业的消极影响的分析。但欧佩克的干预不是造成1974年经济衰退的唯一原因。在60年代后期进行的一项房地产市场调查，以详尽的技术数据揭示了土地市场周期的可预测的后果。①

1992年　我在1983年出版的《土地的力量》一书中预测到了1992年的衰退。② 土地和住宅市场的顶峰出现在1989年，接着到1992年一季度进入萧条。

一些经济学家分析了这次衰退的原因。据国际货币基金组织（IMF）报告：

> 当前的研究表明，高昂的住宅价格影响了英国整个宏观经济的表现。家庭储蓄在80年代金融开放期间迅速下降，显然是由于许多家庭认为他们可以利用允许将部分资产作为再融资抵押的新规则赚取更多的钱。在掀起最初的消费热潮之后，个人储蓄迅速下降，导致商界融资减少。
>
> 像大多数国家一样，英国商界是净借款方，而居民家庭是净存款方。因此随着家庭储蓄下降，利率上调的压力就会增大。这种压力最终会导致外国资本的流入和支付资本账户平衡的恶化。

---

① 哈里森：《土地的力量》，第76—78页。

② 同上书，第302页。

> 同时，大伦敦地区飞涨的住宅价格会妨碍失业工人（主要来自英格兰北部和苏格兰）流入这个可能找到工作的大都市。估计总失业率将达到 2%，而如果工人能够自由流动寻找工作，这个比率会小一些。①

房地产行业的分析家对 1992 年房价大跌感到震惊。虽然缺乏理论依据，但他们凭直觉作出判断："许多人不相信住宅市场能够再次出现 70 年代和 80 年代的状况。请注意，这是他们在经历了 70 年代中期和 80 年代初期的衰退之后在 1977 年和 1983 年的真实想法。1994 年会有什么不同吗?"② 即使 1993 年的衰退如此严重，许多人失去工作，住宅价格下降，但全国土地价格却上涨了 18.2%，东南地区上涨了 28.2%。伦敦房地产代理商 Savills 公司报告："看来土地价格的上涨是由于开发商的投机。"

住宅市场的好时光可能不会再现……直到下一个周期中段，2001 年!

2010 年 21 世纪第一次大规模失业浪潮将在 2010 年席卷全球经济。构成这个周期基础的主要事件将在第三部分分析。

对历史证据的考察证实了经济活动存在着为期 18 年的兴衰周期。这个阶段与建筑业周期密切相关，这个周期是通过金融机制和土地租赁及自然资源获取的飞来横财构成的。

第二节 周期中段危机

正如我在第五章所解释的，14 年的建筑行业周期以周期中段为兴衰分界岭。表 6 – 1 列举了假定的日期。80 年代初期的危机和 2001 年

---

① 斯蒂文 · K. 梅奥（Stephen K. Mayo）："房地产政策：改变住房结构"（Housing policy: Changing the structure），《金融与发展》（*Finance & Development*）1994 年 3 月，第 45 页，引自帕特里克 · 明佛德，"住房分部对失业率的影响"（Effects of housing distribution on unemployment），《牛津经济论丛》（*Oxford Economic Paper*）第 40（2）卷，1988 年，第 322—345 页，以及约翰 · 穆尔和 J. 墨菲：《为什么联合王国的个人存款崩溃了》（*Why Has UK Personal Saving Collapsed*），信用预警报告，波士顿和伦敦办公室，1989 年。

② Pf & D 时事通讯："住宅问题"（Residential），1994 年，第 10 页。

的危机是两个18年周期的中点。而1929年则是两次世界大战中间的中点。然而，历史记录怎样成为书面的证据？

我们不认为第一个18年周期曾在半途中断（1785年），因为第一批大规模建造的房屋还没有完成。大规模的住宅商品化需要一定的时间才能出现。尽管如此，不断加速的新经济生产方式已成为新兴工业时代投资扩张的特征。那么1803年是否有过周期中断危机？

1803年　刘易斯记录了19世纪之初的信贷增长；对法国的战争刺激了钢铁工业投资增长。1802年一些工厂在曼彻斯特建成。这些情况导致住房需求的增长。但经济发展未能持续，1803年成为“大萧条”的一年。①

这是巧合还是一种历史模式的开端？参照表6-1，我们会发现经济进程在1821年、1839年、1857年和1875年前后以及20世纪初出现中断的证据。这些记录表明人们对土地和自然资源租赁收入的狂热追求成为这些阶段经济发展的致命标记。

1821年　从1818年起小麦价格开始下降，结婚率上升。这个趋势在1821年中止。1822年，领取贫困救济的人增多。同期，住宅建造在1819年达到高峰，1821年降至低谷，随后出现更为强烈而持久的衰退风潮。② 尽管统计数字上升，但刘易斯认为“建筑业的兴旺必定会在20年代初中止”。③这时没有爆发战争。我们的竞争理论起了什么作用？是否投机活动达到了全社会参与的规模？刘易斯认为1822年的趋势受到下列因素的影响：

> 投机已成为暂时逆转经济方向的小型危机的主要原因。它正试图朝更大的范围发展，试图更准确地控制经济运行机制。而这将使我们更加远离我们审视宏观经济周期的主要目标。与上升的大趋势相比，这只是一个小波纹……④

① 刘易斯：《建筑周期和英国经济发展》，第26页。
② 同上书，第29页。
③ 同上书，第30页。
④ 同上书，第31页。

这里错过了一个机会。如果刘易斯深究造成“1821 年低谷”的原因，他可能会令人信服地解释这个值得他关注的主要周期（这期间没有战争）。

1839 年 经济全速运转，人们纷纷把钱投入发展机会。1838 年出现了 42 家联合股票银行，进行新的商业冒险。这一年的货币流通量增长了 50%。“很快，银行就像雨后的蘑菇一样涌现，接着又纷纷倒闭，成千上万个家庭破产。”[①] 但人们似乎没有接受教训，放贷者再次将储蓄的钱投入土地投机——这次主要是围绕着铁路计划。

1857 年 英国萌芽状态的工业需要进行基础设施投资，以便容纳城市居民。提高生活质量是人们工作的基本动力，并将提升他们创造更多收入的能力。但这也促使土地价格上涨。这是一把双刃剑。如果土地租金是公共收入，它将为社会更加宜居提供资源。但由于土地租金是私有的，它的所有者可以利用它从劳动者榨取价值并主宰他们的生活水平。例如，他们不得不在缴纳所得税之后还要支付公共服务费用。1852 年，在距西米德兰铁桥不远的杜德里镇，人们平均死亡年龄是 17 岁。这是由于城里缺乏清洁的自来水，街道、庭院和其他场所到处都是人们随意倾倒的排泄物。[②] 如果将城里土地的高昂租金投资于自来水和排水系统建设，杜德里居民就可能提高他们的工业产量，同时可以有更长的生命预期。然而，这些租金被土地所有者榨取，使杜德里居民的福利变得越来越少。

1857 年的恐慌蔓延全球。美国的土地投机活动吸引着用自有资金进行投机的英格兰银行和商业住宅开发商。当泡沫破碎时，英国金融大厦也轰然倒塌。1857 年 11 月 11 日，星期三，是所谓的“黑色星期三”。格拉斯哥城市银行倒闭。伦敦金融城的银行大楼被封闭。据下议院议员迪斯雷利（Disracli）报告，9 月 7 日至 11 月 12 日期间有 85 家公司倒闭，共欠债 4200 万英镑。英格兰银行再次超越法律允许限额发行货币，试图刺激贸易，遏制金融危机。

---

① 约翰逊：《金融家与国家》，第 14 页。

② F. B. 史密斯（F. B. Smith）：《人类的健康》（*The People's Health*）1830—1910 年，伦敦 Croom Helm 出版公司 1979 年版。

《银行家杂志》（*Banker's Magazine*）注意到了澳大利亚发生的事情："值得担心的魔鬼……是土地投机，这表明投机范围的扩大已变得无法容忍和更加危险……急于开展业务的新银行情愿为价格异常高昂的土地和房地产项目贷款。"①

1875 年　随着 1866 年的经济崩溃，这个国家不久便被债务和失业所笼罩。接着，到这个年代后期，它们又卷土重来，特别是在铁路公司。"萧条和衰退席卷大地，23 年来 1844 年颁布的《银行宪章法》第三次被中止。英格兰银行下令超越法律限额发行货币。"② 但这次有一个新的可能重复的幅度。1875 年，议院任命了一个"选择委员会"，调查对外国土地的投机活动。"在过去三年里，估计有 6000 万英镑损失在外国投机活动中……"③

热衷于海外冒险牟利的银行家们也展示了他们的雄心壮志。对他们来说，经济成功是以购买乡村房地产为标志的，在那里他们可以享受地主的悠闲和快乐。他们的商务决策向土地投机倾斜，即使这意味着对他们家乡地区的工商企业的偏见。弗朗西斯·福山（Francis Fukuyama）注意到了等级属性对金融家的诱惑。

> 这反映了更深刻的社会分裂……存在于伦敦金融城忙碌的金融家与利物浦、利兹和曼彻斯特等北部城市的制造商之间。前者较容易融入英国的上流文化而轻视下层人士，特别是那些出身于北部肮脏小城却受过良好教育的企业家。他们在为新兴行业融资时往往倾向于回避长期风险而选择安全和稳定。结果导致英国电力和汽车行业从未获得足够的资金以满足提升竞争力的需要。作为英国经济史的一般状况，经济开发受到等级和地位观念的阻碍，削弱了社会沟通，对经济合作造成不必要的困难。④

---

① 《银行家杂志》，伦敦，1854 年，第 14 卷，第 117—122 页，引自哈里·W. Nunn"19 世纪精选文献"，见爱德华·B. 汉密尔顿：《澳大利亚与新西兰的银行法律与实践》，伦敦 Maxwell 出版社 1900 年第二版。

② 约翰逊：《金融家与国家》，第 34 页。

③ 同上。

④ 弗朗西斯·福山（Francis Fukuyama）：《信用》（*Trust*），伦敦：本杰明，1996 年，第 214 页。

金融家在商务上的怯懦并未给英国经济带来更大的稳定：它滋养了土地投机，而正是这些投机活动摧毁了北部中小城镇富有创造力的企业。当他们意识到他们陷入利用贷款购买农场土地的城镇市民的狂热之中时，已经无法收回贷款。土地价格崩溃了。20 多年农场土地价格形成泡沫，但是

> 至少，就我们所知，随着危机到来，地价下降，农民也破产了。在两年里，10% 的英国农民……因投机失败而一贫如洗。①

1878—1879 年失业率猛增，为技术工人张开了陷阱。克拉彭（Clapham）称之为“堕入深渊”（afall into the depths）②。

1893 年　1880 年以来的这些年对工人阶级来说是好年景。由于物价降低，他们的工资实际价值在增长。1889—1890 年工会会员的数量迅速增加，但人们没有力量对抗政府提高所得税的计划。历史学家艾瑞克·赫德斯巴姆（Eric Hodsbawm）注意到，“从总体上看，实际上穷人缴纳的税款超过从社会服务得到的福利”。③ 1893 年的煤矿工人大罢工爆发了人们对这种状况的不满。

周期性的繁荣和全面就业持续到 1890 年，并从那时期转入萧条。失业率在 1893 年增长了 3 倍，达到顶峰。1895 年开始复苏。④ 英国在 19 世纪末成为世界海上霸主，从她的造船厂下水的各种船舶行驶在世界各地，连接着这个庞大的帝国。即使如此，正如杰罗船厂工人们所发现的，这个国家也无法避免周期中断危机。1893 年造船产量降至低谷。

1911 年　这个经济周期中点具有历史意义。英国刚刚经历了 1909—1910 年的宪法危机。上议院失去了干预国家预算的权力。这个

---

① J. E. 索罗尔德·罗杰（J. E. Thorold Rogers）：《英格兰的工商业史》（*The Industrial and Commercial History of England*），伦敦 T. Fisher Unwin 出版社 1909 年版，第 84 页。

② J. H. 克拉彭（J. H. Clapham）：《现代英国的商业史：自由贸易与钢铁》1850—1886 年，剑桥大学出版社 1932 年版，第 486 页。

③ E. J. 霍布森：《工业王国》（*Industry and Empire*），Harmondsworth：Penguin 出版社 1969 年版，第 166 页。

④ 罗斯托：《19 世纪的英国经济》，第 25、85、87 页。

成功的政治结果应该成为公共财政民主化的转折点。这一点的重要意义值得21世纪的财政官员深刻领会。

前工党财政大臣罗伊·金肯斯（Roy Jenkins）写过一本关于他的众多前任的传记的书，回顾了1909年的预算——他所谓的“这个世纪著名的预算”[①]——然后继续写道：

> 这个预算通过之后，企业在1910—1913年得到强有力的恢复和发展。尽管预算对此没有作出多少贡献，但至少使巴富尔（Balfour）声称的它将“损害这个国家的生产能力”变得毫无意义。[②]

这个评估揭示了两个原因。我们从历史记录可以看到，20世纪第一个十年的土地投机到1911年已经初步形成了一个小型的兴衰周期，而不是“良性上涨”。我们怎样用我们的理论来解释这个情况？金肯斯没有从大卫·劳埃德·乔治（David Lloyd George）1909年提出的预算中看出重要意义。

自由党试图通过改变税制从源头上消除经济兴衰周期。自由党发起了改造公共财政体制的运动。这个政治运动出现过多次高潮。一次是在1904年3月11日下议院的选举。“动议二读议案”在温斯顿·丘吉尔等政治家的支持下，以67票的多数获得通过。伦敦、利物浦、格拉斯哥和曼彻斯特等英国大城市提出了“土地价值（评估与定价）议案”。这些城市要求得到直接参与土地价值评估的权力。曾经以美国社会哲学家亨利·乔治（Henry George，1839—1897）的名义提出税制改革的《土地价值》（*Land value*）杂志在1904年4月号写道：

> 失业、住房、健康和所有影响人们社会状况普遍改进的问题都因触及土地垄断的底线而成为常见的困扰。

然而《土地价值》杂志的编辑忘记了他的历史，在议院取得胜利

---

① 罗伊·金肯斯：《财政大臣》（*The Chancellors*），伦敦麦克米伦出版公司1998年版，第166页。

② 同上书，第169页。

的那一刻，他曾赞许说："人们将不会走回头路。"[①]而根基在乡村的英国上议院贵族们却有不同的想法。土地集中到更少的人手中，大块地皮迅速形成，从17世纪至18世纪对普通村民的剥夺到19世纪的小农场合并为庞大的地产。[②]

地主们将财政改革视为对他们产权的威胁。他们的抵抗在1909年进入最艰难的时期，在自由党提出的"土地价值议案"面前节节败退。1910年，自由党政府在选举程序上再次巩固了他们的胜利，击败了上议院对民主进程的挑战。贵族们受到权力稀释威胁：如果他们不屈服，将在上议院增加大量倾向于人民的新议员，实现均衡势力的倾斜。土地所有者们采取了防守行动：通过拖延战术和法律程序，他们最终击败了被称为"人民预算"[③] 的财政改革。但同时，土地投机活动在这混乱的年代也有所收敛，直到1911年。

看来历史以足够的证据展示了我们在第五章阐述的土地和经济周期。

第三节　作为起因的投机

我们并不认为，从历史记录跟踪的趋势可以精确到描述一家瑞士钟表制造商。但在一个18年周期（或它的中点）两端出现6个月甚至12个月的偏差，也不会使我们的理论受到怀疑。它的预见性的成功意味着我们找到了一个具有重大社会意义的经济运行规律。

经济学家大多认为每个经济周期都是独特的。他们不赞成这样的观点：一个可以表述为某种模式的反复发生的现象可以提供可靠的预测。然而，有一个词——"投机"却被这些历史学家反复使用。其中一位，卢埃林·伍德沃德（Llewellyn Woodward）写道：

① "战胜平凡"，伦敦：《土地价值》1904年4月，第172页。

② 亚瑟·H. 约翰逊（Arthur H. Johnson）：《小型地主的消失》（*The Disappearance of the Small Landowner*）（1990年），伦敦梅林出版社1963年版，由琼·Thirsk转引。

③ 威廉姆·福特（William Foot）：《家庭史图谱》，《公共记录办公室读者指南》第9期；《宗教捐税记录指南》，《英格兰和威尔士的价值评估和国家农业调查》，伦敦（英国）档案局出版社1994年版，第21页。

> 投机活动的增加对于1866年的严重商业危机实际上有很大的合理性。商业危机曾发生在1825年、1836—1839年、1847年和1857年。在这些危机之间的时期似乎都有关于危机起因的良好却有些含糊的推断。有关投机的记忆是短暂的：一次崩溃几年后教训就被忘记，狂躁的人们再次开始莽撞行动。但每次危机也都有其特殊原因。在每个案例中，投机的性质也有所差异。不同的外部原因造成“繁荣”的结束。①

许多经济学教科书认为，经济兴衰的交替出现应该归咎于一些随机事件与人们的“健忘”和心理弱点相结合的作用。试图通过对房地产权、税制和建筑行业的干预来打破这个规律是不可能的。例如，刘易斯在对建筑行业进行了精心研究之后得出结论：

> 在建筑业过热的严重情况下，很可能由于其他危机而造成更大影响，降低投资者信心和房租收入，破产者大量增加。许多年以后，随着投机造成崩溃的阴影逐渐在下一代人们的心中淡去，建筑公司才能再次恢复繁荣。建筑行业周期的这个特征已见诸许多作者的著作，我们现在无法预测它的未来……②

另一个深入探究这个反复出现的兴衰周期综合征的机会已经失去。这个行业的基础存在结构性缺陷的可能性似乎可以排除。对个人行为的关注是合理的。理论上的争论由此展开。可预测的周期趋势与合理化行为的理论相矛盾，而自由市场的学说正是建立在后者基础之上的。如果行为的转折点可以预测，人们应该能够预测兴衰周期并从中获利，进而减少它的影响。追求利润的行为应该能打破这些周期。这样，每个周期就成为随机发生的事件（并且在理论上是可以解释的），否则我们就需要一种新的行为理论来替代建立在个人合理行为基础上的理论。

我们都坚信关于人类理性因素的说法。那么，为什么还会对未来无

---

① 卢埃林·伍德沃德：《改革年代》（*The Age of Reform*），牛津大学出版社1962年版，第605页。

② 刘易斯：《建筑周期和英国经济发展》，第56—57页。

法准确预测的传统假设争论不休？无论如何，就算经济活动中的破坏性转折点能够被预测，谁来承担改变游戏规则的责任？那些从现有体制中获得好处的人们不会喜欢这种改变。因此，很容易得出结论：我们不能预测未来。

这种自我约束的观念削弱了我们与生产力一起进步的能力。随着科学技术揭开如何增加财富的秘密，更多的人却被禁锢在单调烦琐的工作中，而这些工作原则上是应该消失的。最巧妙地描述这种潜在真实性的经济运行指数是住房价格增长率。在过去的一个世纪里，这些指数已经消失在其他产品或人们工资的快速增长中。生活标准被彻底改变。统计数字告诉我们这个事实：1900 年英国房地产代理商奈特 · 弗兰克（Knight Frank）为巴斯附近的一所带有 15 间卧室的石造住宅作价 9750 英镑。考虑通货膨胀的因素，100 年后牛奶的价格上涨了 4900%，威士忌上涨了近 6000%，而类似的房产却上涨了 82000%。

1910 年，伦敦切尔西地区的一所 5 间卧室的住宅被耐特 · 弗兰克以 1000 英镑的价格售出。90 年以后，同一所住宅价值 450 万英镑，上涨 450000%。经房地产代理商调查，豪华奢侈品价格平均上涨 8800%，而面包、土豆和煤炭等基本生活物质的价格上涨了 12000%。相比之下，一所占地 50 英亩、带有 5 间卧室的住宅在 20 世纪上涨了 133000%。房价与基本产品的价格差距逐年增大，① 但补救措施却因被人们不愿对充满诱惑的土地投机所扮演的角色进行官方分析而削弱。

---

① 奈特 · 弗兰克："本世纪牛奶、盐和公寓的成本"，《金融时报》1999 年 12 月 16 日。

第七章

土地投机的炼金术

第一节　战利品 Ⅰ：自然

艾萨克·牛顿在查明导致物体从高处落下的秘密之时并没有闲着。他发现了地球重力的规律。占星术从一种神秘的娱乐消遣转变成一门科学。然而不幸的是，由于其银行知识的匮乏，牛顿没能够探明把那些被投机热冲昏头脑的投资者要得团团转的规律。1720 年，他这样说道："我能计算出天体的运动轨迹，却无法计量人们心中的欲望痴狂。"① 无法探索出经济运行的一套规律的失败让他付出了昂贵的代价。南海泡沫时期，他在价格到达最高点时购入股票，由此损失了两万英镑——在当时，这堪称一笔巨大的财富。

现代的债券和股票投机就相当于中世纪对炼金术秘诀的追索。人们相信寻常的金属有可能变为耀眼的黄金。他们反复试验，试图解开点石成金、一夜暴富的密码。虽然他们以失败告终，但是希望之火永恒传递。不劳而获的愿望不啻于白日做梦，但偶尔会浮现在我们大部分人脑海中。即使在清醒之时，我们仍会放手一搏，虽然明知自己博取头彩的希望为零。有时候，我们对于不劳而获的热情会转变成为一种社会行为。当人们集体卷入一种狂热，把身家性命全部压在某种愚蠢的赌注上的时候，所谓的社会事件就出现了。

此类片断充斥于历史长河中，但它们又不同于我们在第一部分分析经济大起落所得到的关键点：事件发生的时机是不可预测的。它们是随意的，是脆弱的个人心理以及狂热的集体癔症引发的偶然事件。它们缺

---

① 引用爱德华·钱塞勒所著 *Devil Take the Hindmost* 一书，伦敦麦克米伦出版公司 1999 年版，第 69 页。

乏把个人行为引向可预测的循环轨道上的政策支持。

1636 年荷兰大众集体陷入歇斯底里，这同样不在艾萨克·牛顿的掌握之中。人们为郁金香痴迷疯狂。数个品种的价格一路狂飙，形同天价。对郁金香反常的需求吸引了无数容易上当受骗的人们前往阿姆斯特丹。做大生意的人嗅出了其中轻而易举挣大钱的可能。于是，这些未来的掮客、信用制造者和商人们改进了某些现代金融市场的手工技艺。人们把房子和土地"以毁灭性的低价"抛售，以此搜集现金，投资郁金香。外国投资者的资金源源不断地流入荷兰。这就抬高了房产、土地和生活必需品的价格。某人把 12 英亩的建筑用地用来种植一个稀有品种，这种郁金香能使得先前清醒的人神志不清。1636 年 11 月价格攀升至顶峰。慢慢地，价格开始回落，并逐渐步入经济萧条期——市场变得"疲软"——接着全盘崩溃。省吃俭用的人们辛苦攒下的积蓄荡然无存。曾经在欧洲领头的经济被推向了破产的边缘。[①]

回首过去，我们能够事不关己、高高挂起，把郁金香的传奇当作笑谈。这是个不可能重复的事件。说它不可能重复，是说郁金香热不会重演。没人会再一次堕入这种悲惨的梦中，是不是？从那时候开始，人们变得更为明智。因此，要诱使他们陷入新一回合的狂热，无疑需要运用更周密复杂的花言巧语去骗他们从口袋里把钱掏出来。骗子们和政府足够精明，他们编造出种种故事情节，确实把人们一步步驱向赤贫。后来的片段也同样是偶然事件——不为内部的金融逻辑所操控——它们为近来的金融危机提供了合理的切入点。总之，政府与这个过程息息相关，这正是它们向我们揭示的。赌一把的社会风气让理智的人们把积蓄统统拿出来，政府通过放弃（如果不是因为怠职的话）构成这种社会风气一个基础部分的文化，借此宣告全民狂热的合法化。1720 年的一系列事件就是经典的教材，我们从中可以学到很多重要的经验教训。这一年见证了第一次全球金融危机。

英国的南海泡沫（South Sea Bubble）起源于 1711 年英国王室供货许可证的发布。政府需要征收赋税以减轻国家债务。这一点被那些狡猾

---

① 这是根据查尔斯·麦凯（Charles Mackay）的《风行的错觉和群众的疯狂》（*Extraordinary Popular Delusions, and the Madness of Crowds*）第 89—97 页总结的，该书 1932 年由纽约正午出版社出版。

奸诈的经营者巧妙地利用，他们就是天上掉馅儿饼、不劳而获发大财主义的忠实拥趸。轻易发财的致富的美梦似乎触手可及，不过它是建立在对远在地球另一个遥远区域——从美洲西海岸向东推进，一直到达东印度公司控制的领域——的贵重金属贸易的垄断性控制之上的。政治力量成为被操控利用的工具，用以向特权市民签发地域经营特许权。他们在信用创建系统的背后建立了一个巨大的金融金字塔。在某个阶段，当局变得警觉起来。他们通过了“泡沫法案”（Bubble Act），试图将事态重新纳入自己的掌控之下。补救方案宣告失效，全国陷入了对于轻轻松松发财致富狂热追求的漩涡之中。1720 年，南海公司的股票增幅达到680%，令人跌破眼镜。泡沫破碎之时，认购股票者损失惨重（两个月之内，60% 的市值灰飞烟灭）。

在法国，一系列有政治动机的类似事件也悄然揭幕，苏格兰人约翰·洛（John Law）是这个行动的导演。他创立了一家公司，1720 年其公司股票价格升至最高点，为三年前的 40 倍。法国君主的品位价值不菲，这一点被那些千方百计寻求财路者瞄上了。他们也被金子随手可拿的故事所蛊惑；当时，在路易斯安那大幅扩充的过程中，法国握有疆域经营特许权。洛是一个成功的赌博家，同时深谙金钱理论，他成功策划了国家金融体系的全权交接。他引进了纸币这一新颖的观念，使得国王和当时的摄政王能够通过扩大货币发行量来支付账单。最初，经济出现好转，欣欣向荣。洛一方面促进买卖塞内加尔奴隶的贸易条约的实施，另一方面确保先前对路易斯安那矿物的开采。以上手段让他拯救国家金融、扩大个人财富的计划看起来似乎可行。大家不必去创造价值，因为物产丰富的地球能够供我们从其中攫取租金。

不幸的是，在南海公司和东印度公司这两起案例中，想要一夕致富的商人都没能够兑现他们的承诺。投资者购买股票所支付的价格同登陆布里斯托尔或者马赛码头的自然资源的价值不相匹配。总有人要亏本！

现在，我们总该变聪明点，能够从这些大众狂热的沉痛片断中吸取经验教训了吧？看起来，我们好像没有，因为类似的故事现今仍在不断上演。甚至，它们会再次出现在历史舞台上，因为政府和国际金融机构不愿意进行调查，去揭示人们被骗光财产的过程。但是，只要你愿意虚心从中吸取经验教训，这些故事简单易懂、真理昭然若揭。

1720年，金融处于生死攸关的决定性时刻。在此之前的十年间，英法两国泡沫幕后的企业家们发现他们即使在创造财富的过程中绕开一个基础阶段，同样可以发财致富。他们能够拿到一笔退休金，之后退出市场，根本不必因为生产消费者掏钱购买的物品和服务而弄脏双手。要为古老神秘的炼金术制造一个皆大欢喜的结局，其中的运行机制是什么呢？

方法出人意料之简单。今天，你售出公司股票，售价使得将来从自然资源中获取的租金资本化。这种安全化的租金收入在当时尚处雏形的证券交易所进行买卖。首先要进行的步骤是骗取潜在投资者的信任，让他们相信公司握有贵重的自然资源租赁权并能从中提取租金。自然资源处于国王和政府的权力羽翼下，这就是那些做大生意的人同权力掮客结成同伙的原因。通过开发他们的政治联系，商人能够向外大肆鼓吹自己以优惠条件获得租赁权及特许经营权的事实。

秘诀就是迅速攫取收益。把自然资源开采出来并运往市场是份苦差使，既费力又费时。如果能说服投资者相信公司有一天将会获得丰厚利润，他们就会在今天以明天的价格购买股票，从而使得最初一批投机者顺其自然获得携款潜逃的机会。股票持有者为了回收资本，就必须撂下他们的生意，为消费者们创造价值。不管是向东（穿过太平洋）抑或向西（横越大西洋），金子都并非铺天盖地、触手可及。对于英法两国的投资者而言，这是个不幸的消息。在那时已无收取租金的空间。当投资者们逐渐碰触到令人沮丧的真相时，整个市场崩溃了。

这种事在今天再也不会发生了吗？不是的——发生过两次——时间在20世纪90年代。

- 类似的故事是推动"新兴市场"躁狂形成的主力，这种躁狂最后以亚洲金融大崩盘作为终结。同南海泡沫和密西西比泡沫一样，亚洲泡沫（一部分）的通货膨胀是某些人的杰作，他们不愿意陷入此种困境，即自己必须费心思、想办法以同股票价格相匹配的价值把物品抛售给消费者。

有着千丝万缕政治关联的企业家们联合起来做生意，从菲律宾的雨林砍伐桃花心木（举个例子）。因为他们拥有租赁特权，所要支付的收益份额非常之低，同前景一片光明的市场价值相比微不足道，因此昂贵木材的收益顺理成章地私有化了。不过，这可是件苦差使——砍伐树木、把木材拉到工厂和木匠那里，让他们做成摆放在巴黎和罗马的时髦公寓中的桌子——为什么一定要揽到自己头上呢？相反，那些企业家们在曼谷交易所推出了股票。伦敦市及华尔街的经纪人把那些收益资本化，作为向投资者出售的股票的价格。社会最底层必须退出市场。这是一种报复，受害者是整个东南亚的人民，他们遭遇了经济巨创。他们曾经凭借艰苦卓绝和技艺娴熟的工作创造了销往世界市场的高品质物品，由此赢得了“老虎”的美称。

- 当西方金融机构联合起来征集“营救方案”，试图为亚洲老虎的政府和银行出谋划策之时，另一个传统泡沫正在北美和欧洲慢慢抬头：互联网的故事悄然酝酿。

这同样为那些一开始就涉足此领域的精明分子描绘了一幅不劳而获、发财致富的美景。一些公司在市场上抛售股票，其出示的包含整体损益情况的资产负债表显示公司并没有任何资产，也鲜有短期收益，但是公司股票价值的辉煌前景令人趋之若鹜，一股争先恐后购买该公司股票的热潮席卷市场。政客和金融家在其中扮演的角色就是将这股风潮合法化。如果没有金融分析家们的通融，没有审计员帮忙确认那些有伪造利润嫌疑的公司账目的准确性，这种迷惑大众的假象就不会大行其道了。

20 世纪 90 年代末发生在美国的经济繁荣就筑于同一美梦之上。在绝望中挣扎的人们跳进了电脑空间的泥潭，促使股票价格直线飙升。1998 年，标准普尔 500 指数上升了 25 个百分点，连续四年其年收益率超过 20%。家家户户不再把现金储备下来以备不时之需，因为他们认为股票价值增势喜人，完全能够保证他们的未来安然无恙。确实，1998 年第三季度的储蓄量为负数。股票泡沫被外界空间的气流鼓吹放大，使美国经济漂浮在洋洋自得的海洋中，不断驶向一个又一个新的高度。然而，如果没有后顾之忧的话，自然是一切顺利。向来给国人以信心的联邦储备银行行长艾伦·格林斯潘——这个形而上学经济学的大师——再一次向国家的统治者重申，力图让他们相信美国经济已经从生产这一"物理性"基础转向了一个"概念化"根基[①]。美国人接受了一个反复鼓吹的理论，即：他们能够靠稀薄的空气生存。凌空一摔，后果惨痛。

这些投资者们穷其一生、辛苦工作去获取一笔看得见、摸得着的财富，却铤而走险，挥霍一空。责难他们的冒险并非难事，但关键是我们应当马上想到他们只不过重蹈了先人的覆辙。中世纪的炼金者没能解开把硷炼成贵金属的秘诀，宣告失败，但是土地和自然资源收益对某些人来说肯定是一种更好的轻轻松松发财致富之路。日常的经历更坚定了那个事实。

- 澳大利亚西部和科罗拉多的矿藏其股票在20世纪初期引发了新一轮大规模的骚动。许多人几乎在一夜之间成为百万富翁。当时，明知黄金尚未运送上路的事实，投资者们掏钱投资的热情并未因此削弱。他们还在做一个美梦……作为投资大军中的一员，惠特克·赖特在伦敦花园巷购置了一套豪华住宅，并且在破产以前一直享受着上流社会的生活。他最终被判有罪，不过他用氰化物结束了自己的生命，由此逃过了牢狱之灾。
- 这个单一民族国家并不反对资源投机生意，以至于在20世纪70年代，倒卖石油变得十分之猖獗。一个卡特尔联合组织——石油输出国家组织——摸索出了如何操纵市场以便从中为他们的国家（或者说垄断国家权力的精英分子）榨取最大额度的石油收益。

总而言之，谁来承担种种罪责？如果这些行为带来的损失超过了收益？如果捡到一笔横财的快乐因为众多陷入赤贫的人们的痛苦而烟消云散？

第二节 战利品Ⅱ：纳税人

上一节的讨论基本围绕从原始的自然资源中获取的收益而展开。然而收益同文明一样复杂，这是一种涵盖了众多社会阶层的收入方式，它通过各社会群体——包括其自然生活环境——的相互配合从而获取利

① 杰勒德·贝克（Gerard Baker）："格林斯潘为美国劳动力的灵活性欢呼"，《金融时报》2000年7月12日。

润。随着历史的车轮一步步驶入后封建时代，工业化的冲击促使人们用以投资的收入比例逐渐上升，其青睐的投资对象是那些资本密集型的基础设施建设——比如说铁路，还有加强公众卫生水平的排水体系。在市场进化的全过程中，比如通过竞争对资源进行最优化的配置，这种密集的资本投资贯穿始终，它加深并扩大了利润收入。这成为投机者惯常攫取收益的方式的首要基础。

在这个新的时代，交到土地所有者手中的是潘多拉的盒子。藏在盒内的是如何发财致富的秘诀，而且不用担心被过去引发泡沫膨胀的狂热击中打倒。他们梦寐以求的是正常一点的获取收益的办法。税收是一种稳定的收入来源，但是肯定只能从自己内部的群体中收取。而且某些政治组织心甘情愿改革产权以适应少数享有特权者的需要，他们的默许纵容也是导致税收成为更加稳定的收入来源的因素。

这种伎俩以多种多样的形式出现。在英国，城市规划许可制度可以让一块土地从每英亩200英镑升值到——比如说20万英镑。土地所有者坐享其成，什么都不用做便可发财。这就是炼金术！在历史上，最庞大的财富便是建于炼金术之上，而且不断增值扩充。英国政府的环境署最高官员德·拉姆齐（De Ramsay）勋爵深谙此理，他在1998年以大约30万英镑的价格将一块土地卖给了一个地产开发商。这块放牧牛群的土地并不值多少钱。然而，当议会颁发了17间房屋的开发许可证，曾经非常便宜的土地便因为钢笔的轻轻一画而变得价值不菲。勋爵计划将剑桥郡20英亩的农田以估计超过100万英镑的价格售出。[①] 此举一被发现，立刻引发轩然大波。事实上，旧式的像德·拉姆齐勋爵一样的土地投机商们也参与了互联网公司股票的投机买卖。他们也想从电脑空间收益中分一杯羹。

土地收益依赖于纳税人的财政支持。大众从口袋里掏出多少钱，便支付给他们数额更多的金钱，这就是他们为大众服务提供资金的方式。由此　来，剩余的收益可能落到那些拥有产权者手中，白白让他们捡了笔横财。那么，西班牙地产价格的急剧攀升也许可以直接归结为欧盟对于包括铁路在内的基础设施建设的资助。这样，在当地机场乘机便可轻

① 露西·约翰斯顿（Lucy Johnston）、乔纳森·卡尔弗特（Jonathan Calvert）："他的职责是保持土地，现在他正在分裂土地"，《观察家》1998年6月14日。

而易举到达先前人迹罕至的部分海岸地区。事实上，欧洲纳税人的慷慨大方是造成整个欧盟地产价格飙升的主要动因。受益最大的国家是爱尔兰，数百万欧元从布鲁塞尔源源不断地流进该国。这些资金原本用于提高爱尔兰人们的生活质量，因为这个国家一直是欧洲经济的一潭死水。结果却促使税收向土地收益的转化，同时使爱尔兰的房价的增长速度远远高于其他欧洲国家（见表 7－1）。

表 7－1　　房价和所有率：部分国家入选

	价格增长率（1995—2002）不动产增长（%）	所有率	
		%	年份
爱尔兰	152	78	2000
英　国	89	69	1999
荷　兰	83	51	2000
西班牙	58	83	1998
澳大利亚	48	70	2001
美　国	27	67	1999
法　国	31	55	1999
意大利	8	70	1998
加拿大	2	64	1999
德　国	－13	43	1998
日　本	－10	无相关数据	

资料来源：生产率委员会："房屋所有权优先"，《墨尔本报告》第 28 期，2004 年，第 19—33 页。

爱尔兰的资本收益高峰一过，爱尔兰投机者马上把注意力转向了东欧市场。这就意味着爱尔兰当地的工程出现投资短缺。都柏林的交通运输基础设施建设遭受了严重的资金缺口。伯蒂·埃亨治下的政府无力为建设经济发展所需要的汽车及铁路提供资金。为什么无能为力？因为土地所有者仅仅依靠发布通知，将自己扩充基础设施的意图广而告之，就能够抬高自己土地的价格，并从纳税人的投资中收获纯利润——而且他们希望能提前拿到金钱，甚至等不及铺好第一段铁轨。如此一来，在 21 世纪初始，爱尔兰的经济一直动荡不安，其土地价格惊人之高，公共服务涵盖面推广过度。

爱尔兰政府拒绝修改宪法，让土地价值评估机制合理化，虽然都柏林运输局极力拥护该方案。① 但是，事态进一步恶化。先是政府试图重新校准税收结构的努力宣告失败，接着对地产交易征收印花税的法案施行无异于雪上加霜。对于地产所有者来说，税收高得令人无法接受，然后他们运用自己的合法权益，不再出售地产。② 于是，对于征税的反复无常的政治决策导致爱尔兰的资金流入了他国的地产市场。③ 西班牙就在目标名单之列，成为有希望获取高额收益的目的地之一。爱尔兰投资者偕同英国和斯堪蒂那维亚的投资者一起把他们大部分的利润收入投向了伊比利亚土地交易。一如既往地，最好的交易莫过于鼓动纳税人投资修建基础设施项目。④ 这种财政传染病并没有引起那些抱怨地产价格人士的注意。

马拉加和莫特瑞尔之间海岸沿线的高速公路兴建得如火如荼，其扩展延伸区域便是意外收入范围的最佳诠释。欧盟提供了部分资金，专门为爱好阳光的那些欧洲人新开辟了一段50公里长的海岸线。由于海岸线上山丘绵延不绝，工程设计和隧道开通工作势在必行。而企业组合辛迪加早在这些昂贵的准备工作开始前就买下了沿线的地产。某辛迪加购置了一幢别墅及方圆8000平方米的地产，该别墅位于悬崖顶端，可以凭栏俯瞰地面成片的杏树和橄榄树以及一个小渔村。这笔交易达成于2001年，成交价为每平方米200英镑。随着以马拉加为起点的高速公路一步步延伸至海岸，辛迪加仅从所属地产中售出两个建筑区域即可回收全部成本，而且他们可以继续保有别墅的所有权。此后三年之内，他们最初购买的土地价格翻了两番。这笔意外之财是欧洲的纳税人馈赠给他们的厚礼，而且西班牙银行不管进行多少压力测试都无法缓和海岸沿

① 《私有财产》（*Private Property*），爱尔兰议会各政党关于宪法的第九次报告（A51—A60），都柏林文书局2004年版。

② 利萨·厄克德（Lisa Urquhard）："暴敛钱财横空出世"，《金融时报》2004年7月23日。

③ 在爱尔兰，腐败连同规划许可及房产交易已经成为许多很好的公共调查的主题。一些政府高官涉足其中。2004年7月27日，中立派主席马修·P. 史密斯法官在政府办公委员会发布了他们的年度报告，他在报告中警告，我们国家已经到了不再只是渴望满足公开、透明和责任要求的阶段。现在是一种强烈需要！

④ 政治人物收受大量贿赂的爱尔兰丑闻最近涉及交通基础设施方面。参看哈里森《财富之轮》（*Wheel of Fortune*）。

线地价的通货膨胀。①

还有一种处理从土地上得来的资本收益的选择，即实现资金循环，进行基础设施建设再投资——这种官僚主义的做法合乎法律，带有侵略性。但是它们不但不起作用，反而会制造新的额外的问题。在西班牙巴伦西亚地区发生的一切即是明证。该地通过了一项法规，表面上旨在制止土地囤积者妨碍城市的发展，带来的后果却是肆无忌惮的开发商们进行疯狂的"攫取土地争夺战"。他们抢占他人土地，并且提高人们应当支付的基础设施建设费用的份额，以此来满足自己获得巨大利润的私欲！丹尼·拉沃雷奇就是此项法规——所谓的"促进城市化进程法令(1994)"——的受害者。退休后的丹尼居住在布尼萨镇上一间拥有130年历史的农舍中。他的部分土地被强占，只收到8000英镑的赔偿金，但是随后他被迫向开发商们支付12500英镑作为计划建设的工业区基础设施建设费。于是，丹尼只有将原本价值26万英镑的剩余地产以大约10万英镑的价格售出②。这种补救措施意图将提高部分的土地价值实现再循环利用，抵偿最初带来价值的投资。背后的理念值得推崇，不过在实行的过程中未免有些残忍，腐败也在所难免。

不幸的是，政客们并不急于重筑公众金融，他们没有对造成经济大起大落的横财收益采取措施。如此一来，他们自己的失败就成为板上钉钉、自食其果了。

第三节　罪在上帝

有一个社会科学的谜团：尽管两个世纪以来，财富的生产一直处于混乱不堪的状况，政府及其顾问居然不能够制止投机行为，后者正是将大众集体推入痛苦深渊的根基所在。是否我们的这些专家们的思想套路被那种处心积虑旨在推翻公共政策的疯狂潮流所影响而误入了歧途？只要回顾一下政客和经济学家们——那群一厢情愿认为自己有义务对经济负责的人物——历来的处世方式，想想他们如何千方百计地为经济大起大落寻求合理化的解释，那么我们有此种猜疑也就不足为奇了。他们对

① 唐·赖利(Don Riley)："基建者的天堂"，《经济事务》(*Economic Affairs*)2005年3月。

② "责难西班牙攫取土地"，《卫报》2004年7月13日。

于1988—1992年间英国的经济滑坡所作的陈述更加坚定了我们的猜测：这帮决策制定者根本就没有能力正确地理解商业循环规律。

20世纪80年代中期，主管财政部的长官是奈杰尔·劳森。这个仪表堂堂的绅士坚定地拥护玛格丽特·撒切尔推行的货币主义。他同财政部的前任者们一样，下决心防止另一场经济大风暴的侵袭。他摩拳擦掌，整装待发。他拥有绝对不可挑战的权威，在自由市场原则的基础之上调节货币政策。不料，经济风暴还是在20世纪90年代初如期而至。为什么？劳森冥思苦想后自己得出了这样的结论：任何逃避的企图在不可逆转的潮流面前都显得无力苍白。他在回忆录中写道："经济循环一直存在，并将永恒流传。"①

如果事实的确如此的话，对于他被打击得伤痕累累的政治自尊来说，不啻于一种安慰。如果经济的大起大落仅仅是自然规律作祟（真是这样的话，为什么此种机制逃脱了艾萨克·牛顿的法眼?），时时刻刻保持警醒的国家财政的监护人就没有多大的发挥空间了。

然而，如果那些服务于经济的人民的公仆能够追索出问题的根源的话，他们可不可以在制定抵制循环的决策上更加积极、更见成效？"经济萧条来临之前的第一个标志就是房价。"劳森这样写道，"在1998年末之前房价一直保持30%上下的年增长率，到国家经济陷入低迷时期，马上降温低至一个靠谱得多的比率——10%……"② 如果劳森意识到房产业是最早的警报系统，他为什么还要通过在1988年制定的金融和货币政策对处在胜者诅咒阶段的升腾的价格趋势推波助澜呢？劳森和他的财政部经济学家们似乎对经济萧条期的时机把握或者说影响范围一窍不通，以至于当1986年房价开始急剧上升时他毫无察觉。他这样忏悔：

> 所有的一切看起来比以前更糟糕，罪魁祸首是预报者的失败。他们没能预测出经济萧条的强度，他们随后对于经济复苏的预测也没有成为现实——这就导致诺曼·拉蒙特（Norman Lamont）在提到不幸的1991年时，将其喻为"经济复苏的绿色嫩苗"。③

---

① 奈杰尔·劳森：《保守党激进分子文集的观点》（*The View from No. Ⅱ*：*Memoirs of a Tory Radical*），伦敦Bantam出版社1992年版，第628页。

② 同上书，第1017页。

③ 同上书，第1018页。

倒霉蛋拉蒙特继劳森之后掌管财政部，颠覆性的经济萧条期在1992年跌至谷底，他必须为此找到一个合理的解释，同时能为自己决策的失误开脱罪责。那么，他可以把责任推到何人身上呢？经过一番内省，他逐渐意识到了商业循环规律的存在，并将此归结为一种名叫上帝之举的保险业。

> 事实在于：你肯定会经历经济萧条，也会拥有贸易循环，而且没有复杂的旋钮助你逃过这一切；试着把一切罪责推到某个机构（财政部）和一部分人的身上也许十分诱人，也合乎常情，正如太阳的升起和降落这个亘古不变的事实一样，都是我们所生活的这个世界上的必然规律。①

于是，国家货币系统的强硬派人物为撒切尔的竞选充当前锋，他们打出强硬的芝加哥学校妙计的旗号，并在马克思主义教条中寻求安慰：所有的一切都是历史长河中不可避免的片断。

确实，劳森准备这样辩解：问题似乎和一种“所谓的信用循环”联系在一起，而且这一切“受到房产领域的本质以及出奇高的业主居住率的推动而进一步恶化”。② 但是，他能够对自己任期内英国信用的爆炸性增长速度负责吗，凭他可以吗？他只不过是财政部的大臣而已，手中握有的仅仅是货币杠杆。还有，他能够为超高的房屋业主居住率担负责任吗，凭他可以吗？他只不过是内阁的一个成员，仅仅在撒切尔资产大减价时期参与了社会房地产业的股票私有化进程而已！

这种表现真是可悲可叹，不管是其政府服务抑或是解释失败的企图自圆其说的一套说辞。也许，正是因为牛顿把更多的时间用来寻求“天体运动规律”，试图以此找出商业循环周期的诱因，以至于他没有被卷入“疯狂大众”的泥沼！或者，我们的财政部也应该停止搜集和分析种种地球上的数据，转而向占星家寻求指导？毕竟，还有一部分人相信商业循环周期是由水星九年一轮的天体运行轨道决定的。

---

① 诺曼·拉蒙特：采访《快报》（*Despatches*）第四频道，1993年11月24日。

② 《保守党激进分子文集的观点》，第1018、1019页。

> 九年规律控制着价格和股票市场、金融危机的反复出现、建筑行为（18年），以及其他很多因素。它们都反映出了奇怪的波浪起伏：乐观主义和悲观主义、积极主动和消极低沉；这是所有的经济和工业现象的标志性特征。这种循环在工业社会中被最为频繁地提到。它在大城市中的表现十分明显，尤其在美国其特征很是抢眼。①

对那些寻求更为通俗寻常理由的人们而言，我所描述的金融运行机制已经说明了所有问题，它可以从时机把握以及发展趋势的强度两方面解释经济繁荣和萧条的大起大落。比如，这种理论使我能够在撒切尔年间提前对英国经济即将发生的状况发出预警，而且为当局留出了足够的时间出台保护措施。我所发的第一个红色警报出版于1983年。《土地的力量》一书预测经济将会在1992年陷入经济萧条的低潮期。1988年，我又以备忘录的形式向财政部递交了一份警报。同时，我将此条新闻刊登出来，满心希望促使那些对保护房地产业——特别是房地产慈善事业，避难所——怀有浓厚兴趣的人士去游说议会和政府施行补救性改革措施。在一本以避难所为主体的杂志《住宅》（*Roof*）上，我这样写道：

> 最终，随着建筑商用尽了他们自己所囤积的土地——而在目前，他们手中握有能让他们再坚持20个月［一直到1990年］的股票——他们发现，要获得自己需要的未开垦的土地已无可能，于是他们从行业中抽身而逃。所有这些都是把经济推向失控境地的刽子手……②

这些推测不是建立在电脑电池、经济学者大军或者堆积如山的数据，抑或是观测行星的望远镜的基础上。它们依赖于对经济运行及失灵机制的直接理解。不幸的是，专家们不但拒不承认自己在决策上的失

---

① 罗德尼·科林（Rodney Collin）：《天体影响理论》（*The Theory of Celestial Influence*）伦敦文森特—斯图亚特出版社1954年版，第285页。

② 弗雷德·哈里森："关于1992年的崩溃"，《住宅》1988年9—10月刊，第42—43页。

误，还宣称即使在经济萧条时期毕竟还能获取利润，企图从中寻求安慰。那么牛奶泼掉了，为什么要掉眼泪？

第四节　自相残杀的代价

英格兰银行行长默文·金（Mervyn King）发表权威性讲话，声称“在经济萧条时期，效率最低的公司退出历史舞台，将有利于提高生产力”[①]。很显然，企业家当中的自相残杀提高了效率水平。这也是向英格兰银行出示的统计数据明显反映出的事实。财政部并驾齐驱，因为它决定赞助另一个带有政府性质的机构，这个机构的使命就是推动营造商进入21世纪。财政部从纳税人上缴的金钱中拨出750万英镑的资金提供给以丹尼斯·雷纳德为首的优秀建筑业者，提出了推动建筑工地生产力的口号。雷纳德放言，建筑业“止步于20世纪80年代，停滞不前……这种行业被其自身的洋洋自得所累”。很明显，生活是如此轻松安逸，以至于公司都不需要改进对顾客的服务质量。[②]

经济萧条并非一无是处，至少它们带来的利润尚有些许疗效。这个论调的学术拥护者是哈佛大学荣誉退休教授约翰·肯尼斯·加尔布雷思（John Kenneth Galbraith）。他在其著作《大崩盘》（*The Great Crash*）中描绘了1929年的经济崩盘。这本书长时间占据着畅销书榜首位置，而他的观点大多来源于某位被敬畏地奉作左翼派权威的人物。披着实用主义和人道主义的伪装，加尔布雷思对商业循环周期提出了其带有社会主义倾向的评述。我们也许可以称其为经济萧条的灌肠理论。

> 我们的社会出现此种现象已达数百年……社会经济呈现欣欣向荣的景象，首先是商业决策者的无能；然后是政府在多项案例中决策失误；接着第三点，投机者们。所有的因素拼凑到一起，就必然导致最终的经济萧条——这正是此运作系统的一部分……该顽疾存在了数百年，而且据我看来大同小异。[③]

---

① 默文·金对苏格兰格拉斯哥的英国工业联合会的讲话，2004年6月14日，第4页。

② 吉姆·皮卡德(Jom Picard)：“建筑顾问说英国落后二十年”，《金融时报》2004年6月1日。

③ 阿斯明那·卡明尼斯（Asmina Caminis）：“新千年的挑战”，《金融与发展》（*Finance &Development*）（1999年12月刊第5页），华盛顿特区，国际货币基金组织。

经济繁荣和萧条的大起大落的一个重要特征是商界和政界弱势个体的失败。但是，对加尔布雷思来说，即使在萧条时期也尚存一线希望。萧条期提供了一个“有益的清理过程，我情不自禁地想到：既然总有一天我们会需要这种过程，现在拥有了这个机会未尝不好。比如说，是否有人想过这一点，我们拥有足够的金融智慧，能够成功操作现存的巨大数额的共同资金?”① 在狂欢闹剧上演之后，紧随其后的是令人通体舒畅的排泄废物的过程。在此，我们为经济萧条找到了一个正当的借口，即它是惩罚挥霍行为的一个工具。人们需要洗心革面！经济学大家们的这个论点尚待进行详细审视。让我们考察一下建筑业的行情。

英国营造商们居然对欧洲大陆的公司开发的先进技术置之不理，他们怎么能够承担起由此带来的损失？在瑞士的居住区，管理技术促使各种待装配的材料组装成家居成品的生产速度不断加快。德国运用机器人技术来削减建筑成本。而英国的企业家们为何仍在依赖东欧的流动劳工们，让他们从事那些原本应当因为其陈腐过时而遭到取缔的手工劳动？

批判谴责建筑行业容易把大家的注意力从一个重要问题上引开，即建筑商们能够承担效率低下带来的后果的根本原因何在。他们当中的一部分人运用土地市场的炼金术策略，加剧了经济的普遍灾难，从而减轻了竞争带来的危险。首先，周而复始的经济萧条将那些最有可能对大型营造商造成冲击的中小型企业一举击溃。每次的经济低潮时期，脆弱的小型企业即宣告破产；随着工人们去其他行业寻找就业机会，特殊的技艺技能失传；而且没有训练出新的学徒。在这个过程中受到保护的是那些把经营领域延伸至土地投机生意的企业，他们不再为顾客们建造房屋。他们的首要角色是土地经营者，其次才是营造商。

如果戈登·布朗想要提高建筑领域的生产力，不建议他采取一定的矫正措施（以牺牲纳税人的利益作为代价）。解决方案是重塑税收结构，实现一个个盈利的目标：诱使营造商们造房子，让他们以人们能承担得起的价格销售。然而，此种行为只有在财政大臣理解土地市场动态——已被营造商兼投机者们暗中操控——的前提下才有实现的可能。但要取悦对此一无所知的人们他做不到，凯特·巴克为他提供了证明的依据。前者受他委派前去调查房产紧缺、供不应求的原因。经过一年时

① 阿斯明那·卡明尼斯：“新千年的挑战”。

间精疲力竭地四处打探搜集土地信息，巴克作出如下陈述，描绘了营造商们的操作模式：

> 一旦土地成为抢手货，这个行业中的竞争压力便会减少。在某些地区，单个的房屋营造商可能在区域扩建之时拥有举足轻重的市场影响力。很多房屋营造商们“一间一间地慢慢”造房，以此来控制产品生产率，以期保护自己抵抗价格不稳定性以及当地房产市场上任何价格不利影响……这样就减少了受负面因素冲击的可能性。对房屋营造商来说，这也许是理性的行为。然而，如果那块土地是社会眼中的稀缺资源的话，对于整个社会而言这可能不是最佳选择。提高生产率也许能为社会带来更大的收益。①

土地市场的本质特征——垄断性力量——被营造商们巧妙利用。他们能够运用战略把当地的土地囤积起来，并将此作为从经济中获取收益的方式。要实现这一点，营造商们用不着生产出人们需要的所有房屋。从土地投机中获取的利润已经足够分出一部分作为对股票持有者的回报，也使得建筑业有底气对在其他经济——比如说德国经济——中发展良好的最佳做法置之不理。在那些国家的经济领域，居住产业投机行为并没有演变成为一种全国性的病症。

声称经济萧条对商业有益的论调其根据何在？——因为它们把没有竞争力的企业踢出了局外。

效率卓著的公司遭到挤压最终破产，这并不是因为它们没有努力争取客户，而是因为英格兰银行作为对土地投机造成的后果的回应，提高了贷款的成本。建筑公司也是其中的受害者，虽然他们能够生产出顾客买得起的住房。当贷款成本翻倍，土地成本因此上升到营造商和顾客都无法承受的水平，就会导致公司只有采取保守政策，在短时间内玩忽职守，忽略自己的职责。

那些没能从土地中获得巨额利润的公司也是受害者。其中包括那些建筑工地需要的产品的制造商们。表 7 – 2 追溯了 20 世纪 70 年代早期

---

① 凯特·巴克：《确保我们未来的住房需求》，第 13 页。

巴伯经济繁荣之前十年间的循环反复的不稳定性。这种趋势一直在建筑产品协会的监控之下。现场材料的供货商们为竞争所迫，只得压缩利润空间，提高产品质量。但是他们无法做到的是在自己周围筑上栅栏防止土地投机的冲击。如此一来，每次经济衰退期一过，更多的企业被横扫出局；技术手艺被束之高阁，改革创新工业的热情变得更少。

表 7－2　　英国建筑业　　单位：%

	20 世纪 60 年代	20 世纪 70 年代	20 世纪 80 年代	20 世纪 90 年代	
	经济繁荣	经济萧条	经济繁荣	经济萧条	发展趋势
建筑行为	4.5	－0.5	3.2	－0.1	1.8
国内生产总值增长率	3.2	2.43	2.4	1.75	2.5

资料来源：建筑产品协会：《下一个十年》，伦敦，2000 年，第 1 页。

损失惨重的还有那些为建筑业制造产品的公司。该行业的年营业额为 40 万亿英镑。当英格兰银行提高利率，试图应对“通货膨胀”之时，售出的产品量下降，对建筑的投资减少。正如我们从表 7－2 中看到的，历史后果相当严重：建筑领域并没有同经济的剩余部分保持相同的盈利步调。如果 20 世纪 70 年代及 90 年代期间，建筑产量的增长率同大的经济环境保持一致，该行业在 70 年代平均每年将收获 15.4 万亿英镑，在 90 年代每年 22.9 万亿。分摊到建筑产品协会成员身上，在 70 年代每年损失 6 万亿英镑，90 年代每年 9 万亿英镑。① 产品在 18 年循环——后半部分的增长最终以经济衰退作为结尾，随之而来的是下一个循环前半部分的持续亏损——过程中的发展趋势形成了一段向前两步/退后一步的探戈，使得上千万的民众在社会隔离区内孤立无援。

如今，建筑业在国内生产总值中所占比例不足 7%。对建筑产值的投资在国内生产总值中所占的比率在所有的欧洲国家中处于最低水平。后果之一就是建筑环境倒退，落后于英国的欧洲合作者们，竞争力下降。20 世纪 80 年代劳森经济繁荣期过后，90 年代的 10 年间，英国经济增长率为 20%，而建筑行为在 90 年代末的水平甚至低于 80 年代末

① 艾伦·威伦（Allan Wilén）是建筑产品协会的经济理事，所有数字都以 2000 年不变价格计算。

的水平。对于买卖土地者而言，投机过程也许是发掘中世纪炼金术秘诀的下一个最好的砝码。但是他们获得的收益高出了制造商们的损失额。这场轮回浩劫的一个产物就是“夜袭牛”（moonlighting cowboy）行动的出现。另一个产物是在21世纪的第一段经济繁荣期间，劳动技术人员的短缺限制了居住产业和商业地产的产量。但是，如果说21世纪初期的十年布朗经济繁荣过后将是另一个损失惨重的十年，第二个十年经济萧条将紧随其后，建筑业为什么应当促进自身稳定发展呢？

对那些靠辛勤工作挣取工资、省吃俭用、存钱投资的人们来说，土地投机这种炼金术是不是令他们感到惊异呢？

第八章

经济大起落结束了

第一节　绝望的论调

这将是一次思想的革命！约翰·梅纳德·凯恩斯在写作剖析经济萧条原因的专著时，他还写信给剧作家乔治·萧伯纳来表达他内心的想法。他在书中声称："……将大大改变世人对经济问题的思考方式。"他有一个清晰的目标。

> 当人们充分接纳我的新学说，并与政治、情感和激情相结合时，我无法预测它影响人们的行为及事务的最终结果是什么。但是它将引起一场极大的变革，特别是它将推翻马克思主义中的李嘉图基本原理。①

从亚当·斯密、大卫·李嘉图到卡尔·马克思，这些古典经济学家的理论都是以决定国家收入分配的社会法则为基础的。李嘉图（1772—1823）是一位富有的股票经纪人，是古典经济学发展中的一个关键人物。他因阐述了动态经济中地租是如何出现的而名垂青史。李嘉图认识到，租金并不是提高市场上交易的产品或服务的单价的生产成本。由于竞争，在市中心租金高的商店里和在郊区租金低的购物中心，同一双鞋可能以相同的价钱买到。租金高低并不影响销售产品的价格。租金是将国民收入的一部分让渡给土地所有者，而财富总值并不增加。

凯恩斯就像他在1935年1月1日寄给萧伯纳的信中写的一样，他

---

① 摘自1967年麦克米伦出版公司再版凯恩斯的《就业、利息和货币通论》的封面文字。

的使命是将李嘉图的基本原理“从现代经济学家的脚下踢开”。作为一名剑桥大学的经济学家和英国财政部的顾问，凯恩斯完全能够影响政治人物思考、探索和处理这些重要问题的方式。最有压力的挑战是经济衰退。凯恩斯经历过1929年大崩盘后的大萧条期。因此，1936年出版的《就业、利息和货币通论》想成为消除大规模失业的蓝本。

古典经济学家认为，市场可以自行调节，达到充分就业。正如我们在下面第四节中讨论的，在亚当·斯密详细阐述的这种模式中，市场的自行调节是有可能的。但是在某些方面会明显出差错，因为经济大起落会反复不断地定期发生。对凯恩斯而言，解决的办法是将注意力从考虑收入是如何分配的转移到产生收入的机制上来。这需要一种宏观经济方法，在这种方法中，政府扮演一个确保经济稳定增长的主要角色。

凯恩斯30多年来一直掌控着政府的经济思想。他在布雷顿森林大会上所作的贡献，今天对我们仍有很大的影响，而正是那次会议促使国际货币基金和世界银行成立。但他的计划实现了吗？由于对经济采用大量的模型化和管理，经济运行系统更稳定了吗？

当今的经济学家提出了这样的观点：世界经历了从第一次世界大战到朝鲜战争的动荡期后，已经进入了平稳发展期。除了20世纪70年代的不稳定之外，人们将过去的50年命名为令人宽慰的几个时期，比如“黄金时期”（到1973年为止的十年）和“美好十年”（20世纪90年代）。然而，这些经济学家不能达成一致的是他们所看到的这种稳定会不会延续下去。他们都不够资格宣称这种不稳定性是否仍是资本主义经济的独特特性，因为他们声称在统计数据中发现了这种稳定性，但他们对造成稳定的主要驱动力的看法大相径庭①。

由于这种理论上的缺陷，分析家们被迫提出似乎能给予他们权威的学说，而这给人们带来的只是失望。他们支持一种与他们记录下来的事实相矛盾的市场意识。这些学说的提出为我们上演了引人入胜的心理剧，这些都是值得审问的。他们阐明了一些被经济学家忽视了的议题。我们只能再次提及艾伦·格林斯潘散播的形而上学的思想。

---

①《会持续稳定吗?》(*Will Stability Last?*)，伦敦UBS全球资产管理出版社2004年版，第6页。

这种令人绝望的说辞包装在看似严谨、完整的科学推论里。2000年7月12日，格林斯潘在纽约的对外关系委员会上提出的分析泄露了天机。他发现让人“心神不安”的是，我们无法预料到危机，比如1994年墨西哥的金融危机和1997年的东亚金融危机。

当然，这类事件的某些性质可能会阻止人们预见它们，引发经济危机的这种市场驱动力可能会出乎人们的预料①。

格林斯潘断言，试图找出原因是徒劳的，他用近来发生的经济危机的特征来诱惑我们，他声称这些经济危机都不可能预料到。比如在20世纪90年代导致亚洲经济强国、美国和瑞典经济混乱的危机。

- “1990—1997年间，私人资本总量成四倍速度地大量流入新兴市场……［那］这只不过是没有足够的生产投资机会产生工业国家的投资者们寻求的回报。在许多情况下，过度的资金涌入到错误设想和不明智的风险投资中，其中包括大量房地产方面的投资。”
- “虽然看似所有的后果都能预见到，但实际情况并不是这样。贸然投资房地产所引发的问题在全世界范围内慢慢暴露出来，但没有引发像1997年东亚经历过的大规模衰退。”
- “1990年，美国银行查封了房地产的抵押品，这是房产价值大滑坡的后果之一，而资本市场没有受到贬值太大的影响，从而能够抵消银行作为金融中介机构所受的损失。若不是这样，1991年的轻度萧条很可能会严重得多。”
- “借助于这种速度，瑞典的金融体系克服了20世纪90年代初期的一次房地产危机，这与长期困扰日本的难题形成鲜明对照……”

重现的特点是资源流入“房地产”的倾向。事实是无可争论的。房地产是强烈的经济混乱的监测器。然而奇怪的是，格林斯潘和其他央行行长鼓吹第三世界国家政府需要保持透明度，却对需要精确统计数据监控土地市场这个问题保持沉默。当然，这可能藏着别有用心的动机。以格林斯潘所在的美联储为例，在1994年，美联储以极其荒谬的方式汇集和分析土地价值的统计数据，以至于窘迫到不得不暂缓公布其估

① 艾伦·格林斯潘在金融危机会议上的讲话：“全球的挑战”，纽约对外关系委员会，2000年7月12日。

值。它的估算方法竟让土地价值消失了！企业拥有的土地被估算成负价值。根据美国中央银行的估计，曼哈顿的地皮毫无价值①。对国家最珍贵的资产——土地租赁收入的随意处置，谁将从中获利呢？用迈克尔·赫德森（Michael Hudson）的话说，“它有利于土地所有者和他们的债权人安然度过资产价格通胀——泡沫时期”②。

通过回顾90年代的金融危机，格林斯潘泄露了秘密，他心安理得地确告华尔街的金融家们，他们是清白的。

> 再重复一次，我们并不知道而且很可能不会得知下一次国际金融危机的确切性质。有一点可以确定的是，人类的经济行为一直都有轻率的特点。我们有理由相信，每次的危机都与以往的不会完全相同。经济危机从不相同，这是因为市场参与者并不像想象的那样容易重复他们以往的错误。因此，我们需要设立能够适应下一次危机不能预料到的需求的弹性制度，而不是修建金融的“马其诺防线”以努力避免重蹈覆辙，遭受与以往不同的危机。

他们当然不知道，而且不会知道，因为对于土地市场他们是公认的睁眼瞎。他们的绝望说辞鼓吹需要弹性制度和凭经验的判断，这些判断必须依托官方专家的指导手册。防御措施不能拿来避免房地产市场上一再出现的危机。因此，由于这些问题显然与那些支撑经济体系的法律和制度无关，政府必须将经济衰退的责任转移到轻率的个人身上。这不可能是体系本身的缺陷造成的，如格林斯潘提出来的：“有充分的理由相信，构建良好的市场本身就能够自行纠正，这对于经济的稳定性来说是非常必要的。”尽管经历了三个世纪的兴衰，分析家们似乎能够说服他们自己，按照目前的结构，市场能够自我纠正是一个有深意的概念，即便这些分析家还没发现确实起作用的自行纠正机构。凯恩斯的目标——古典经济学采用的李嘉图理论基础是错误的吗？还是说专家们希望把我们的注意力从李嘉图的以市场为基础的论点转移开来是有原因的？

---

① 迈克尔·赫德森：“土地的谎言：美国财产评估方法的幻想”，（*Geophilos*）02（1），2002年春。

② 同上书，第117页。

20 世纪 90 年代，将大量私人存款引入新兴市场的金融大师们有意识地决定投资房地产。据格林斯潘称，1997 年 6 月到 1998 年 8 月之间，全世界的损失估计已超过 1 万亿美元①。那些损失足够资助全世界所有学校和医院里的人们的需要。这些钱血本无归，被拿着高薪的金融专家挥霍掉了，当他们追逐来自土地和自然资源的资本收益时，他们知道自己在干什么。在土地市场繁荣的初始阶段，他们按照规则理性地操作。当“胜利者的诅咒”反冲时，会构建赢家和输家进程。通常，纳税人注定是失败者。他们以优先股发给股东作为红利来融资，用这种操作来挽救轻率的金融家不谨慎的借贷行为。其代价是巨大的（见表 8 –1）。

表 8 –1　　银行危机：重新资本化的成本

	时　期	成本占 GDP 的百分比（%）
芬　兰	1991—1993	8.0
挪　威	1987—1999	4.0
西班牙	1977—1985	16.0
瑞　典	1991	6.4
美　国	1984—1991	3.2

资料来源：I. J. 麦克法兰（I. J. Macfarlane）：“经济危机的变化特性”，澳洲储备银行《简讯》（*Bulletin*）1997 年 11 月，第 19 页。

格林斯潘承认：“近几年通过加强监管，多方位努力支持我们的国际金融结构，通常却证实是无效的。”这可能是因为他们没有寻找到问题的根源吗？他们已将有关的统计数字纳入金融领域了吗？可能是因为凯恩斯错了吗？由于经济处于目前的构成上，不可能由政府来管理经济消除输出的剧烈变动吗？用他们声称的通过大规模宏观经济模型，在概念上和统计上都掌握了经济，我们如何消除这种失败呢？如果他们是正确的，那么经济萧条必定是来自外部的冲击。而且，这些冲击一定是随机性的。如果它们是突然出现的意外事件，那么不能追究政府和央行行长的责任。然而，对政府和银行行长不便的是，他们的描述总是把他们带回到房地产当作经济风暴中的核心角色。

① 迈克尔·赫德森：“土地的谎言：美国财产评估方法的幻想”。

第二节　形而上学的经济学家

一些显赫的银行家、杰出的学者以及见多识广的评论员们居然会对那些给人们生活带来深刻影响的重大事件做出错误的判断，这到底是怎么回事？我相信，答案就在于一种心理状态，也就是我们所谓的选择性遗忘。这种现象的产生同经济学家以及他们背后的政治财团息息相关。后者一手导演了这出戏：在过去，土地市场及其特异之处在民众对话和科学演讲中找不到一丝迹象，被抹煞得一干二净。更有讽刺意味的是，约翰·梅纳德·凯恩斯作为这门亟待完善的学问的主要贡献者之一，被冠以反对周期性理论斗士的称号，而他正是通晓形而上学经济学这门艺术的大师。

土地方面信息的匮乏从一个方面论证了本人的观点，即：资本主义为了维持其现有形态，必将把大部分民众训练成选择性遗忘者。那些在1775年之后干预国家命运的资本主义设计师们任意践踏民众获取信息的权利。官方的统计机关对有利于改良者的土地方面的信息及其价值束之高阁（详见专栏8－1）。在英国，现有的数据库甚至满足不了科学方法论的需要。用来掩盖真实数据的秘密手段已经被凯文·卡西尔（Kevin Cahill）如实记载下来[①]。英国政府也承认这一点：数据库严重不足。副首相的官方网站如是陈述：“在能够适应不同需要的有关土地总量的全面而不断更新的信息方面，我们暂时是空白的。”[②] 更别提有关土地出租以及市场上土地交易价格的可靠资料了。

但是，没有理论依据的统计数据从很大程度上来说毫无意义。如果在世界范围内审视，我们会找到一些例子，证明官方汇编的统计数据确实能反映一定的规律——前提是如果经济学家清楚政府试图反映的内容。日本对其决策的失误负有不可推卸的责任。政府搜集了大量关于城市及周边地区土地价格的水平及发展趋势的信息[③]。正是因为东京不再把这些信息作为制定财产和公共金融政策的依据，而导致日本遭遇了国

---

① 凯文·卡西尔：《谁拥有英国》（*Who Owns Britain*），爱丁堡 Canongate，2001 年。

② 参看 http：//www. planning. odpm. gov. uk/lucs16/annex-c. htm。

③ 要回顾20世纪70年代以前的信息，请参看哈里森的《土地的力量》第十二章；关于跨越20世纪80年代到90年代充满泡沫的土地价格数据，请参看哈里森的《国家的损失》，伦敦 Othila 出版社，第87—91页。

内经济从繁荣到萧条的大起大落。①

专栏 8－1　统计数据的黑洞

经济学家和政治家们的有些行为十分荒唐可笑，他们坚持运用自己所需的证据去解决问题，却再三被这个问题打败，而又羞于承认。他们试图依靠自然主义的模式，彻底推翻自然科学的科学家们所采用的方法，而商业周期的规律是他们无法掌控的。科学家们即使没有掌握直接的证据，也能够推断出行为的规律。而对于经济学家们来说，就算把所有的证据摆在面前，他们也会视而不见，拒绝去深入发掘社会行为的种种规律。

就拿那些物理学家们来做例子。他们认为宇宙间 80% 的物体质量是由暗物质构成的。对于重粒子的存在他们也是信心十足。重粒子的重量超出质子 50 多倍，但是它拥有穿越其他物质而不留痕迹的能力。这可能是因为它与其他物质之间相互作用的力道微弱至极。天文学家们没有亲眼目睹这种情景的发生，然而自 20 世纪 30 年代开始，他们已经能够测量出它的地心牵引力。不是靠眼睛去看，而是靠心灵去感应。

物理学家们竭尽所能，试图获取所有的证据，因为——我们被这样告知——没有暗物质的地心牵引力，银河体系将会分崩离析。因此，使我们的宇宙保持完整的大功臣是暗物质——一种使世界万物保持和谐的向心力，我们千秋万代赖以延续生存的星系间的凝聚力。

回头再看看地球上发生的事，我们会发现土地投机的运作恰恰背道而驰。土地出租本来有潜力去整合全社会，但是这种可能性被投机行为剥夺了。后者正如一股离心力量，使得原本应当黏合在一起的各个部分四分五裂，也使得众团体失去了它们天然的和谐安宁。这种力量是独断专行、缺乏公平、充满歧视的，它将所有无法取得其中某块土地独占权的民众都排除在外，成为局外人。

土地投机行为的影响显而易见，测量和分析起来也并不是什么难事；但是经济学家们却选择视而不见。然而，即使我们没有能力运用最为标准的数据统计技巧去衡量其价值、流通以及土地周转率，我们同样能够从它对我们生活的影响上推断出它的存在。

---

① 大多数别的国家的统计机构因各种借口，没有例行收集这种信息。一种借口是估价员难以将土地价值从建筑物价值中分离出来。这些不实的借口是对房地产行业的从业人员的侮辱，也是对土地投机者和建筑工业商家的侮辱，因为他们依据日常买卖土地而确立市场价值。关于最近讨论评估土地价值的方法，请参看卡尔·L. 冈特曼：“未开发的土地的估价：各种方法的调和”，《房地产研究》（*J. of Real Estate Research*）1994 年第 9 卷（2）；翰斯·R. 艾萨克森：“确定空地价值的经验分析法”，《房地产研究》1997 年第 13 卷（2）。

该方面学术的匮乏也使政府有了捏造的空间，他们为经济衰退编出了一些稀奇古怪的解释，比如说“外部的冲击”——这（当然）是他们无法控制的。因此20世纪70年代早期的经济衰退就被一些人归结为石油生产国酋长们的反复无常行为的产物，他们声称衰退并不是支持国内土地投机行为的内部政策造成的后果。政府甚至用社会体系（市场体系）的失败作为借口，来掩盖成功运用经济游戏规则带来的必然后果这一真实原因，以此推卸自己在经济衰退的闹剧中所负的责任。这种计策的运用可以追溯到那些故意模糊土地角色和自然资源两者概念的经济学家们。

认为凯恩斯对这个无知的国度做出了突出而重大贡献的观点是极为可笑的。他确实有条理地描述了经济衰退的过程，也试图解答有关资本原始积累方面的问题，说明资本何时可能产生浪费，并对无力规范市场、保证全员就业的价格机制提出了自己的看法。

如果市场足够敏感，可以感知其内部正在相互竞争的各股势力，人们就能理智地行动，以保证持续性增长。扩大供应是为了满足需求，同时会导致大众心甘情愿支付的价格水平下跌，或者至少产生一定的波动。这是市场经济众多原理中的一条，然而往往不会发生在现实生活中。举例来说，凯恩斯躲进心理学的王国，不愿承认土地投机可能是致使原本高效运转的市场发生崩盘的元凶之一。他认为土地对于现代经济而言完全没有任何意义。

凯恩斯这样表明自己的观点：土地的影响仅仅局限于农业时代①。他对土地这一经济范畴的偏见起源于历史上一种扭曲的观点。对他而言，资本以机械装备的形式，甚至更多是以极为“金融化的资本”的形式取代了土地而成为经济的重要组成元素。在工业时代，土地的影响力早已成为明日黄花。因此，1925年，恰恰在1929年经济危机之前，他声称“土地问题”不复存在，因为他认为“事实发生了一种悄无声息的变化”。② 正是在同一年，美国的雇佣劳动者们听信传言，兴致勃勃地将终身的积蓄全部投向佛罗里达州的移动沙丘，血本无归。这场投机主义的狂欢式投资偏移了原本应当能够提供就业机会、提高生产力的

---

① 凯恩斯：《通论》，第241—242页。

② 哈里森：《土地的力量》，第300页。

领域。

土地的重要价值被凯恩斯学说的三棱镜折射开去，使得他未能捕捉到这一有价值的信息。他的分析研究专注于资本的收益，并预言：随着积蓄的稳定累积和增长，资本收益最终会导致极低的利率。他还愉悦地指出由此带来的结果是“收租者的安乐死”。

> 真正的牺牲在如今获得的利润回报几乎为零，比土地租金还要少。资本拥有者能够获得利润的原因在于资本之稀缺，正如土地所有者能收取租金是因为土地之稀缺。然而，与此同时，土地的稀少可能尚且存在固有的本质原因，资本的匮乏却找不到本质的解释。①

凯恩斯预言：随着积蓄的逐渐累积并进一步转化为资本，对储蓄者所支付的利息将会降至超低的水平线，以至于“作为过渡阶段的以收租者为主导的资本主义……将会在完成其使命之后消失……此外，它将会成为本人所宣扬的世界新秩序——即收租者和失去运作功能的投资者的安乐死将不是偶然事件，而仅仅是我们最近目睹在英国所发生一系列事件的一个逐渐过渡但长久持续的过程——的一个巨大的优势，并且不需要任何革命”②。

我们也许不会认同凯恩斯的该观点：利息并不是对真正牺牲的回报。那么当人们能够增加当前消费并享受额外的物质和服务带来的种种好处，积蓄还有什么意义——如果这样做了却得不到任何补偿的话？这与土地所有者的状况背道而驰。对土地的使用不会使他蒙受任何损失，他可以照样收取租金。但是支付利息持续下降这一景象——这种下降趋势原本应当引起凯恩斯对于土地的基本问题的警觉——存在一个基本问题。在人工资本可能产生下降趋势的同时，作为对长期滑坡的利息率的回应，土地买卖的资本收益将受到刺激而自动提升，这种情景正是凯恩斯预计和推荐的。看似不起眼的资本获利率的下跌的背后，必将伴随土地资本收益的急剧上升。如果凯恩斯当初认同了此种差异，凭其对西方

① 凯恩斯：《通论》，第376页。
② 同上。

政府的不同凡响的影响力，也许20世纪后半世纪的经济前景会由此改观。

凯恩斯原本应当从自己的分析法框架所包含的事实中吸取经验，比如说城镇土地的本质：固定性和有限性。这使得它们不能被运送到使用者手中；使用者必须亲自前往。改变这些事实的本质空间并不是不存在（比如说，电梯的发明，就使得每块土地的效用范围得以延伸），但这并不会改变一个原则，即土地是在理想的地点提供给人们的固定商品。凭借其自身所附带的可运输的重要自然资源（例如石油或钻石），如果供货者联合起来组成卡特尔以限制供应量，那么收益自然就会提高。他们确实这样实践了，而且仍然在继续这种合谋行为①。

19世纪之时，对土地的直接控制相当重要。投机者的主要成员是贵族和乡绅，他们恰好从祖上得到了大片土地的遗产，并把那些计划用于城镇扩张或公路建设的土地囤积起来，从而获得了最大程度的资本收益。投机行为在20世纪有了更为深刻复杂的内涵，向更多人敞开大门，吸引他们投身其中。大部分的受益人都是被动的：他们把积蓄用作抚恤基金或购买保险，这笔钱被转而用来投资地产。人们争相购买靠土地发财致富的公司股票，也把房产市场的价格“哄抬上去”。这就使得繁荣与萧条的大起大落无处不在，无时不有。这段历史脱离了凯恩斯模式。由此带来的后果是，凯恩斯关于如何维持全员就业的理论把政府的管理职能转移到应对处理危机这一永恒话题的艺术上来，而不是去彻底解决危机。

到底是什么致使经济一而再、再而三地变得紧张？凯恩斯对这个问题做出了错误的诊断，以至于相信政府需要干预市场。只有通过政府投资（“政府刺激经济”）才能重建经济秩序。

> 在市场放任自由的情况下，如果投资市场的心理——比如认为根本不应该对市场抱有任何期待——不发生根本的改变，要避免就业情况的大幅波动便不具有任何可能性。我的结论是：管理投资现金流量这一使命不可能在个人手中安全地实现。②

---

① 关于钻石，德比尔斯集团（De Beers）同意美国法庭的限价指控，结束了与美国司法部十年的纠纷。约翰·里德（John Reed）：“德比尔斯集团了结了美国限价案”，《金融时报》2004年7月12日。

② 凯恩斯：《通论》，第320页。

问题的关键并不是自由主义。人们对机会的把握是建立在现行法律和规范的基础上的。

但是，在凯恩斯看来，补救的方法并不是依靠投资者的严格律己，也不在于重新编排决定经济活动回报的条条框框。他选择了一种市场经济的混合模式，在这种模式下，国家的作用就好像交响乐团的指挥。政府通过其货币政策及公共投资，将会慢慢主导市场。当理论付诸实践之时，干涉主义政策并没有带来预期的稳定；但是，它们为政府干涉经济活动和提升国家债务的行为找到了借口。

凯恩斯的教条对那些社会学家和类似的保守政府而言无异于美妙的音符。他所鼓吹的重新分配国民收入"以刺激消费倾向"[①] 的观点确实颇具吸引力。第二次世界大战之后，西方政府采取了大规模的劳动收益再分配。他们通过征税令人们破产（其手段是把产品的单位成本提高到顾客愿意或者能够支付的价格之上），然后通过补偿津贴扶持起一批百万富翁（类似事件在农业领域不乏先例）。但是他们试图调和粉碎就业机会、榨干民众希望的商业周期的努力以失败而告终。

凯恩斯目光短浅的错误判断与其维持永恒的不稳定的初衷不谋而合，正是这种恒久的不稳定将可持续性发展的可能性拒之门外。

第三节　只是当地出现的一点困难

宏观经济分析中，用以贬低地产重要性的一个技巧就是宣称土地的价值单单只和本地市场相关联。因此，那些报道房价正以令人担忧的速度攀升的不利新闻被人们轻松地抛诸脑后。对此，三家英国银行的经济学家发表了自己的观点，他们认为那些价格的上升"不是引发基本冲击的一个根源"[②]。房产价格仅仅不过是当地出现的一点困难。

当位高权重的专家们一再向公众重申：当前的状况不存在任何危险，那么，如果大家相信自己对于房产一类的地产投资安全可靠也是情有可原的。然而，如果意识不到投资的危险性，民众可能会在危险性将

---

① 凯恩斯：《通论》，第321页。

② 科苏姬·奥基（Kosuke Aoki）、詹姆斯·普劳德曼（James Proudman）、格特詹·维利戈（Gertjan Vlieghe）："英国的房价与消费关系是否改变？" FRBNY《经济政策回顾》（*Economic Policy Review*）2002年5月，第163页。

以乘幂指数的速度临近的时候进行投资。

举个例子，在循环周期中间的经济衰退（2001—2002 年）和“胜利者的诅咒”阶段初期的经济起飞（2005—2006 年）之间的几年，正是一个至关重要的过渡阶段。人们应当意识到这一点：深陷循环周期漩涡的现状正向着没有退路的方向运行，奢求“软着陆”亦无可能。在这种情况下，他们应当巩固自己的现金和地产投资，以期将危险降至最低限度。那些在投机行为甚嚣尘上的疯狂阶段（2007—2008 年）涉足土地市场的粗心大意者将会被套牢。

明了我们正处在循环周期何种阶段至关重要，其重要性如表 8－2 所示。该表提供了细节证据，说明土地市场是独一无二的；地域之间的价格的确因为各自生产力的不同以及当地其他的独特之处，加上地域经济的差异而千差万别。该数据总结了美国从 1974 年经济衰退到 1992 年经济衰退的 18 年间的变化。房产价格的变动反映了繁荣—萧条现象的一些特点和规律。

表 8－2　　　　　美国房地产价格的反复无常（变化百分比）

	经济复苏阶段：繁荣 1977—1980	循环中期：萧条 1980—1983	胜者之诅咒：繁荣 1983—1987	循环末期：萧条 1987—1991
马萨诸塞州波士顿	4.7	4.8	16.1	－5.5
纽约州拿骚	0.6	10.3	15.0	－4.0
新泽西州纽华克	4.1	0.8	15.5	－4.0
华盛顿特区	3.3	－2.1	3.5	3.6
弗吉尼亚州里士满	0.4	－2.7	1.8	0.7
伊利诺伊州芝加哥	3.0	－4.9	3.9	3.1
俄亥俄州哥伦布	3.2	－4.0	2.0	1.1
明尼苏达州明尼阿波利斯	10.4	－3.1	1.6	－1.0
密苏里州圣路易斯	8.2	－4.3	2.7	－1.8
加利福尼亚州萨克拉门托	9.6	－3.5	1.4	8.5
加利福尼亚州旧金山	7.4	－2.3	5.0	7.7
华盛顿州西雅图	13.2	－5.5	1.9	6.8
加利福尼亚州洛杉矶	9.1	－2.3	3.1	7.9

资料来源：Data (but not the characterisation for the time slots), derived from Jesse M. Abraham & P. H. Hendershott, “*Patterns and Determinants of Metropolitan House Prices*, 1977—1991”, Washington DC: National Bureau of Economic Research, Working Paper 4196, October 1992.

生产力收益最高的地方在经济“中心”（从地域角度来说，在新英格兰和纽约），随着地域向各州外围的空白地带扩散，收益逐渐下降。承受压力最大的区域其生产力最高，从而获得最高的资本收益。

经济鼎盛时期发生在土地价格产生最大增幅之后。不过，一个特定区域的经济命运是否会影响其他地方的经济（比如加利福尼亚在一定程度上影响了新罕布什尔州的经济）取决于一系列因素，例如当地经济的规模和结构。经济增长速度较慢的地域较易规避繁荣—萧条循环带来的最坏影响，但是它们获得的租金收益相对较少，由此对文化和基础设施的投资也就不多。土地投机对经济活动是否会产生或多或少的影响，这一点也是由产业税的特性决定的①。

有必要掌握土地市场的信息——包括街头巷尾的流言——因为只要理解得当，巩固资本主义结构的支撑物就有可能浮出水面。我们会发现有两种截然不同的经济模式摆在我们面前。这两种模式在普遍的制度之下共存。第一种基于企业家市场的原则之上。在企业家市场中，剩余价值和扩大再投资推动了人们希望彼此交流的物品和服务的生产。第二种模式建立在一种特权之上——在财富总量不变的情况下压榨他人创造的剩余价值。资本主义试图平衡这两种相互竞争、彼此冲突的敌对的社会力量。这样，它就不再是马克思努力想让我们相信的那个孤立、简单、同源的体系。对资本主义复杂特性的全面解析将在另一独立章节中进行陈述②。但是，如果要加深自己对于引发经济繁荣和萧条大起大落的根源的理解，我们就需要牢记资本主义经济的大框架。

深入调查资本主义基本原则的必要性毋庸讳言，专家们试图预测经济活动的重大转变却一再失败证明了这一点：虽然手中握有第一手资料，清楚单一循环的定性的价格机制以及300多年来的工业产量，他们仍然无法预测出经济的转折点。一些执业者坦然承认经济活动的这个缺憾，罗德·伯恩斯（Lord Burns）爵士便是其中之一。他是一个学术预言家，后来担任玛格丽特·撒切尔首相的首席经济顾问。据塞缪尔·布里坦（Samuel Brittan）爵士——一个见闻广博的英国经济评论员——报

---

① 梅森·加夫尼（Mason Gaffney）、理查德·诺伊斯（Richard Noyes）：“财产税的收入激励机制”，引用哈里森的《国家的损失》第8章。

② 弗雷德·哈里森：《资本主义的病理学》（*The Pathology of Capitalism*），即将出版。

道，伯恩斯“曾经说过：虽然技术不断进步，人员持续扩充，近30多年的经济预测比起他当年没有任何起色”①。同时，我希望这一点能引起大家的注意，即：经济学教授（当时的特里·伯恩斯就是这样的身份）利用表象为自己所服务的政府出谋划策。他坦诚相告：凭借对经济可靠的洞察来左右社会政策非常困难。例如，他承认对于制造业者利润率的下降“没有单一简单的解释”——因此，他就常常被表象迷惑，把罪责推到工薪阶层头上②。

经济学如果要成其为一门科学，必须对其预测性加以改进。在新古典主义理论的潮流下，它曾经沉痛地宣告失败③。只有恢复对土地市场的传统构想，以及对土地投机和土地的高效性能、支付方式的区别的明确阐述，经济学的作用才能得到改进。

第四节　搭便车者的追求

政客们宣称他们能够比前任者更好地管理经济，这个允诺的前景是惨不忍睹的，因为他们根本不可能兑现自己的承诺。经济繁荣和萧条的反复规律深深根植于工业经济的基石之中。让我们稍微偏离正题，来看看这些政客们所发布的这番宣言的历史背景。

经历了长达一个世纪的每18年一轮循环反复之后，在18世纪末爆发的同法国的战争成为重建英国法律和规范的一个契机，有可能促使正在建设中的工业为可持续发展作出有利的贡献。但这却是一个不可能达成的愿望，因为在威廉·皮特统治下的政府将规则玩弄于股掌之间。自1799开始，他们构建了奖励搭便车者的公共财政框架。土地所有者不用向国家全额支付他们所获得的服务——他们的服务是由纳税人资助的。

亚当·斯密及其同侪清楚地知道该体系是如何运作的（详见专栏8-2）。我们已经忘却了自己的理解。经济学家和政客们对大众采取麻痹手段，让他们接受公共税收从收益转移到工资这一痛苦的历程。默许

---

① 塞缪尔·布里坦:“毫无遮掩的经济预测员所揭露的”,《金融时报》2003年1月3日。

② 哈里森:《土地的力量》，第274页。

③ 20世纪大多数经济学家将他们自己与新古典主义学派结合起来，更适合的术语应当是“后古典主义”。这应归功于迈克尔·赫德森。

这一切的是控制国家收入统计数据的那些家伙，从而使得统计数据不再可靠。

专栏 8－2　　税收的轨迹

亚当·斯密制定了经济活动中的一些基本规则。在他所处的时代，工资收入的种类并没有由于政府管理（通过税收）或产生债务的财政系统（一种收取租金作为利润的抵押方式）的影响而扭曲。因此，斯密才能够清晰地描绘税收对工作的影响以及对人们使用土地和自然资源时自愿支付的租金的影响。

因为租金是一种剩余价值，即超出了制造可出售商品或服务所花费的成本的价值。储备剩余价值用以支付公共费用不会影响人们工作、储蓄和投资的能力与积极性。按照这个说法，仅仅局限于土地租金的公共收费是中性的。接下来，亚当·斯密在《国富论》一书中指出："场地租金和土地租金是最能承受强加于其上税收的收入种类。"[1]

如果政府忽视了这个忠告以及纳税人的工资收入，会产生何种结果呢？斯密指出：从长远来看，这种税收偶尔能在减少土地租金的同时，大幅提高手工产品的价格。[2] 换言之：

- 个人所得税被转移到商店所出售货物的更高昂的价格上。政府如果认为自己把税收强加在了劳动人民的收入上，他们就大错特错了。
- 由于税收通过价格链传递，负担最终落到土地或自然资源所有者肩上。政府眼中强加在人们收入上的那一部分税收使得收益减少。

技术型经济学者为斯密的论述颁发何种资格，这并不重要。

如果我们想要探索出政府危害经济的轨迹，我们必须分析价格以鉴别由于税收而造成的扭曲。补救办法应该在斯密所强调的经济现实的背景下去思考：土地所有者所持股份的真正价值，以及对其他人劳力的真正掌握度。不仅仅随着产品的真正价值增长，而且与随之增长的总体产品的股份的比例相应增长。[3]

1. 亚当·斯密：《国富论》，第 370 页。
2. 同上书，第 394 页。
3. 同上书，第 275 页。

这并不是不可避免的历史结果。皮特于 1799 年实施的工资税是历史轨道上错误的一环。正如历史学家J.L.哈蒙德和巴巴拉·哈蒙德在他们的研究著作《城镇劳动力》（*The Town Labourer*）中指出的，亚当·斯密也不认可这种行为。

皮特十分感激亚当·斯密及其著作《国富论》。有一次，皮特邀请斯密参加晚宴，他坚持等这位经济学家就坐之后才落座，并且宣称“我们大家都是您的弟子”。斯密严厉反对曾在工商界盛行的保护主义。哈蒙德夫妇承认皮特确实接受了斯密的这一观点并采取了相应的行动，但他们也解释道，针对斯密认为工人阶级的工资需要新的政治经济作为保障的观点，皮特没有遵照执行。为什么皮特会无视斯密的劳动力的条件并支持当时的上层阶级呢？这并不仅仅是对收入的市场分配的简单的教条主义式的抗争，国家的财政状况将会改变抗争的结果。手握实权的人们——拥有大量土地的贵族——知道提高劳动力的工资，将会减少他们自己的收益。更糟糕的是，斯密提出了公共财政的保守的理论，它击中了后封建势力的心脏。

> 亚当·斯密认为征集税收时，在不给工业带来负担的同时强行征税，考虑到这一点是非常重要的。基于这一观点，在土地租金税中他找到一种理想的赋税。他之所以提倡土地租金税，有两个理由：首先，这种税收不会拖累任何工业的发展；其次，场地租金把他们所有的价值都归功于良好的政府。因此，为了支持政府而“特殊的征税”也合乎情理了。①

毫无疑问，土地租金提供了一个复原能力良好的货币基础。哈蒙德夫妇引述了当代文学作品，其间记载道：在兰开夏，租金上涨了3000%。收缴这些租金的人，哎呀，“没有从这巨大不劳而获的收入中奉献分毫用于国家的支出”②。如果皮特首相真的是斯密弟子，他就不会发明这所得税。

---

① J.L.哈蒙德、巴巴拉·哈蒙德：《城镇劳动力》1760—1832年，伦敦朗曼斯主格瑞思出版社1927年版，第214页。

② 同上书，第215页。

> 在工业革命时期，土地租金得到大幅发展，任何斯密的弟子都不会反对在这些新兴的工业城镇创造的巨大财富上征收赋税，以解除衣、食、原材料产业的巨大压力……亚当·斯密指出土地租金应在生活必需品之前被征税，这一说法得到和他反对保护主义的观点一样多的关注。①

第一次工业社会在税收（所挣收入的社会化）的不幸和拥有大量土地阶层（社团活动和政府管理的产物——收益的私有化）的货币特权这对双胞胎之间两极分化。这些不用缴税的土地收益回报了这些选择把从土地获得的资本收益用于投机的人。与此同时，所得税使得那些依靠在工业投资中获利的人处于不利地位。经济繁荣和萧条的循环由国会的法案和遗漏使之制度化。

这个代价是由工人阶级来支付的。例如，在1983年一个劳动力赚22镑10先令，同时要缴付11镑7先令7便士的税②，城市劳动力把一半工资上缴了征税机关。而在这个过程中，收取租金的人却“变得极其富有，也把穷人挤进了山洞和地窖里”③。

货币政策成为对经济大起大落持无所谓态度的“上层阶级”的工具。如果我们想要保持经济的稳定，除了承认土地是一种使企业家和他们的员工的精力得到发泄的途径之外，别无选择。然而，如果我们不能在我们的经济模型之内正确定位好空间参数，政策的改革将不会发生。距离和范围以及和它们相关联的成本，需要被放置在经济推理的中心位置。在何时它们被推到了主流经济的门外？伦敦大学的荣誉退休教授马克·布洛格指出：“令人惊讶的是，在1800年以后的经济专著中，这个问题几乎完全淡出了人们的视野……这是经济探索史上的一个主要谜团：是什么妨碍了空间经济学成为主流经济的必备特征？”④

如今，税收政策把土地所有者——大部分情况下是不情不愿的——转变为搭便车者。他们靠骑在纳税人背上获取利润。这并不意味着他们

---

① J. L. 哈蒙德、巴巴拉·哈蒙德：《城镇劳动力》1760—1832年，第214—215页。

② 同上书，第214页。

③ 同上。

④ 马克·布劳格（Mark Blang）：《经济理论回顾》（*Economic Theory in Retrospect*），剑桥大学出版社1997年第五版，第596页。

的日子就此好过了，因为大部分土地所有者同样也是纳税人，比如说那些买了房子的人。他们作为土地所有者获得收益，但是他们失去了更多的现金和更优质的生活：他们必须把传统赋税亏损的总负荷背负在自己身上。如果不解决资本主义经济基础的这个矛盾，我们就不能够使大家信服：经济繁荣—萧条的大起落循环已告结束。

第三部分

第一次全球经济大萧条剖析

第九章

新经济：倒卖，英裔美国人的神话

第一节　硬接线

如果我邀请你到拉斯维加斯来，以你的房子为赌注，你可能会认为我疯了。理智的人是不会用他们最宝贵的东西来冒险的。然而，成百上千的家庭受困于这种赌博之中（或者为其他人提供赌博机会）。① 由于大多数的房屋主都是被动的玩家、看客，当政府选出来的代表投掷骰子的时候，他们只是默默地看着，这就使得赌博活动变得非常恐怖。他们资产的价值忽升忽降，似乎游戏本身并不重要，重要的只是工作之余的放纵消费。

政府官员以及他们的经济顾问们都忙于与我们赚钱无休止的博弈中。因为骰子里被填满了东西，所以我们大多数人都会输。终其一生，输掉的金钱累积起来达到的数目令人难以想象。通过努力，我们都可能成为博彩式的赢家。然而，政府却剥夺了我们繁荣的机会。政府官员是如何拿走它的呢？他们创造神话来伪装自己的行为。每天，各种政策性的伎俩被用来解释他们的失败。

21 世纪的说法尤其雅致。大约在 1992 年，美国揭露了脱离经济萧条保持富裕的秘诀。太神奇了！这就是所谓的“新经济”。

然后提出了“修正”观念。这是神话创造者的说法，这一说法使人们将注意力从先前的经济萧条上移开。任何时候不正常的情形都需要得到调整，也就是修正。2000 年 4 月 14 日，华尔街的贸易份额被抹去

---

① 在 2004 年 8 月，位于伦敦城的斯培德赌博公司报道，在英国东南部拿房子赌博的现象猛增。斯培德赌博是由传统的赌博派生出来的一种赌博方式，它使得一个船夫也可以“买卖”市场行为。乔·摩根（Joe Morgan）：“伦敦赌博高涨和东南部的破产”，《泰晤士报》2004 年 8 月 27 日。

了上亿美元。这又引发了多米诺骨牌效应，世界范围内股票交易的资产也损失了近亿美元。那天，全球经济进入了2001年经济萧条的中期。这是整个经济周期的一个阶段，随着成百上千的家庭流离失所，收入被削减，这个周期就结束了。在陷入2010年经济危机之前，全球的经济将会享受七年的快速增长期。

正如在所有著名的侦探故事里都必须有恶人一样，在这个案例里，通过民主选举的政府就是恶人。不计后果的税收造成了巨大的损害，这个责任不能转移给其他人。每年的损失高达数亿美元——足以负担一个社会所需要的所有公私服务。然而政府官员都能逃脱责难，因为他们控制着舆论。我会试着去打破这个幻影。挖掘国内经济运行实质的任务还有赖于广大读者。坚持不懈定会获得巨大的回报。有人宣称全球经济已经进入到了一个可以让大家都富裕起来的时期，我们的首要任务就是挖掘隐藏在这句宣言后的真理。

阻碍“旧经济”运行的毒素正在电脑空间的下面区域繁荣起来。这并不意味着读者就得不到任何帮助。掌握基本的分析方法，你就可以避免下一次经济萧条带来的破坏作用，甚至可以成为富人。

新经济是一个富有魔力的概念，以诱惑投资者与传媒大师一起编制富裕的神话，并将其雕刻于坚实的地基之上。但是，所有骗子都知道的，一个好诡计的秘密在于使受害者陷入幻境。由于每一次的经济泡沫都源于欲望的过度膨胀，所以有足够多的实事来隐藏开始于20世纪90年代的经济周期那已经腐烂的中心。用纸片建造的房子终有一天是要坍塌的，但同时也创造了财富。

电子时代已经来临了。前景诱人，说服人们将钱投资出来并不难。这推动美国的经济又创新高。直到新千年的开始，美国已经经历了107个月的持续繁荣。正是由于这些成功的政策，比尔·克林顿才得以从人们对他的私生活的关注中脱身出来，并保住自己的总统职位。在总统办公室，他曾经对自己的性冒险行为撒了谎。但是他不需要担心：人们并不想惩罚他。由于他在经济管理方面的杰出贡献，人们原谅了他。这作为他在白宫呆了八年的结果，难道人们最终也没能发现经济持续增长的秘密吗？

大部分的民众都会接受总统的主张，即他操纵下的经济政策非常安全。克林顿的名字与“白水门”事件诡计联系在一起，这一诡计的象征意义没有得到分析家的查证，因为那是一个合法的试图一夕致富的工程，在美国各地每天增加好几倍，这剥夺了人们在这片自由大陆上谋生的机会。没有人解释那一事件是“旧经济”的基础所具有的致命缺点应有的症状，更不用说解释为什么在21世纪它还要持续。相反，“白水门”被看作是一次肮脏的事件，涉及已经不再受欢迎的抵押和地皮交易。他们对骗局的调查已经打破了纪录——这是美国历史上对总统的主张调查时间最长的一次——但它并不是烟雾枪，不会揭露总统经济政策上的致命缺陷。

“白水门”已经被作为经济障碍的象征。做出这一探究结论的人不限于克林顿的政敌。为什么？由后古典派经济学家重新限定后的语言已经将土地这个词从经济领域排除出去了。如果经济分析家已经将20世纪80年代土地买卖中的常规作业与20世纪90年代华尔街土地价格成倍增长联系在一起，那么警钟早就敲响了。但是股票市场上的权威人士已经继承了许多概念上的工具，可以区分土地买卖和互联网公司股份买卖的相似点。为什么我们要期望年轻的比尔·克林顿——曾经领取罗氏奖学金的研究生及阿肯色州的律师，来预料将来有一天他主持的经济会成为旧经济周期崩溃的牺牲品呢？

编写故事的高手具有全权。他们能够从具有欺骗因素的经济里编造出令人信服的见解。有的年轻人非常幸运——书面上有关他们的故事可能被大事宣讲，以引诱那些不谨慎的投资者。很少有见多识广的观测者们表达任何严肃的疑问。[①] 有些投资者被股票价格与公司利润之间较大的差距所迷惑，对他们来说，那些见解应该用来支持金融市场最基本的要素——信用。新经济的繁荣打消了政府官员的疑虑，不管其本质如何，它是坚挺的。美国经济增长的秘密在于，电脑技术和网络的使用使生产率提高到了一个新的水平。

制造键盘、主板和芯片的劳力都在远东，生产成本日益下降。那么将互联网公司股份的价格传送到网络空间里去，所有的价值就产生了？没人让克林顿总统问这么愚蠢的问题。缺少对传统经济学智慧书的可信挑战，那么在白宫也不需要经济的粉饰。

---

① 网络行家托尼·帕金斯（Tony Perkins）是一个例外，见他的著作《网络泡沫》（*The Internet Bubble*），《哈珀商报》（*Harper Business*）2000年。

现在，每天都有几十个百万富翁产生。即使对于那些怀疑论者来说，计算机确实提供了一种全新的贸易转换方式。但是，信息时代什么是新的呢？毕竟，市民化是一场长期的多级的信息变革。

在新石器时代晚期，人类的最初行为就是信息的传送。我们的祖先学会了在石头上刻各种图像和在树干上刻各种符号。他们传播信息的方式非常麻烦。然而，在人类进入文明之前，那却是人类进化史上具有划时代的意义的发现。人类的第二次进化表现在艺术家们的发明。这些发明的信息是用墨记录在纸上的。人类的第三次进化具有很大的突破，使金属的使用和印刷皆成为可能。每一次进化都使人类的生存空间得到扩展。这使得他们可以深化自己的知识，享受大量的文化和精神利益。在20世纪末挑战商界的计算机不仅仅是通向下次进化之前的信息云梯的一级台阶。

为了最大化下次进化的收益，最小化其成本，我们需要将每一信息时代所具有的相同特性分离出来。但是现在的社会科学家和投资者还没有较好的方式来破解和分析这些数据。当然并不总是这样。在18世纪晚期，收入分配机制是古典经济学家考虑的中心问题。然而，在其后的两个世纪的意识形态战争之中，分配机制的研究在经济学里却是一片空白。人们更加关注能使国家整体收入快速增长的技术。在社会进化史上，这并不是明智之举，但是它也实现了一个目的：解放了政治家，使他们从持续失败的责任中脱身出来，可以控制那些土地及地租控制者们的权力。

因此，没有什么可以阻止股票市场膨胀带来的互联网技术的革新，即使其超出了现实领域。掌握高科技的聪明人没有理由放不下平凡的现实世界，计算机就是一种好方式，它不仅能满足我们每日的愿望，而且还能节省我们的开支。他们需要神秘性，这样可以扩大虚拟经济的社会效果。计算机被作为一种解放性工具，而不仅仅是作为歪曲持续贫困之谜的另一种工具而销售。

有些人对透明的公共政策非常感兴趣，因此在电脑间传送图像的魔法就是上天送给他们的礼物。我们在微芯片上的成就赶不上先辈们第一次将符号刻在树枝或石头上的成就？没有任何人这样认为。人类历史上知识与技术的每一次进步，都可能改善人们的生活，减少每日的生存成本。信息技术的每一次进步都会带来政治关系的更新和领土的变革。那么数字时代究竟有什么新东西呢？1998 年北大西洋公约组织对科索沃战争中使用电脑远程引爆，2001 年美国在对付阿富汗恐怖组织计划中使用的导弹，这些都具有代表性作用。那些导弹都比较智能，如刀之刃、矛之锋。战争的意义依旧古老，仍然是决定一块土地的控制权。

新千年的第一年，在达沃斯举行了世界经济论坛，企业领袖们都不满意会上的估价。新的说法需要得到认可。所以，2000 年 1 月 28 日，英美两国的领导们在公开演说中提出了“新经济”这一说法。他们知道了经济持续增长的秘密，并且也迫不及待地想传达这样一个好消息。

在华盛顿，总统发布了有关联邦通信的最后演说。他醉心于自己入主白宫期间美国所创造的繁荣。在那天的欧洲，首相托尼·布莱尔的飞机掠过崇山峻岭，最后降落在达沃斯。他带来了“社会解放”的好消息。他期望欧洲的伙伴们能够模仿英国的模式。自从 1997 年 5 月以来，英国就已经克服了经济繁荣与萧条之间的周期性变化，为新经济打下了良好的基础。托尼·布莱尔希望他的政党——新工党能够接受这样一种观点，即强调教育的重要性——为了教育，他会努力为所有的学校建立起网络高速路。

总统还发布了有关英美模式所带来的原料繁荣的新声明。克林顿第二天在达沃斯演讲时补充了这一消息。企业界的领导者们聚集起来，他们设法将 4 万亿资本集合起来，他们密切关注着亚洲和俄罗斯的经济危机，以及蔓延至日本的经济萧条，这个时候他们都渴望听到好消息。他们不想挑战有关新经济的主张，他们也不想听到全球经济萧条的种子在华盛顿播种，在伦敦茁壮成长。权威的说法里存在着风险：它能够分散隐藏在表象下的风险，降低隐藏在泡沫经济下的危险。

新千年伊始，全球经济陷入了旧式的萧条。银行家和政府领导成了问题的一部分，而不是解决问题的方案。某一天，他们可能会再次将屋顶降到我们的头上。从繁荣到萧条，这是一个严肃的指控吗？伟大的民主共和国领袖们在任意地诱惑我们用辛苦挣来的钱赌博吗？如果是这样，那么他们是怎样做到的呢？我们竟然不知道陷阱的本质所在。

第二节　泰坦尼克号的教训

我们期望政府在做经济决定时使用前提原则。我们也期望他们能够在分析完所有公务员们收集来的信息之后制定政策。尽管我们使用代数来反映数学的精密度，但是大量的决定仍然是耸耸肩就做出了，毫无精确性可言。社会经济不是科学家的实验室，而更像是娱乐场所。政治家们是如何隐瞒这个事实的？他们通过公开表示对当前经济的成果充满信心来隐瞒他们的行为。

银行家们既能成就百万富翁，又能暂停商人的资金，他们与我所提到的泰坦尼克教训密切相关。他们看不见威胁巨轮生存的冰山，但是他们知道他们必须面对。为了保持自信，他们诱骗人们相信任何危险都是可以逾越的。屏住呼吸，闭上眼睛，持续投入你一生的精力，掠过水面以下撒落在冰块周围的金属碎片。

对艾伦·格林斯潘的描述是不是不公正呢？他是中央银行首任尊敬的领导人物。格林斯潘对于经济前景的声明可以改变全球经济市场。有据可证，他已经成为世界上绝无仅有的、最具影响的经济管理者。他真的是在欺骗我们吗？除了劳伦斯·H. 萨姆斯（Lawrence H. Summers）还有人可以问吗？

在结束了富有成效的教学工作之后，萨姆斯进入美国财政部，并于1999年被克林顿总统任命为部长。当在哈佛教授政治经济学的时候，萨姆斯就受雇于中央银行行长对金融政策工具做出过坦率的评估。1998年，他对金融政策制定和执行的方式发表了评论。他的结论来源于他振奋人心的让步，即“由于缺乏逻辑与实例支撑的经济模型，有关微观经济学的陈述实则是令人失望的言论”①。这是对经济实践无情的控告。受雇于华尔街和伦敦城的经济学家们领着惊人的薪水和津贴，因为他们被认为是贸易工具的掌管者。萨姆斯博士的让步引出了人们对诊断可靠性的一连串疑问，更别说药方了。

在萨姆斯博士看来，使用固定法则管理经济难以保证经济的稳定增长。人们遵守法则，取得预期收益。但是，在风险经济（casino economy）中，经济学家们所遵守的规则与拉斯维加斯轮盘赌桌的庄家所雇用的人遵守的规则类似：一直将钱押在黑色17上，某种程度上你的数字一定会出现（虽然在你输光之前并不是必然的）。

---

① 劳伦斯·H. 萨姆斯：“战后商业周期理论发展评论：温和而古典的视角”，《货币、信用和金融杂志》第20卷第3期第2部分，1988年8月，第472页。

萨姆斯博士非常宠爱赌博模型。他提醒我们在纸牌戏中，有些人可以通过欺骗竞争对手取得成功。他们“在纸牌戏中总是取胜……他们善于虚张声势，也善于利用他人的欲望。为何有些人能持续赢得纸牌戏，经济学家对此并没有给出令人信服的解释，但是这一事实并不能掩盖另一事实，即他们确实是经常赢”。

银行家们制定银行利率以预防所谓的通货膨胀，制定指标来预警市场经济危机。高利率是缓解投资过热的良方，在一个经济周期的中期，这种过热投资会带来失业的风险。不幸的是，高利率往往也会降低市场上股票的价格。对雇员来说是好消息，对股东们来说可能就是坏消息。如果想做出理性的投资决定，我们最好能尽可能地获取有价值的信息。所以，当银行家们提供建议时，我们没有资格相信他们正在规规矩矩比赛吗？他们并没有把牌藏进胸口，剥夺我们获取大量有用信息的权利，我们需要依赖这些信息判断什么是我们最大的利益。

中央银行的银行家们为了保持信心故意虚张声势，即使没有证据证明具有强烈的确信感。他们的任务是鼓励我们继续投资。为了达成所愿，他们必须否认自己的错误。根据萨姆斯的观点，虚张声势是游戏的代名词。根据证据，他得出结论，“很明显，历史认为一些联储负责人比其他人更成功，不仅仅是因为他们更反对通货膨胀，能够成功的设计出合理的预期也是原因之一”。

当走出讲堂、步入政坛的时候，萨姆斯博士发现自己在游戏中也不得不虚张声势。正当华尔街为亏本的互联网公司编造极高的价值时，他却飞到东京去会见其他六个主要工业国的财政部长，告诫他们不要满足于减少了的期望。

事实上，20 世纪 90 年代晚期，美国的生产率取得了一个飞跃。取得这样的成就的最重要的因素——计算机科学和技术——确实帮助提高了效率。生产成本被重新分配。但是净收益最终将会变成旧经济的地租。没有任何改变来制服那引起经济兴衰更迭的力量。转移走工人的收入是一个可以预想到的结果，因为网络宠儿们可以从欺骗中得到乐趣，他们窃取了自然资源的租金。没有人预料到这次经济的发展，这也是为什么政治家们要误导人们相信良好的统治带来了经济持续增长的原因。

残酷的事实向我们讲述了一个完全不同的故事。在美国，自从 1974 年以来，原先劳动生产率的增长速率是每年约 2%，现在却下降到了每年0.8%。研究1945年以来的发展趋势的经济学家问道："信息技术及相关技术的引进带来了科技的进步，在这个时候劳动生产率增长却减缓了，这不是很荒谬吗?"1974年也是一个转折点，这时收入不均等现象与日俱增，而此时新计算机的成本已开始大幅度下降。

但是，如果劳动者的收入伴随着计算机的成本减少而明显减少的话，那么谁会从最新的赚钱手法中获益呢？新经济的净收入（除去生产成本之后剩下的收入）随着一条平凡的路线，从财富创造者的双手流向那些坐享其成者的口袋里，他们甚至都不需要举手就可以致富。老问题延续至后工业时代，因为基本规则都保持一致。

因此，今天的迷惑在过去同样困扰过政府。例如，为什么我们不能为每个人都提供像样的住房？我们拥有技术，我们也拥有沙子和水泥。不仅是欧洲没有实现标准的住房，南美也没有。为什么在人们的头顶上盖上屋顶总是这么困难呢？官方真实的答案是没有答案。（2002年，英国住房的产出下降到了20世纪20年代曾经达到的水平。）那么为什么我们不知道答案呢？没有人认真地诊断过这个问题。当政府把眼睛遮起来的时候，他们能采取"正确的"行为吗？那是英国内阁经济服务的主要部分所得出的结论。格斯·O.唐尼（Gus O. Donnel）（即将成为永远的财政部长）已经着手改善政府作决定的方式，但是他的报告却变成了破坏官方信息的言论和管理贸易的工具。尽管在房屋政策上已经投入了巨资，那为什么还有成百上千的人仍然无家可归呢？"政策改变的现实影响是没有模型的，也是不为人知的。"[①] O.唐尼发现政府的地产收益模型也是如此。如果企业家们打算投入上亿的预算，却不知道对他们的资产负债表和客户将产生的影响，他们必将受到财政方面的惩罚。但是，他们大多可以逃脱政治领域的处罚。在英国，作为奖赏，他们通常能够升迁至上议院。

但是总有人需要给失败埋单。乔·帕布里克（Joe Public）成了替罪羔羊，错误在土地市场上被放大，而且对每个人都造成了伤害，只要还允许掩饰被土地市场放大的政府的玩忽职守行为，他或她就一直是失败者。

---

① 尼古拉斯·提姆（Nicholas Timmis）："建立社会改革新途径"，《金融时报》2000年1月31日。

第三节　公共财产理论

宇宙规则仍然有效。这就是历史不断重复的原因。回想19世纪新世纪时期著名的土地热，在21世纪初期，出现了类似的土地热——原因是网络空间地址的归属。2000年初，仅在英国就有多于130万的网络地址被计算机用户注册。

租金不仅取决于资源的质量，还取决于规制资源使用的法律。是什么使得摩纳哥这片介于法国与地中海之间两平方公里的土地如此有价值？其价值远远超过了里维埃拉［南欧沿地中海地区］以外朝西班牙或意大利方向相同面积的土地。众所周知，答案是引诱大量百万富翁到这个集中区域来的税收政策。正如许多摩天大楼一样，个人的王国能够建在任何一块土地上，也可以挖入地下。现在，通过在海平面以下建立一个30米深的巨型混凝土容器，海洋下面的土地也被变成了有价值的不动产。大多数能容纳2500个人的格里马迪圆形剧场都建在海洋以下。在盐水区以下建造一个现代会场和展览馆需要特别费用，实际上在世界任何其他地方这都是不经济的。但是，在摩纳哥，税率较低，而土地的价值很高。税收是从净收入或租金里给付的。如果国家没能捕获土地市场的表面收入，那么它们就会被土地拥有者们据为己有。所以，土地的价格不仅取决于科学技术发展的水平，还取决于政府的税收政策。

知道了土地与人们在其上或下所作的改善之间的价值差别，我们开始觉察到为什么“新经济”只是一种新的假象，这种假象曾经作用于旧经济周期。了解是采取防御的先决条件，也就是说我们必须具备从两者的联系中推导出结果的能力。

- 形成商业周期的驱动力是对土地资本收益的追逐。
- 政府通过地租手段悄悄地干涉我们的生活。地租的分担和多少由税收体系操纵。

作为社会的一员，我们需要关心吗？我们依靠税收来支付公共服务，而地租是税收的主要来源，要做出全面的评价，我们必须强调这一点。租金收入愈多，政府能花费在公共服务上的费用就愈多，作为个体我们是无法承担这笔费用的。

如果我们要对改革的本质作一个道德上的评价，即我们应该要求民主政治，那么重视三合一的交互式程序——个体、社会和自然——是很重要的。前面我们所提供的有关历史的观点是一个很好的切入点，但是只有当我们使用正确的公共财产理论时它才有意义。在过去，政府管理时根本不考虑公共财产权，他们只关心个体权利理论，以及他们的私权和私有财产。① 那就是为什么地租的新层面会脱离自然，为什么物资发展会与新一轮的政治混乱、武装冲突以及个体不幸密切相关。

地租最初的表现形式是劳动者开垦土地所产生的剩余价值。那是人类历史上的第一次社会变革。6000 年以前的第二次变革建立在级差地租基础之上。城市居民的协同工作可以大幅度提高人们增加社会收入的能力。但是，由于道德价值体系跟不上物资的进步，技术、科学与管理的前进就不可能是绝对的福祉。

水上贸易提高了生产率，首先是在地中海一带，接着是海洋周围的城市。这一贸易形式一直持续到 18 世纪。这也正是奴隶贸易——建立在从非洲榨取地租之上——鼎盛的时期。这种对地租的使用方式应该受到谴责，因为这不是一般意义上的雇佣。但是，奴隶贸易者把他们抓获（或者从非洲市场上购买）或者卖给新大陆殖民地地主的奴隶当作牲畜。布里斯托尔和利物浦的奴隶买家通过奴隶贸易致富，他们把奴隶当作一种免费的自然资源，从非洲大陆上收获，然后在美国市场上出售，价值等于帆船在强风中往返大西洋的费用。大量积聚的财富实际上是“地租”。弗吉尼亚州甚至通过了一部将奴隶划分为不动产的法律。这并没有冒犯奴隶贸易经济学。非洲人并不“天生”是商人资产负债表里的成本。他们可以“免费”得到，其价值可以划分为地租，因此，他们是一种“自然资源”。②

---

① 坦尼亚·罗斯卡（Tanya Posleo shnaya）、弗雷德·哈里森：“危险理论：作为意识形态工具的利己主义方法”，《地球保护者杂志》OI（I），2001 年春。

② 1781 年，英国人民被奴隶船 Zong 的主人的行为震惊了。他将 132 个生病的奴隶扔下船，然后申请保险理赔。他辩称他有权这样做，“抛弃一部分货物以挽救其他的”。在继而发生的庭审中，当他把奴隶的命运比做处置一船马时，法律竟然支持罗德·曼斯菲尔德的这种解释。引自詹妮·尤格：《月球人：虚构未来的人》1730—1810 年，伦敦：外事局，2002 年，第 410 页。

18 世纪晚期，地租的转换形式被揭露出来。例如，自然状态下的水结合木头和钢铁可以产生水电租金（hydro rents）。在 20 世纪，随着内燃机的出现，燃油租金出现了。在 20 世纪下半叶，燃油的成本可能是每桶 5 美元，但是售价却是 20 美元，每桶 15 美元的燃油地租为大量的私人财富建立了基础，也是诸如挪威和阿拉伯这样的近东国家积累公共财富的手段。20 世纪 90 年代，电磁铁系统登上了历史的舞台。人们已经使用无线电话和电视 50 多年了，正是这种微型芯片将射频频谱的经济价值增加了好多倍。

公共财产理论与建立在理性原则基础之上的公共财政政策有着不解之缘，如果社会曾经使用公共财产理论，那么科技的进步将会带来更多的快乐。

相反，政策之外更加混乱，公共领域应负起法律责任。例如，有谁知道隐藏在基因里的人的天性的秘密。克林顿总统和布莱尔首相在 2000 年 3 月联合发出呼吁，希望基因排列方面的信息能够被“世界范围内的科学家自由使用”。基因库是公共资源还是私人财产？你不认为这是哲学家、法学家和政治家在很久以前就应该解决了的问题吗？很显然这不是诉讼，因为美英两国首领的陈述抹去了生物技术公司上亿美元的资产。

由于信息误传，公共政策屡屡遭受挫折。例如，20 世纪晚期，农业地租不再是衡量自然生产率的手段。发给农场主的津贴表面上是帮助他们生产粮食（在欧洲，大部分粮食都被贮存起来了，因为消费者不需要），实际上更多的是为了给城市居民提供美丽的休养场所。土地拥有者们雇佣的游说议员利用人们对绿洲的向往之情，极力劝说政府慷慨使用纳税人的钱。转移给农场主的资本变成了土地的价值。在英国，那一过程明显建立在信息的误传上，人们使用农业收入的统计资料来歪曲政治演说，并重新分配纳税人的钱。①

情感、财政允诺以及公共政策之间的复杂关系使得有关土地所有权与使用权的讨论复杂化。为了解开这个复杂体系，我们必须警惕它们在新千年的发展。租借月球是所有出乎意料的挑战之一。提取月球上的矿

---

① 邓肯·皮卡德（Duncan Pickard）：《地理走向》（*Life of the Land*），伦敦：Shepheard-Walwyn/Land 研究会，2004 年。

石是一些公司的下一步计划。但是，2000 年 9 月 8 日，在英国，第一项榨取月球的计划被公布在网上。10 英镑，一个船夫就可以买到月亮上向阳一面一英亩的土地，还包括所有权协议。Moon Estates 公司在广告中说他们拥有转让站点的特权，这些站点是从一个叫丹尼斯·M. 霍普（Dennis M. Hope）的人那里得到的，他声称已经于 1980 年在旧金山州办公室签订了所有权转让协议。对于投资者来说，如果购买月球上的土地听起来比较鲁莽，那么在 20 世纪 70 年代早期的土地热时期，购买苏格兰高地的泥煤地的投机者就更加鲁莽了；在 20 世纪 20 年代的土地热时期，购买佛罗里达海岸上的沙丘的那些人也是如此。虽然购买月球土地的产权证书无疑是无稽之谈，但是对月球的投机行为已经开始。通过发起网络空间的投机买卖，有的人会得到丰厚的回报。有一天，投机者会从月球上开采矿石，月球上特定区域的租金将会运送回地球。听起来像是在做白日梦，但是我们应该提醒自己，钻矿已经被从海底开采出来了：联合国大会已经明确规定那些资源的租金收入必须用于服务人类，而不能被企业的股东们所窃取。①

---

① D. R. 丹曼（D. R. Denman）：《海洋以下有市场?》（*Markets Under the Sea*?），伦敦：经济事务协会，1984 年版。

第十章

在美国创业

第一节　债务与破坏

在2001年，有一种错觉被广泛传播了六个月：美国的不幸将主要发生在华尔街。人们不想留意苏黎世的财政巫师们的警告。早在2000年6月5日，国际结算银行就曾警告说全球经济面临着一个“硬着陆”问题。资产的名义价值不断上升，尤其是住房，消费者在这些之外的花费也很大方。11个月之后，世界贸易组织宣称全球贸易增长率将是1999年所达到的12.5%的一半。在2000年，全球市场上的贸易额几乎达到6.2万亿美元——两倍于前几十年的年平均贸易额——这一峰值不久就会被砍平。谁——什么——应该受到责备呢？

我们不能将经济的萧条归咎于通货膨胀，能源的价格优势已不复存在，因为人造能源的成本已经大幅度下降。10年时间内，价格由原来的均价降到了历史最低点。雇员——政治家们最喜爱的替罪羊，不应该被当作代罪羔羊一样对待：工资待遇并不是造成产品价格超越消费者购买力的原因。

由美国核心贸易区辐射开来的第一波经济衰退已经向东方蔓延开去，穿过大西洋直达欧洲海岸。在这些沿海国家中，有没有一个能够担当起抵挡萧条浪潮的缓冲器作用呢？英国的GDP总值已经达到了8.36千亿英镑，取代法国成为继美国、日本和德国之后的第四大经济强国。与英国相比，法国的生产率和人均GDP仍然高于英国，它与英国之间仍然存在贸易盈余，但是法国的失业率却是英国的两倍，主要原因是法国的制度缺乏灵活性，难以抵抗来自美国的负面压力。

德国也担当不了缓冲器。在努力统一往昔的共产主义分裂的过程中，巨大的花费降低了它的国力。在努力改革东德早期的经济形式的光荣行动中，寻租动机正在蔓延。发展策略中的象征性缺点是柏林银行法理社会（Bank-gesellschaft Berlin），即新首都最大的金融机构。2001 年夏天，在那恶名昭彰的柏林墙被一点一点地拆倒十年之后，它被迫在新资金中寻求 20 亿欧元（12 亿英镑）以防止破产。由于抵押贷款作为资本预付款带来了不少呆账坏账，这些坏账使得这个机构的情况全部曝光。但是，遭受考验的并不仅限于一流的金融机构。播音员海格·西蒙尼安（Haig Simonian）用这样一句话总结了这次危机：

> 自从 1990 年以来，西德那些有钱人，从律师到（联邦德国）汉莎航空公司飞行员，凡在柏林产业投资中遭受损失的人加起来与一度分割该城市的柏林墙的长度几乎一样。①

全球化的结果开始从美国传入到欧洲。100 年以前，当英国还是“日不落帝国”的时候，国际贸易就如国家间相互交易所能达到的一样，实现全球化了，但是现在商业周期的发作开端已经改变。今天，显著的发展是循环的同步化已成为一个趋势。

在 19 世纪，国内商业周期是根据他们自己的时间表发展的。因为这些周期不同步，他们之间起着相互抵消影响的作用。一个国家的经济萧条可能会部分地抵消世界另一边的经济繁荣。这种缓冲作用有利于缓和经济发展的高峰与低谷。美国经济的繁荣可以吸引已经陷入经济萧条的英国的失业工人。

因为国内的金融机制，财产法和财政政策都相似，所以每个周期的操作时间都是 18 年。然而由于历史原因，每个周期的开始点各异。因此，要扭转那些趋势需要采取大量的平衡力量。在 20 世纪，趋势果然被扭转了。两次世界大战已经施加了足够的反作用力，阻止了那些周期继续沿着既定的时间表发展。枪炮声销声匿迹之后的几年内，战争还将对世界经济产生致命的影响。在它们的帮助下，不同的周期被淘汰出去，欧洲、北美和日本等工业巨国被连接起来，成为一个统一的周期。

因为欧洲和日本在 1939—1945 年间失去了理智，战后整整十年商业都不如往常。结果，所有最主要的工业国家已经跃跃欲试——几乎同

---

① 海格·西蒙尼安：“混乱的城市”，《金融时报》2001 年 5 月 30 日。

时开始它们的战后经济循环——大约是1955年。[①] 非常巧合（见表6-1），那促使英国的经济重回到历史的轨迹。结果是18年一个循环周期，集中表现在：1956年到1974年和1974年到1992年。然而，这些并没有完全与全球周期吻合，因为政府部门仍然试图保持经济的自治性。但是与此同时，迫于政治和经济的压力，他们不得不在一些大型集团和组织间协调好自己的利益。

君主制，这一与19世纪的国家政权密切相关的形式，在1992—2000年周期的开始即告终结。欧洲和北美巩固了它们的自由贸易集团，而且计算机技术的发展意味着没必要对领土边界进行破坏——在卫星的帮助下，它们变得陈旧，可以被一跃而过。至此，第一次整体的全球经济周期已经形成，世界每个角落的经济生活被划分，以适应18年的正态分布周期变化。

美国是推动经济发展的原动力。20世纪90年代初，美国是最先陷入经济萧条，也是最先恢复过来的国家。它的领导作用归因于许多因素，最重要的当数其世界第一的领土面积。1992年即是经济萧条最严重的时期，也是经济开始复苏的时期。在克林顿执政时期，点燃经济增长之火的火箭发射器变成了几个独立的装束。

- 苏联解体后没有人负债，以至于资本主义占据着至高无上的地位。美国成为全球市场环境下的领军人，在经济和军事方面无人匹敌。美元成为世界通用货币。就连俄国人也倾向于用美钞而不是卢布来保存他们的存款。
- “新经济”具有诱骗的能力：稀薄的空气中都充满着运气。或者，至少在计算机技术进步和个人电脑价格垮台的时候，它是人们信仰的后盾。这是一条通往租金收入（从电磁光谱）的新道路，可以增加人们致富期望的风味。

国际清算银行在其于2000年6月发表的年度报告中，将20世纪80年代的美国与日本进行了比较。高生产增长率、低通货膨胀率以及资产价格爆炸的联合在经济内爆时期终止了，在20世纪90年代时期，日本一直没有从这次经济萧条中恢复过来。经济的崩溃是由土地市场上的投机造成的，这一时期土地价格一路飙升。价格背后的实质在于银行一度

---

① 哈里森：《土地的力量》，第79页。

扩大贷款超过了可承受的限制。

在经济衰退中，那种潜在的趋势达到了顶点，我们有两种方式来分析它们。第一种方式是对制度和市场过程的分析。第二种分析方式要借助于收入分配趋势。我对1991年始于美国的一个18年周期的前半部分的分析就从市场制度开始。

在1990年之前的那个后半部分周期里，美国的经济处于衰退期。直到工商业大楼的超量供应现象被缓解之后，经济才开始增长。直到1993年，产权市场都不景气。在这段时期，办公室价值有40%—50%都崩溃了。在1994年，企业家们开始吸收部分突出的空闲资产，但是紧收速率非常缓慢。1997年，新建筑业生机勃勃地开始了。尽管在亚洲金融危机及紧随其后的1998年俄罗斯危机时期，房地产市场有些呃逆现象，但是现在又恢复了活力。资本源源不断地涌入华尔街，然后通过房地产投资信托公司倾吐出去，一片繁荣景象。抚恤基金的管理者们并不急于直接买进财产，他们希望能够自由地玩玩变幻莫测的股票（这是他们最大化贸易收益的方式）。因此，他们购买房地产投资信托公司的股票，股票的价格使他们能够在商业中心区和城郊商业区周围房地产竞价中处于领先地位。

在1998年，建筑业供应了10亿平方英尺的新办公楼——比前一次经济周期（1987年）所达到的最高值还要多。市场已经“过热”。然后，在1999年，市郊地区的办公楼空置率开始上升。1997—1998年间，工业空间的产出翻倍增长，到1999年，产出才保持在了那个水平。供过于求。华尔街的分析家们应该已经拉响了警报。

1998年第一季度，用于商业发展的土地占据了国内房地产市场的约30%。1997年后三个月和1998年初，流入土地市场的资金使得每英亩土地的均价以年39%的速率增长。不动产经济的生产率与工资和利润3%—10%的增长相挂钩，因此经济很难以适应房地产这样的增长速率。监测机构——如商业投资不动产协会（Commercial Investment Real Estate Institute）——会公布一些数据，这些数据应该能够再现历史的相关情形。相反，分析人员大多保持沉默。为什么房地产市场又一次成为引发下一次经济萧条的主要因素呢？安东尼·唐斯（Anthony Downs），华盛顿D. C. Brookings研究会高级会员，著名的房地产评论员，他给出了下面的解释：

> 20世纪80年代，房地产市场过度开发的原因并不是信息的缺乏。另外两个因素更加重要。首先是房地产开发者们的任性态度，每个人都认为自己应该开发自己的工程，即使总市场出现过度开发，因为他需要在竞争中胜出。那种任性是某些成功人士的性格的基本要素。但是统观所有的开发者，这种特性却导致了房地产的过度开发。其次是金融机构人员强烈的赚钱动机。今天，这种动机依然存在。
>
> 在我所认识的开发者中，没有谦卑精神的大量涌现。过度开发的倾向依然存在。资本源仍然迫于压力继续将钱放贷出去，即使资本是来自于华尔街的。①

唐斯博士著有大量经济与政策理论方面的专著，他的评论是建立在自己对资本市场一生的研究基础之上的。许多不动产投资商向他请教，联邦政府机构也采用他的专家意见。所以1999年9月，当他说“我不认为2000年会再次爆发全面的经济危机”，许多规避风险的投资商大大地舒了一口气，他的这一论断可值不少钱。不幸的是，在2000年中期——

- 收入增长急转而下；
- 第一期失业险主张开始增加；
- 固定资产及软件领域的商业投资开始下降。

唐斯博士并不是唯一的放心预言者。在2000年5月，经济合作与发展组织也发表声明，它相信美国确实已经揭开了“新经济”的秘密。对房地产领域所作的精密观察未能引起人们对年前打击制造商的经济危机的焦虑。美国发现自己在2001年受困于经济萧条中。

但是，如果制度上的手段不能够警醒投资者，那么对于收入分配基本趋势的经济预测的诊断也不可能有任何效果。因为这种手段被复杂化了，原因是我们必须知道在政府公开统计数字之前如何揭开政府对收入

---

① 安东尼·唐森：“我们现在处于不动产周期的什么时期？”1999年9月1日，www. anthonydowns. com。

的影响。不幸的是，政府不愿意让我们了解收入在土地、劳动力与资本之间的真实分布情况。如果我们想知道地租收入对商业周期的影响，我们就需要知道这一分布情况。为了监测收入的涨跌——我们生产了多少，在生产要素间是否有变动趋势——我们需要信任统计数字。但是土地和其他自然资源的租金在国家统计中未受到同等重视。19 世纪，政府对租金等级的伪装变成了一种艺术形式，他们有义务掩饰自己在财政政策中的偏心。[①] 租金正式被删除是于 20 世纪确定的。例如，1995 年，英国决定为了国家的收入统计，“租金最好是被当作一种商业利润的形式——从租赁不动产的商业得来的营业账户盈余——而不是作为特殊的生产要素的收益形式”。[②]

可信的税收管辖权能够计算出土地的价值和租金收入。加拿大有一个这样的例子，他们用圆木材积表统计了所有的信息。如表 10 - 1 反映了自从 1979 年以来每年价值的增长。从表中我们可以看到土地价值的涨跌。反映土地价值变化百分率的那一栏，显示了 20 世纪 80 年代早期的中期繁荣，以及紧接着的 1983 年的低迷时期；即 1982 年的年增长率还是 40%，到 1983 年，其价值就下降了 20%。胜利者的祸根起于 1989—1991 年间，先是 1991 年土地价值的年增长率高达 60%，接着是 1992 年的极度衰退。

在统计表中，将土地与建筑物的价值分开来管理的基础是由一名美国财产评估员建立的。他名叫特德 · 沃特尼（Ted Gwartney），1973 年受雇于美国财政部，担任顾问。他使用了由专业团体提供的一些研究方法。他建立每年重新评估房地产价值的建议得到了立法机关的采纳。1975 年，他被任命为估价委员。他成功地完成了全省范围内所有房地产价值的重新评估。他建立起了一个数据库文件，每年可以对所有的房地产价值进行更新。在圆木材积表中，你可以看到财产值从 1975 年的 879130 增长到了 2000 年的 1623097，财产的市场价值从 1975 年的 420 亿增长到 2000 年的 4030 亿，土地的价值从 1979 年的 296 亿增长到

---

① 凯文 · 卡其尔：《谁是英国的主人：英国和爱尔兰土地使用权背后的秘密》，爱丁堡 Canongate 出版社 2001 年版。

② 《国民收入统计：资料与方法》，伦敦皇家文书局 1956 年版，第 332 页；引自菲利斯 · 迪安妮和 W. A. 科尔《英国经济增长，1688—1959》，剑桥大学出版社 1962 年版，第 241 页。

2000年的2221亿。尽管工作量不断增加，但是使用计算机技术可以减少工作职员。

表10－1　财产评估圆木材积表（1979—1998）

	价值（10亿美元）			年增长率（%）		
	总　量	土　地	建筑物	总　量	土　地	建筑物
1979	81.5	29.6	51.9	5.57	N/A	N/A
1980	94.1	39.1	55.0	15.46	32.0	5.9
1981	123.1	53.7	69.9	30.84	37.23	26.30
1982	157.1	75.3	81.7	27.59	40.22	17.62
1983	138.3	59.5	78.8	－11.97	－20.97	－3.50
1984	140.8	59.9	80.9	1.81	0.73	2.62
1985	145.7	62.2	83.5	3.48	3.86	3.20
1986	147.7	62.5	85.2	1.37	0.42	2.08
1987	135.5	61.5	74.0	－8.26	－1.54	－13.19
1988	140.4	63.6	76.8	3.62	3.39	3.81
1989	163.3	78.2	85.4	16.52	22.95	11.20
1990	170.0	79.7	90.3	3.91	1.96	5.70
1991	238.3	127.7	110.6	40.18	60.20	22.49
1992	245.5	128.9	116.7	3.06	0.95	5.51
1993	309.4	169.5	135.4	24.14	31.48	16.04
1994	343.2	196.7	146.5	12.56	16.00	8.25
1995	373.2	215.2	157.9	8.73	9.44	7.77
1996	384.4	218.7	165.7	3.02	1.60	4.95
1997	395.2	223.9	171.3	3.81	2.39	3.37
1998	403.0	222.7	180.3	0.02	－2.42	3.21

数据来源：1978—2000年维多利亚的圆木材积表年评估报告（*Annual reports of british Columbia assessment Victoria*），British Columbia。

在1990年之前的20年间，圆木材积表中土地的价值增加到了

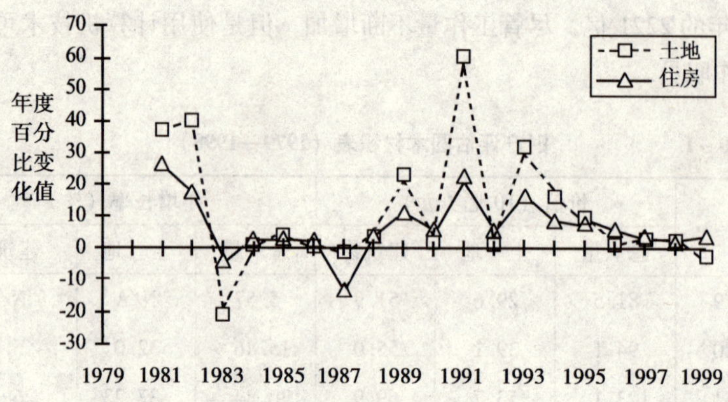

图 10－1

625%。与之相比，房屋的价值增加到了 247%。政府因为发表了可支撑经济增长的演说而被指责。那么，圆木材积表中的那种可供使用的土地的价值数据与之有关吗？根据传统的经济学理论，两者似乎没有关联。土地市场一直都没有被纳入经济学家的理论中。结果是人们容易受到创造性发明的影响，因为那些发明适应于每一个狂热投机的时代。一种新语言被发明出来，目的是诱惑投资者放弃他们手中的钱。在数字时代，提供给受害者的奖赏就是“新经济”。然而，还有另一种创造财富的方法。

如果说“旧经济”的财政预测的机制不透明，那么“新经济”更是如此。在“新经济”时期，金钱显然可以从稀薄的空气中创造出来。当格林斯潘为“资产价格”苦恼的时候，美国政府和联邦储备系统正主持创造有史以来最大的信用幻想计划（credit bubble）。人们通过借贷购买互联网公司的股份。1999 年工人缴纳了 4500 亿美元的所得税，联邦政府需要多少这样的税收以负担 6 万亿美元的国家债务呢？公共负担被平分成了私人债务。此信用计划背后的驱动力是因为财富探求者们失去了耐心。

在过去，快速致富的梦想是建立在土地投机基础之上的。地租收入被资本化为可交换的资产。当人们的期望开始超过经济的容量时，他们就陷入自我欺骗的幻想过程中。他们脱离实际，拿自己的前程赌博，涉世未深的人可能会付给他们超出土地所值的价值。在 20 世纪 90 年代，拥有（或主张拥有）自然资源的人或公司已经失去了耐心，他们不想等待租金的自然增长。在股票市场，他们可以通过卖出股票或其他极富创造性的财政工具来保证租金的安全。不需要缴付产品就可以产生资本收益。

货币与银行存款量都在扩大。在十年期的开始，财政部门的总借款达到2.4万亿美元，到1999年末，则高达7.6万亿美元。商业票据的出现使得借款从5260亿美元扩大到1.4万亿美元，增长率为166%。被假定为“资产靠背”（Dsset-backed）的商业票据，在7年间其价值增长超过了1000%。商业票据是银行用来扩大贷款的工具，而那些贷款是不必要编入资产负债表的。这就意味着他们可以规避联邦储备制度，这一用来确保货币稳定地供给经济市场的制度。

但是，当西方政府告诫亚洲国家需要财政谨慎和透明的同时，我们还需要研究出新的方法来追踪银行的轨迹，他们通过信用金字塔已经做成了大量的投机买卖。加入准银行家和货币市场革新家的行列，他们可以发现限制银行的方法，这些方法将贷款与资本基数额度联系起来。现在，银行与非银行机构之间的界限变得模糊不清。因此，“货币供应”达到某一点后就再也不能被限制了，更不用说被控制了。“新经济”就像国家航空航天局的火箭一样起飞，以复杂的财政工具作为能源形式，这些财政工具超出了人们的理解，人们的存款和抚恤金都危如累卵。

互联网权威人士托尼·帕金斯（Tony Perkins）警告道：这种投机型投资将会带来华尔街股票市场的毁灭。美国互联网公司的联合价值是4000亿美元（2439亿英镑），据他统计，这其中几乎有一半的价值都归因于市场类型和投资者的愚蠢。帕金斯非常见多识广，他是Red Herring的共同拥有者，加利福尼亚互联网投资者中的权威人士。他飞到伦敦来发行他的著作《网络泡沫》（*Internet Bubble*），在采访中，他警告投资者不要跟风。

但是他们仍然挤在一块儿。诱惑实在是太大了。拿着普通工资的人转眼间就成了百万富翁。据纽约大学经济学教授爱德华·沃尔夫（Edward Wolff）的研究，净值超过1000万美元的房屋主的数量在20世纪最后十年继续增长，从67700家增长到约35万家。净值在100万美元以上的家庭的数量在2000年3月达到了500万家，比1983年的两倍还要多。百万富翁的平均年龄下降了：那些家庭掌握着最顶端1%的资产，5%的资产掌握在年龄在35岁及35岁以下的人手中，而1983年仅有0.7%的人处于该年龄段。1999年，《财富》杂志确定了267位拥有净资产超过10亿美元的美国人，而1983年仅有13位。财富的几何级数增长显示了财富的来源：在20世纪80年代，富人通常是好莱坞或华尔街的产物。现在，他们更多地集中在硅谷。①

这种"财富创造"不确定性的测量标准是差额债务——贷款购买股票——这在1999年占据了股票投资总额的1.6%。这是自1994年以来比率最高的一年。财政当局担心太多的市民投入股票市场的资金比率过高是正确的，华尔街的一次崩盘可能会突然榨干他们购物的欲望。这也会引发零售商存货数量的缩减，以及制造商订单量的锐减。

根据制造商们有关产品需求量减少的相关报告，2000年底的经济崩盘是不可避免的。纽约商业研究组织在2001年1月30日发表通知说，他们对业主的调查显示消费者的信心已经降到1993年曾经见过的水平，即1991—1992年经济萧条的晚期，显然对"新经济"的最后一击已经来到。信心这个词早就为报纸所报道过。艾伦·格林斯潘充满信心地说，即使美国的经济现在以"几乎为零的速度"增长，经济萧条仍然是可以扭转的。他坚持认为，关键问题是"紧缩的程度是否足以打破消费信心的结构"。

格林斯潘的分析被呈现给了参议院预算委员会。媒体充满信心地预测利率会进一步削减，为了支持市民的信心，政府不惜铤而走险。但是利率削减可能会鼓励人们进一步负债。相应地，土地的价格会复苏（在那些房地产市场被削弱的地方），或者被推得更高（在那些土地价格持续上涨的地方）。所以，为了抵消2001年的中期萧条——低利率——联邦储备银行在复苏期间使用的工具很可能是加重人们承受的价格，因为经济正自发地朝着投机泡沫经济发展，演化为胜利者的咒语。

第二节　掠夺的财政

1999年的信用分等级预示着美国内部现有经济制度下经济潜力已

① 罗拉·M.霍尔森（Laura M. Holson）："没有什么可以买"，《纽约时报》2000年3月3日。

经耗尽。当年美国业主们的抵押贷款几乎扩大了10%，远远超过了平均工资与薪水的涨幅。公司贷款涨幅超过11%，财政部以17%的比率扩大贷款，在原有债务的基础上又增加了超过1万亿美元，这是第二次债务扩大超过1万亿美元。在新千年年末，财政部门的负债超过了7.6万亿美元，在前5年里增长率超过了75%。1999年额外的债务超过了GDP的额外增长，两者的比率是5∶1。房地产市场注意到，每一套住房的平均价格逼近了20万美元的标准价格。联邦房屋财政委员会的研究结果显示，31个房地产市场中有9个都在下调房屋的价格。尽管如此，全国范围内的情况被评论员描绘为“健康”增长。旧金山州保持着最贵的市场，这里的平均价格处于整个房地产价格的顶端，高达34.72万美元。

有一个指标可以测量美国家庭由于房屋负担能力快速下降而导致的压力的程度。美国住房和城市发展部（HUD）所谓的“双重负荷”城市正沿着危机的轨迹前进。2000年1/8的城市都属于这一类别。它们的失业率超过50%，高于全美失业率，而且自从1980年开始，它们或者每年有5%以上的人口流失，或者每年的贫困率为20%甚或更高。67个双重负荷的城市中就有48个实际上是“三重负荷”，它们遭受三种特性的影响。①

干瘪的数字掩饰了质量数标度所带来的痛苦，但是分析家没能将社会萎靡与其根源——土地市场联系起来。美国的繁荣地区面对着购房的压力，这对于“迫使租金以多于150%且高于通货膨胀的速率增长具有重要意义——这也带来了房价的暴涨”。② 在1999年前的三年里，消费价格指数（CPI）上升了6.1%（2%每年），租金上升了9.9%，住房价格上升了16%。美国市民得到了自然的慷慨捐献。但是尽管未开发土地被大量开发，高昂的平均价格194300美元（1999）反映了“旧经济”谚语通用的真理：最要紧的是位置、位置、位置。

税收系统以一种滥用位置原则的方式促进了土地的耗尽。美国的结果是“土地消费的加速增长”……这严重破坏了城市与郊区人民的生

---

① 美国住房和城市发展部，《2000年城市状况》，第31页。

② 同上书，第3页。

活质量。[①] 当人口以每年1%的速率增长时，提供给单身家庭住房用的土地的增长率则是其两倍——即每年2%，或者是从1994年以来，每年增加230万英亩。20世纪50年代以后，土地使用的年增长率是人口增长率的三倍还要多。[②]

对土地的浪费征用实际上是对人们生活的贪婪攫取。当房屋所有权扩张的时候，来自手工制品行业的掠夺者增多。罪魁祸首是美国政府所谓的“掠夺贷款”。其发生在：

> 贷款人……能够参与土地使用权滥用，例如高收费、高利率，以及预付违约金等。这些行为造成大量人丧失抵押品赎回权……尤其是在少数民族和低收入人群市区。[③]

1998年与1993年相比，个人贷款增长了10倍，从8万增到了79万。富裕与贫穷相伴而生，贪财人的富裕建立在穷人身上——“最易受伤的房屋主——老人、少数族裔以及低收入家庭——债务负担过重且得不到公平对待。大量的事实显示，这些掠夺性贷款条款令人难以忍受，结果是很多家庭因丧失贷款赎回权而丧失了住房”[④]。

直到2000年，卖房者们的策略划分为投机买卖晚期著名的二元论思想。高昂价格迫使一些美国人通过向银行贷款买房，他们根据买进价格向银行存款。但是其他人付一半以上的现款，正如他们买更高价的东西一样：高价卖出自己的住房，为了在将来得到更多的投机收益，他们将钱投资到更合意的、更贵的住房上。[⑤] 格林斯潘认为这些家庭是“交易成本”的受害者，但他们似乎并不信服格林斯潘对他们心态的描述。

---

① 美国住房和城市发展部，《2000年城市状况》，第61页。

② 同上书，第63页。

③ 同上书，第ⅷ页。

④ 同上书，第60页。

⑤ 埃德文·麦克道尔（Edwin McDowell）：“抵押贷款：直上、直下和侧部向前”，《纽约时报》2000年6月25日，第二节，第1—6页。

……房地产市场上的买卖引起基本的交易成本，当大部分住房被卖出时，出卖者必须实际搬离原住房。经常这样做会产生较大的财政和情感成本，造成房地产投机泡沫，妨碍经济。[①]

“受害者”的回答是：当土地的价格上涨的时候，交易成本其实是微不足道的。

比尔·克林顿执政的最后一年，束缚更紧了。作为消费者，美国家庭的消费信心下降到7年的最低点。这个时间选择适合第五章讲到的理论模型。7年的增长完成了18年循环周期的前半部分。作为房屋主，家人都备受抵押贷款负担的折磨，那一时期这种负担达到了历史最高点。即使越来越多的美国人正在买房子，但是他们真正享有的房产净值非常低。对消费力的影响就是削减经费。在2000年第3季度，消费者所付的利息等于他们可支配收入的14%。这是自1987年以来的最高水平，也是前一周期的制高点。这也促使了房屋价格的加速增值。从几个连续的周期可见，房屋价格增长的幅度也呈上升趋势，每年的变化百分比是：1976—1979年，13%；1984—1989年，17%；1995—2003年，36%。[②]

虽然表面证据已经证实土地市场是经济健康与否的基本决定因素，但是经济人格化的方式对艾伦·格林斯潘的名声有意想不到的影响。当乔治·W. 布什执掌白宫的时候，谣言四起。当老布什执政时，格林斯潘的名字与90年代早期的经济萧条联系在一起。乔治·布什指责格林斯潘提高了利率，引发了克林顿第一次赢得选举以前的经济萧条。仅仅因为小布什不想承担经济责任，格林斯潘现在就需要对其他经济危机承担责任吗？

18年周期的前半时期是一个惊人的增长阶段。财政家们从虚假的预言中赚了100万美金，而那些预言只是随机事件。这些人把联邦储备银行负责人奉为圣人。股票投机者合理评估股票的价格是建立在对格林斯潘的财政政策信任的基础上的。直到2001年4月，有4万亿美元被

① 艾伦·格林斯潘：《众议院连接经济委员会宣言》2002年4月17日。

② 乔纳森·麦卡锡（Jonathan McCarthy）、理查德·W. 普奇（Richard W. Peach）：“房屋价格是下一个‘泡沫经济’吗?”，纽约联邦储备银行《经济政策评论：前瞻》第一章，第2页。

投入股票市场。不可避免，问题出现了。需要有人顶罪，因此倒霉的75岁行政首脑首当其冲。目前，人们指责他不该鼓励不现实的投机。而他4年以前发表的有关“失去理性的繁荣”的警告一文不值。投机者们认为格林斯潘知道自己在做什么，他也会通过下调利率帮助他们安渡难关。

1999年股票的价格几乎就是天文数字，这个时候格林斯潘应该通过提高贷款利率来冷却华尔街商人们的热情。可他没有这么做，这也是后来当这个杰出的失败者寻求公众原谅时备受指责的原因。但是，尽管2001年春季经济遭遇下滑，美国股票仍被高估了3.5万亿美元，根据沃里克大学马库斯·米勒（Marcus Miller）教授的观点，现在采取救济措施已经太迟了，其实早在2000年，他的初步分析就被联邦储备银行研究过。

随着美国股票市场的崩溃，那些靠赞扬股票和股本的价格来赚取佣金的博学者们仍然英勇作战，声称股票市场会实现“软着陆”。即使是国际金融研究机构也不愿意在经济陷入全面萧条的初期对这一低迷时期进行分析。但是分析家们被误导了。这次的萧条与往日不同。这次萧条是全球范围内经济增长的终止，而且国家统计机构缺少能将经济影响反映到计算机屏幕上的微观经济学分析工具。

当跨国公司报告说利润损失巨大时，这对人类的伤害不仅局限于美国。在Protable公司时代，产品的外购遍布全球，芝加哥或巴尔的摩的资产负债表危机会转化为德里或马尼拉的工人缩减危机。所以，最初警告了华尔街金融家们的报告没能预测到人类的悲剧，虽然这在2001年上半年就已经暴露出来了。全球经济完全陷入到债务陷阱里了（见专栏10－1）。

2000年末，增长率降到了1%，2001年第一季度又回升到了1.3%。房地产销售下滑，正如公司甩卖它们的库存商品一样，都是担心消费者会削减开支。制造业正处于不景气时期，失业现象的出现粉碎了人们的信心，怀疑繁荣是否真的扎根下来。在大部分地区，独身家庭住房的销售量明显下降，但是在中西部和东南部地区并不是很显著，原因是那些地方有大量的工厂雇工存在。

专栏 10－1　　债务陷阱

社会改革者们努力寻求发展中国家债务的免除和减轻，但是欧洲和北美的债务也达到了严重的程度。2001 年，美国的经济繁荣就像暴风中的肥皂泡一样突然到来。

- 投资等级公司（investment-grade companies）发行了 5820 亿美元的债券；
- 业主债务平均占 GDP 的 73%，1990—1991 年，即前一次经济周期末时占 63%；
- 公司债务高达 47% 以上，1990—1991 年占 42%。

高层管理者没能跟踪这次债务高峰的轨迹，因为它被快速包装进新的财政工具里，然后出卖给了研究机构。所以，债务没能被清除掉，相反的是互联网泡沫经济的盈余被不透明的财务行为给掩盖起来了，然后在世界范围内的金融市场清洗干净。银行将风险转移给了其他人；最终意味着，通过降低抚恤基金支撑的投资的品质，使这些债务由劳动大众来承担。

- 在 2001 年，根据标准的及其以下的纪录显示，全球范围内普遍违约：216 家公司拖欠贷款 1160 亿美元。
- 在过去的六年里，全球范围内的抵押贷款债务猛增到 3000 亿—4000 亿美元之间。
- 英格兰银行估计，自从 1995 年以来，贷款转移市场资金总额已经翻了两番，达到 2 万亿美元。

这种贷款亏欠现象在发达国家与发展中国家之间是不等同的，然而都能够平和对待。但是，后工业经济已经失去了人们想要的那种制造业价值评估诀窍，那么，2003 年，当他们恢复过来的时候怎样去偿付所有的债务呢？

第三节　风险制造者

美国被描绘成未来模型。生产率高度发达，数字时代生机勃勃，这些都是自由市场经济的产物。“新经济”的真实机理更加混乱，它受债务驱动，债务变成了从社会榨取租金的原始机理。

迈克尔·赫德森正在对金融、保险和不动产部门（FIRE）进行研究。他将金融部门与生产贸易商品与服务的“不动产”经济进行了对比。

> 单独分析金融部门的一个主要原因，是因为它的资产——收入——是以一种与生产和消费部门不同的机理在增长。债务可以产生利润，正如股票赚取红利一样。这些收入被再次借出，参与循环以赚取更多的利润或红利，与此同时，分期付款量会上升以偿付上升的本金。
>
> 这意味着当债务量相对于国家收入和产量增加时，越来越多的收入会转换成付给金融部门的利息。当这些收入被再次出借时，大约有70%被投放到了抵押贷款中。这通常会抬高财产的价格。不动产价格涨得越高，购买者为此付出的贷款利息就越高。这使得贷款增加的速率超过了工资和利润增长的速率……①

金融、保险和不动产部门所积累的“利息”实际上是不断增加的租金。人们通过抵押贷款购买住房再次增加了这种积累。使用贷款来购买商业财产的投资者辛迪加愿意为FIRE部门提供租金（即利润），因为他们期望在卖出资产时获得资本收益。因此，金融家们和财产投资者们联合起来，鼓吹贷款而忽视产品。当社会经济分配给消费者产品与服务的能力减小时，它就变得容易受到竞争者的攻击——现在，理论上来说，在远东——竞争者主要是以工厂为基础的企业。当债台高筑的时候，不断增长的人群的生活容易受到货币流量反复无常的变化特征的影响，而这种变化是人们难以控制的。

在这个体系里，风险不再是资本主义的持久戒律。银行家们相信他们能够将风险转嫁给其他人。但是他们太健忘了。新英格兰金融危机期间不断增长的焦虑慢慢达到1992年的经济崩溃——不动产投机的经典

---

① 迈克尔·赫德森：“节约，资产价值膨胀以及债务导致的通货紧缩”，载L. 兰德尔·雷等《货币，财政稳定与不稳定政策》（*Money, Financial Instability and Stabilisation Poticy*）［爱德华·埃尔加，预测］。

结局——即 1994 年新商业周期开始时突然消失。不过这并不矛盾，因为银行家们并不是风险受害者。他们是风险制造者，由于鲁莽，他们将大量的资本倾倒进了土地投机市场。

当令人震惊的记录在破产法庭被无情地揭露出来时，银行家们并没有过度地关注这些记录。首先，他们坚持把土地当作贷款担保，这样风险（如果有）就不会落在他们头上。但是，实际上，在鲁莽贷款的强大压力下，一些银行破产了，他们期望联邦政府能够营救他们。

2004 年，当美国正向下一次财产价格高峰发展的时候，纽约联邦储备银行的两位专家提出了相关问题：房地产价格是下一次“泡沫”吗？乔纳森·麦卡锡（Jonathan McCarthy）（高级经济学家）和理查德·W. 普奇（Richard W. Peach）（副行长）通过对数据的分析，得出结论说媒体那些恐怖的说法实际上是没有根据的。他们注意到新闻记者是警钟响起的源头，记者们担心房地产泡沫会导致价格的崩溃。他们声称“房价的明显好转可以归因于看涨的基本行情：房屋价格的变动基本上是符合家庭收入的增加和抵押贷款利率的下降的”[①]。这种充满信心的分析正如首席银行经济学家摩根—斯坦利（Morgan Stanley）所说的“美国的资产经济是不切实际的经济”。斯蒂芬·洛奇（Stephen Roack）发现了美国经济的这种剧变，即从创收经济转变成为依靠资产驱动的财富积累型经济。[②] 旧的经济规则被废弃，因为消费者拒绝节约的消费习惯——即建立在收入基础上的消费习惯——而选择一种无节制的消费方式。“财富积累”型经济有利于提高从资产增值中抽取利润的能力，例如从自己住房的增值中获取利润，这是一种满足个人心理渴望的消费形式。然后，当利率开始上涨的时候，美国的消费者联盟受到“定时炸弹”的威胁。低收入者受困于抵押贷款，这在 2007 年将变得难以忍受。[③]

美国人迷迷糊糊地陷入了债务圈套中，但是这种悲伤是不会停留在

① 乔纳森·麦卡锡、理查德·W. 普奇：“房屋价格是下一个‘泡沫经济’吗?”，纽约联邦储备银行《经济政策评论：前瞻》，第 1 页。

② 斯蒂芬·洛奇：“美国的资产经济是不切实际的经济”，《金融时报》2004 年 7 月 20 日。

③ 詹妮·维金（Jenny Wiggins）：“结束美国盛宴的‘定时炸弹’”，《金融时报》2004 年 7 月 26 日。

美国边界上的。经济的全球化意味着美国政策错误的成本将自动转移到世界各地，最直接的是通过金融市场。美国享有与非洲、亚洲和南美洲不同的力量，所以他通过向他国借款和贸易赤字抵消了大部分损失。当2010年经济衰退时，本应该降临在美国人头上的失业将转移到这些地域。但是有一个人希望他的国家能够避免那种命运。戈登·布朗正依靠他的魔咒来保护英国经济在第一次全球经济周期末期免遭经济危机的影响。

第十一章

戈登·布朗的魔咒

第一节　不够谨慎，假设1

对于2010年的经济危机，我们采取先发制人的态度为时未晚。我在1997年写《混乱制造者》(*The Chaos Makers*) 时曾经警告过："市场经济的崩溃都是可预料的，如1974年、1982年或者1992年、2000年的中期崩溃时期，以及紧随其后的2010年的全线经济崩溃等。"①

2001年，来自美国的浪涛拍打着英国的海岸。制造商成了受害者。订货簿缩短，出口量下降，库存积压量开始上升。英国工业联盟根据他们研究的结果，预测将会有18.8万个制造业职位消失。严冬过后，评论员依然乐观地相信英国能经受住暴风雨的袭击。有一个人不够乐观。苏茜·沃德沃尼（Sushi Wadhwani）——英格兰银行货币政策委员会成员，她警告道："我相信标准的经济模型不能够填补美国与英国间经济的差距。"②

如果咒语真的有魔力，戈登·布朗的圣歌应该已经挽救了英国。在财政部工作期间，他不计其数地提到"不会再有暴涨，也不会再有萧条"。然而，在2001年6月选举前几周，媒体以令人尴尬的标题发布了关于制造业大崩盘的坏消息。编剧们被召集在一起。财政大臣机灵地抛弃他所喜欢的咒语。他需要重新播出原声摘要。他已经准备好了：他采取了他的前任喜欢的合理化行为。财政大臣突然转而信仰商业周期的自然法原则。因为"繁荣与萧条"——他坚持认为自己不会支持的词

---

① 弗雷德里克·J. 琼斯、弗雷德·哈里森：《混乱制造者》，伦敦Othila出版社1997年版，第28页。

② 夏洛特·丹尼（Charlotte Denny）："电脑辅助装置说随着产出的减缓工作将会变少"，《卫报》2001年2月23日。

语——现在，他用这个词语代替了“起起落落”。

> 经济周期有其自己的规律，起起落落——为了稳定，争取好的平台并不是说经济不会面临起起落落的变动。但是，我认为我们最好通过低通货膨胀，良好的财政状况，以及避免20世纪80年代所遭遇的问题来定位市场。①

他赦免了自己。那些起起落落是不可避免的——是上帝的安排。某些熟悉的主题确实重新出现了。根据零售业顾问的意见，店主们被赶到大街上，因为地租增加超出了他们的承受能力。只有高利润的产业，例如手机、咖啡屋或者快餐店能够支付房租。这就是商业中“起起落落”的特征；但是他们并不是由自然法则所驱动的。真正的犯人是戈登·布朗所钟爱的税收系统、土地法，以及使人们脱离实际的经济学至理名言。

如果布朗的魔咒生效的话，他的遗产就是一项历史性的成就。对于财政大臣来说，魔咒似乎有自我催眠的力量，但是影响太弱，难以克服公众管理国家经济安全的行为。布朗再次证实和加强了那一伴随着经济繁荣与萧条之交替循环而终止的政策。他醉心于普鲁登斯小姐（怀特霍尔地区的一位女士），他向她献殷勤，他相信她会慢慢转变，他的迷恋使英国的经济在十年期末急转直下。布朗用他的泰坦尼克定位系统掌管着经济。当乘客随着歌词“开阔、有责任、透明”载歌载舞的时候，梦幻之船正盲目地沿着必遭厄运的轨道前行。

目标是明确的：“政府设计宏观经济结构来避免重蹈覆辙，避免再犯那些导致经济繁荣与萧条的交替循环或偏离预期的错误。”② 为了避免这种命运，布朗声称他不会为了短期的政治目的来操纵经济。不幸的是，他的经济手段使他难以信守诺言。其著名的离职演说也包含了这个承诺和预言：

---

① 费索·阿斯拉姆（Faisal Islam）：“整个世界都在赌博，例如布朗”，《观察者》杂志2001年4月15日。

② 财政部：《2000年预算：谨慎打算，为一个全新的和美丽的英国工作》，伦敦：国家办公室，2000年3月，第16页。

> 经济繁荣与萧条间的循环已经对英国经济造成了巨大的影响。每次低迷都会导致更多的人脱离劳动力市场，通常是放弃找工作，从而使得经济不活跃。这就是为什么政府要把宏观经济结构作为经济政策的中心的原因，目的是保证不会回到过去的交替循环中去。在十年之末，政府的雄心是就业率将超过以前任何时期——不是通过一个不能证实的经济繁荣，而是通过稳定的宏观政策。①

根据统计数字显示，他在7年内完成了这一目标。英国2004年的失业率是4.8%，是部分欧盟成员国失业率的一半。但是英国也有270万还要多的人没有工作，他们靠医疗津贴或残废津贴生活：22个人中就有1个人没有工作，他们中的大多数人是可以也愿意工作的。正如2004年7月28日《金融时报》中的编者意见所说，如果将愿意工作的人也考虑进去，则失业率将会翻倍——这一数字会达到欧洲最差的水平。

布朗并没有实现经济的稳定增长，但是十年期末的经济崩溃未能被那些依靠传统名言的人所预料。财政部的预期都是一种短期预测。因此，如果说“三年太短，难以建立一种趋势”是正确的，② 那么我们就很难明白财政部是怎样声称他们已经为经济持续增长建立了基础的。事实上，新劳工已经在控制系统上设定了刻度，因此经济就会朝着隐藏的冰山直接撞过去。这种效应在房地产市场上被放大。

戈登·布朗反复地告诉下议院，他的经济理论是“谨慎预算”。有关他决定减轻自己在设定利率方面的权利的传言已经得到了证实。

但是操纵货币流动的经济学家们必须放弃官方的措施，转而依靠特别的预感，从而将买房的成本考虑进去。关于通货膨胀目标有一个严重的疏忽现象，即政策制定者们没有将心思集中在来源于财产市场的资本收益产生的信号身上。

布朗和他的财政部大臣团队，利用征税权这一控制杠杆，使用能告

---

① 财政部：《完全雇佣目标：所有英国人的就业机会》，伦敦，2000年2月，第2页。

② 国家审计办公室：《对2000年3月财政预算的假想审计》，伦敦：国家办公室，2000年3月。

诉他们经济正在平稳前进的导航系统来管理。而且，如果撞上了经济冰山，财政部会自动调整方向以避开冰山。

> 通货膨胀目标任何时候都可以使用，而且多媒体计算机可以解释任何背离现象。然而，这种框架也认识到任何经济都可能在某点上遭受不可预计的状况，这种状况可能引起物价暴涨偏离预期水平。在这种情况下，多媒体计算机的任务就是给出建议，如何使通货膨胀返回到预期目标。①

通过定义目标，和将责任转移到未出任公职的经济学家和金融家，民主责任的进一步腐蚀在胜利的号角声中被执行。如果经济崩溃，政治家们就不会背负骂名。

但是为什么财政部如此重视通货膨胀，将其作为关键指示器来对待呢？根据它自己的评论："在当前循环之中，通货膨胀产量不是指向前景的好的指示器。"② 为什么通货膨胀是一个差的指示器？财政部提供的证据强调了房屋的购买成本："过去的房地产循环已经被更强和更持久的行为和价格所定性，这些价格是相对于长期稳定水平来说的。"③ 如果一个通货膨胀目标将发生在房地产市场的重要信息排除在外的话，那么其提供的信号肯定是误导性的。

当布朗坚持前任的习惯——训诫人们需要对讨论工资的方式负责时，他对影响财产市场的交易需要负责方面的意见仍然是过于鲁莽和含糊。这有关系吗？到1999年末，房地产市场可支配利润的年增长率是5%，房屋的价格上涨了15%。财政部两面下注，声称"如果新整体经济能够更加可靠地预防投机行为的话，政策就需要对各种风险保持警惕"。④ 然而，那种投机行为可能会被不适当地分析。人们希望财政部能给他们提供庇护，但是单是经济的不稳定性就可能给人们的希望带来风险。财政大臣的通货膨胀预算虽然是可以短期内减少不稳定性的一个

---

① 财政部：《完全雇佣目标》，第17页。

② 同上。

③ 同上书，第178页。

④ 同上。

因素，但是救济行为不可能因此而被采用。如果经济绕过了隐蔽的冰山，那也应归因于运气而不是戈登·布朗的谨慎。

第一次新工党执政时期，当政府在2000年6月重新委任有关部门进行统计时，这对财政部的传统信仰提出了权威的挑战。这是官方30年数据的一次较大更新。财政部的经济秘书梅勒妮·约翰逊解释道："我们的目标已经提高了人们对官方数据的信心。"① 如果政府要歪曲数据以服务某个党派的政治目的，监测委员会是可以对其提出异议的。但是有一个信息是财政部不想传达给委员会的——通货膨胀指数。

是这种排除不正当呢，还是其与布朗有关透明经济政策的承诺相一致呢？当他于1997年5月被任命为财政大臣的时候，他承诺将会采取"谨慎"的政策。2000年3月21日，他在介绍完财政预算之后回忆道：他所有的行为都冲着一个目的，就是解决经济繁荣与萧条之间的周期性变化问题。他声称结果是企业与公正之间达到平衡的一种途径，在这种情况下，税收被修正从而鼓励资本的形成、研究和发展，以及迫使失业人口返回工作岗位。建立在公众信心的基础上，他大胆地宣布了这些政策与目标。然而尽管公众充满信心，他仍然难以容忍由独立的统计学家所进行的彻底的调查。通货膨胀将会一直是个政治概念。戈登·布朗将会继续关注公众对什么算是价格上升的理解。

那就是为什么20世纪90年代席卷英国的三次土地价格上涨浪潮未能引起公众警惕的原因。根据第一太平洋戴维斯（FPDSavills）提供的市场监测证据，第三次浪潮，即十年期的巨型怪兽，开始于1998年——处于戈登·布朗任职时期——持续到新千年的头三个月，这时的年利率为50%。直到2000年6月，在过去12个月里，住宅用地的价格上涨缓慢，但是仍然达到33.4%的增长率。这种价格收益使得人们可以获得的工资变少。政府有关价格暴涨的数据与土地市场的趋势根本不相吻合，然而——为了明确地叙述政府有关通货膨胀的遏制政策——这些数字被取消了。

自从1994年以后，增长率再也没有达到过33%。土地平均价值增长到每亩60.7万英镑，这比1988年达到的纪录水平高出了23%，这一地产价格的峰值在1992年不知不觉地陷入了萧条。在那样一种

① 夏洛特·丹尼："根据统计学提出政策"，《卫报》2000年6月8日。

房价下，我们一点也不惊奇，为什么2000年的上半年FPDSavills所登记的买房者到开发商那里预约访问的人数会减少。然而，当从美国传来的坏消息渗入英国人的财政期望里后，2001年的第一季度，土地价格年增长率降到了13.2%。

地产商需要在面对行业不稳定性时永远乐观。但是那种乐观也会使他们在土地投资方面陷得更深。FPDSavills警告道：

> 危险就在于土地的竞争，土地价格所带来的压力不断增加，这就意味着开发商依赖较高的预售价格目的是为了买到土地。那么开发商确保预售价格与当地市场的基础具有某种关系则显得非常重要……①

难道购买土地的成本和批准财政部那傲慢的数据处理一样无关紧要吗？根据约兰德·巴恩斯（Yolande Barnes）——FPDSsvils的调查主管所言："在不动产时期（房屋的价格）20年仅上涨了36%，而相同时期里土地的价格却上涨了307%。"② 在20世纪90年代，土地拥有者们所享有的惊人好运并没有引起官方的注意。两个独立事件之间的简单逻辑关系使统计学家更能够掩盖土地市场在整体经济中的重要性。因为所有的工业国家都使用了同样的逻辑，通过查阅美国在一个文件（在编辑与诸如世界银行这样的国际金融机构相关的文件）中所提供的摘要，我们就可以对实际情况进行总结。

第一步是通过虚构国家账簿达到归零效果。"按照惯例"，联合国文件讲道，"位于经济版图内的土地的拥有者或者购买者，他们都是常住人口基本单位"。因此，如果我卖给你土地，而我们都住在英国，只要考虑统计数字，其效果必定归零：我们为了同等价值的土地交换货币，所以从统计的角度来说，交易可以忽略不计。但是如果所有者是一个外国人，而他将要把钱带出国，那又将如何呢？通过编造虚假的事实问题就可以解决："创造一国的常住人口基本单位，而且认为他们拥有

---

① FPDsavills：《联合国住房研究公报》第35期，2001年春，第4页。

② "住房用地的需求将减少"，FPDsavill's研究社报告，伦敦，2000年8月30日，第1页。

土地，而对非常住人口，则认为其不拥有常住人口基本单位。”采用这种方式，我们确保土地交易始终在国界内进行，产生的财政效果是——直到考虑统计记录是——零。价格的零增长要比30%的增长更令人放心。

第二步在概念上和精神上都很重要，只是它的重要性被国家财政部门和中央银行部门的“水晶球凝视者们”（即预言家）给忽视掉了。租金被当作一种转移（让）支付。在市场上流通的商品和服务的总值之外再加的价值，实际上并不是对所有者的奖赏。“资产（土地或其他自然资源）所有者的租金自然增长，作为特殊时期的其他制度单位处置的一种回报。”① 这与使用房屋应付的租金相比，租金被当作购买服务应付的费用（毕竟有的人实际上已经用那些加工出来的材料建起了框架）。土地，作为“一种不可创造资产”，现在竟然变得还没有房屋更令人感兴趣。在国家经济的账目中，理想的状态就是土地价格与房屋的价格分开来记录，“如果不能决定土地或房屋哪个更值钱，则根据惯例，这个交易会被划分为对房屋的购买，即固定资产投资总额”。② 您看，变！因为几乎所有国家都拒绝将土地当作一个单独实体来评价，即使他们这样做，也是使用不完善的方法，而且多造成土地价值的低估，因此在他们的簿记中没有可靠的数据。所以，土地所具有的特性超出了房屋所达到的平均参数。土地市场上那变幻莫测的价格被筛选出去。这有助于政府忽视他们脚下经济危机的周期性爆发。

将土地的影响转变为零，使得政府能够使用专制工具来诊断经济。英国财政部和英格兰银行的计算机模型难以应付50%的年利率，这个利率正是2000年土地市场所面对的利率。所以，国家经济的健康状况就留待温柔的货币政策来处理。

第二节　税收储备骗局

如果将戈登·布朗的货币政策的储备逻辑类比为火灾，可能更易于理解。假设你是消防队的领导，一个20层公寓的屋顶着了火，你被派

① 联合国，国家账目系统，纽约：联合国，1993年，第234页，第10节123条。
② 同上书，第234页，第10节125条。

去处理这场火灾。火焰穿过屋顶直往上蹿。很危险，因为火势很快就会蔓延到第19层去。你需要和时间赛跑。如果你下令给该公寓的每个房间泼一样多的水，那么人们会怎样想呢？将17层和18层的房间浸透应该是可以理解的。你需要对火焰的蔓延速度作出迅速判断，不惜一切地遏制火势的蔓延，包括那些还没有被损坏的楼层上的房间。但是为什么还要将水龙带对准第10层、5层以及1层的房间呢？这实际上是弄巧成拙的策略。在火势聚集的楼层，他们用尽了所有的抵御措施，而且在火灾不会到达的楼层他们也加大了水对家具的毁损。

消防队的行为会让你因为不经济的策略而备受谴责。地面楼层热度已经达到最高值——穿过屋顶向外散去，集中的水柱负责降低这里的热度。那就是政府部门和银行部门在利率上升时所采取的措施。在英国的居住用地市场，东南部的价格大战总是红热的。在这儿，2000年价格达到了每英亩60万英镑，而南威尔士的价格是40万英镑，苏格兰和英国北部地区的价格是25万英镑。所以，为什么威尔士、英格兰要和英国东南部地区分得同样的水呢？

单孔利率政策（single-bore interest rate Policy）使工人和投资者的士气受挫，政府系统遭受破坏。如果采取征税政策，城镇经济的内爆是致命的。威尔士就是受害者之一。

大多数威尔士人居住在经济圈内或者接近经济圈边缘的地方。按照当前可接受的生活标准，这些区域中的大多数都不适宜居住，因为缺少本地区纳税者的援助，没有产生纳税盈余。但是，威尔士人仍然需要缴税，例如他们消费商品的增值税，尽管他们中间的大多数人都难以交付。所以，大约300万人中间就有200万人居住在那些获益的地方，这些地方在2001年得到了欧盟按方案转给他们的一笔12亿英镑的收益。山谷和西威尔士地区会收到这笔钱，但并非作为他们自己创造的收入的净增值。因为即使政府部门掏钱建设公共设施，但至少会有相同量的钱会以税收形式返还给伦敦的财政部。这个过程与打牌作弊者的诡计同出一辙：一只手将钱给出去，另一只手又将钱收回来。这两只手之间就产生了价值差。行政系统的功能只是回收纳税者的钱。这就造成了一种幻觉，显得政府多么的慷慨。事实上，这只是一次盛大的政治愚弄。

迫于压力，偶尔事实也会泄露。英国货币高汇率事件——伴随着其他相关的高汇率水涨船高——给出口商带来了较大的麻烦。1999年，制造业减少了40万个工作岗位，部门出口率连续三个月下滑，但是，两大主要的经济权力经纪人也束手无策，直到2000年2月才有所好转。当德国宝马汽车公司刚从中西部地区的业务难关中渡过来，英格兰银行的首脑埃迪·乔治（Eddie George）就遭到英国商会成员的反抗。乔治亚答复道："对我来说，正如我所做的。问题是到底我们能做什么，而且我担心无情的回答并不可怕。"

爱德华先生（即将成为）和戈登布朗都被他们的教义所禁锢。通货膨胀是他们最主要的晴雨表。他们不会允许任何事情来威胁他们所作的承诺，即2.5%的目标利率（target rate）。这与在玛格丽特·撒切尔领导下所经历的情况惊人类似。布朗在英国国会下议院财政部特别委员会发言说："很感激出口商的关注，但是他们自己可能会说他们希望政府为他们做的最后一件事情是将我们推回到经济大起落的周期中，使经济稳定充满风险。那并不是我们要做的。"①

经济大起落确实有可能，但是布朗并不担心。他忙于建立男子汉气概形象——通过做出他所谓的"艰难"决定——鼓吹他的有关谨慎经济的解释。但是强硬政治的代价却由老师和护士们承担着，他们被困于房地产市场之外，因为住房所在地的土地价格飙升，超出了他们能够承受的能力。英国东南部的工厂难以雇到工人，这引起了股市的波动。例如，随着有关公交和火车司机短缺的报道，公共交通系统的股票市值锐减42%。公共交通系统认为工人的短缺是"房价和生活成本的飙升"造成的。② 在这段时期，高额的生活成本与税收密切相关，而与人们要求提高工资的想法并无关系。政府的政策揭露了自己的伪装，包括补贴给人们用来弥补税收造成的损失的津贴。例如，由于缺少买得起的房屋，高失业率地区的劳动力被阻隔在外，难以输入。政府的解决办法是发给老师和护士们津贴，补贴他们花费在买房上的贷款成本。政府给出的这种讯息鼓励土地所有者们再次提升地价。当房地产市场完全由纳税者们补贴时，那些补贴就成了补充地价的资本。从而使得那些需要住房的低收入家庭更难以承受。

---

① 马克·阿特金森（Mark Atkinson）："埃迪·乔治'无力帮助'制造商"，《卫报》2000年4月5日。

② 丹·比利夫斯基（Dan Bilefsky）："低工资劳动力非常珍贵"，《金融时报》2000年4月2日。

布朗的另一个储备策略是使用房产交易印花税，而且在他的每次预算中都有所增加。在 2000 年 3 月，房产价值超过 6 万英镑的税率还保持在 1%，后来凡是价值超过 25 万英镑的税率是 3%，超过 50 万英镑的税率是 4%。但是尽管两种较高的税率都成倍增长，房地产市场依旧繁荣。房地产业人士达成了一个共识，即印花税不会阻止人们在土地市场上进行“贸易”，在这里他们将自己资本收益中的一小部分交给了政府。但是税收造成房地产定价过高，以致低收入家庭无人问津。

当布朗鼓吹谨慎执政和财政清廉时，他无意间鼓励人们培养了一种欺骗的文化。卖主是不可能逃避缴纳印花税的，他们的财产远比这些基准价格更值钱。例如，一套价值 52.5 万英镑的房子，可以卖到 49.9 万英镑。这势必造成售卖者按时缴纳印花税。然而，出售者也会以 2.6 万英镑的价格出售固定设施和装修，最大化他们的财产的市场价值，从而从收税员那里收获有益的回报。

直到布莱尔政府将要面临的第一次大选时期，房地产危机的综合影响是货币的估价过高。这对出口产业造成了伤害。英国产品的生产成本要高于国外竞争者。但是英格兰银行对转变政策的呼声充耳不闻。爱德华先生倾向于降低利率，使英国货币贬值。在财政部和银行之间展开了一场理论之争。

日本投资者增加了英国政府的压力。他们本国的经济陷入全线崩溃。商人在国外寻找商机，英国政府为他们的投资提供了一个安全的避难所。当货币开始升值直逼欧元时，英国的前景变化了。日本企业家并不隐瞒他们的意图。他们警告道他们早期对资本流入英国所作的贡献将会被这种高汇率所危害。

即使是引领英国商界的“蓝筹股”（blue chip）公司也在资本市场上损失惨重。原本准备投入诸如酿酒厂和建筑公司这种传统的增值和利丰行业的资金，被转投到当前流行的互联网行业。由于网络公司利用自己的股份投机，结果使大量资金充斥着网络市场。投资者说服自己，他们将从 21 世纪新的行业——网络“站点”中收获财富。

微型芯片使得剥掉租金的另一自然层成为可能，但是整个过程被经济理论伪装了，这一理论使得分析家们忽略掉了“新经济”的事实。为了追赶时尚，所有的公共信息都瞄准降低土地的重要性。例如，《星期日泰晤士报》报道，在过去那个千年，最富有的人是 Warenne 的威廉姆，由1088年攻下了13个国家土地征服者威廉姆封赏的一个诺曼贵族。现在，他身价570亿英镑——同比尔·盖茨2000年3月股价下降之前的身价相比约高出40亿英镑。但是，网络空间取代陆地空间成为了分析的手段。

> 土地不再占据优势地位。现在财政、计算机、银行、信息、媒体和娱乐等成为了快速致富的方式，而不是作为一名武士参加战争。

但是《星期日泰晤士报》没能在观察的基础上，对得出的结论再次分析："你想想，新亿万富翁们会怎样处置他们的财富呢？他们会购买Warenne曾经喜欢的不动产，然后再雇一个优秀的税务律师。"①

第三节　危机中的建筑物

政府不仅是他们自己垮台的建筑师。许多无辜的人都成了受害者。当私人收入被当作税收掠夺时，选举活动中投入的大量金钱进一步提升了土地的价格。结果是因弄巧成拙的政策带来的一个文化的枯竭。造成经济日益衰败的渠道之一就是建筑业。在经济周期恶化的道路上，它过去经常浪费纳税者们的钱。苏格兰的孩子们需要像样的学校就是最好的证明。

在苏格兰有大量的工作等着建筑业去做，那里的学校是如此的破旧。根据苏格兰当地权威机构的观点，要修好则需要花费13亿英镑的成本。② 建筑业应该会欢迎这项工作，但是由于土地投机者的猛烈攻击，他们拒绝了这种机会。建筑业自己不能够对那些打扰他们行为的压力发表反对意见，因为它们太缺乏理论支持：为什么它们的企业家们会再次破产。该行业抱怨"集中在土地上的问题"，责备计划编制程序。因此，建筑业用其对2010年前的10年期的预测迷惑了自己。"鼓舞人

---

① 理查德·伍兹（Richard Woods）、迪培西·戈伊德尔（Dipesh Gadher）："持续1000的财富"，《星期日泰晤士报》2000年3月26日。

② 斯蒂芬·福雷斯（Stephen Fraser）："苏格兰学校"修建费高达13亿英镑，《苏格兰周报》（*Scotland on Sunday*）2000年5月21日。

心的是经济和政治政策似乎会稳定许多年。”① 当土地登记机构报道说某些地方的房屋价格发生骤变，比之前的 12 个月的价格高出了 30% 时，人们就得出了这一结论。

房地产繁荣的中期准时到来。这很值得期待。在 1990 年，我曾警告说：“除非财务政策的构成体系能够有所转变，将目光从工资和利润上转移到土地的年租金之上，否则，这个世纪结束前，英国的经济将会遭受由土地价值引起的经济的繁荣/萧条所带来的挫折，而且到 2009 年末，还会陷入到另一个可怕的经济萧条期。”②

土地价格繁荣的前半期开始于 1998 年，房屋价格收入比率在 1999 年剧增。当人们贷巨款购买住房时，个人债务开始攀升。金融服务权力机构在 2000 年 3 月作了一个问卷调查，确定银行是否会再次不计后果地将钱贷给买房者。在 20 世纪 80 年代末，负债的增加到了土地繁荣时期的最高比例。随着房屋的市价不断上升，人们的贷款也不断增加，但是在 1999 年，这种增加造成英格兰和威尔士的个人破产率达到了 5 年以来的最高值。

市场的生气勃勃持续到了 2000 年中期，在那个时期，土地投机不知不觉地对英国的制造商造成了损害。经济合作与发展组织跟踪所谓的“衰退是不可能的”③。1999 年，制造业遭受了连续两个季度的衰退。

由于伦敦和东南部地区的房价过热，英格兰银行决定慢慢增加贷款的成本。更高的贷款利率并没有冷却人们的热情，他们都希望拥有属于自己的住房。制造业的投资者和雇佣工人则成了受害者。在 1998 年末，GDP 的产出被拉平，但是制造业却感觉到了最糟糕的结果。经济合作与发展组织提示道：“当经济作为一个整体不能够保持住一个经济萧条纪录时，依据传统观点，接连两个季度的负增长在一些行业是可能的，最明显的就是制造业。”④

当为经济作出贡献的人们备受损失时，拥有大量资产净值的房屋所有者们依旧无节制地花费着。他们用财产再抵押的钱来购物。资产净值收回率（作为税后收益的比例）达到了自 1991 年前一次高峰以来的最

① 建筑产品协会：《未来 10 年》（*The Next 10 Years*），伦敦，第 2 页。
② 弗雷德 · 哈里森：“21 世纪软着陆”，伦敦，1990 年 7—8 月，第 18 页。
③ 经合组织，联合国：2000 年 6 月，巴黎经合组织，2000 年，第 23—38 页。
④ 同上书，第 24 页。

高水平。即使这一高速路也被通货紧缩的压力所袭击，通货紧缩阻止了零售商的提价，英格兰银行通过增加贷款成本作出反应。1999 年制造业的就业率下降了 3%，持续着开始于撒切尔时代的下降过程。

2004 年夏，好消息频频传来。评论员诊断经济正处于良好发展阶段，全球经济正处于中期萧条之后的复苏期。经济增长已经被提上了议程，也有钱花费在健康和教育上。政府经受住了伊拉克战争的风风雨雨，新工党已经准备好在大选中面对投票者。只有一个小小的问题。问题集中在新闻财政版面背后，这个模糊时期的模糊不清的线索，他们将逃离女王的联邦经济情报局官员们的关注。

房屋建造者们监测到了这些信号，他们中的一些人决定减少住房产出量。土地变得如此之贵，以至于建筑经济学不再有意义。建筑商一面缩减地产银行，一面提升品牌效应，例如温培（Wimpey），出价高于那些家族企业的极限，[①] 房地产市场振作精神，准备渡过艰难时期。

- 英国最大的房地产商，乔治·温培（George Wimpey），决定要有“选择性”——其实是要给他的计划拉闸的委婉说法。首席执行总监皮特·约翰逊认为利率的增长是对房地产价格的打击，虽然土地价格仍然居高不下。[②]
- 英国的高品质房屋建造商之一伯克利集团（Berkeky Group），决定兑现它们的筹码。是时候要卖出他们拥有的 2.6 万块地皮中的一半了，也该给投资者分发那 14 亿英镑的利润了。为什么就度过难关了？这个公司声称建房的成本影响了房屋出售的价格。也就是说土地的价格超过了人们的购买力，与土地所有者的期望不符。

由于焦虑，房地产市场在颤抖，正如分析家所言：“伯克利曾说不以今天的价格购买土地，这暗示着他对今天的房价是否稳定没有信心。”[③] 金融分析家回忆道，经营着伯克利集团的托尼·比基尼（Tony Pidgley）在 20 世纪 90 年代已经在顶级市场上出卖了他的大部分土地。

---

① 乔治·温培于 2002 年以 297 百万英镑购买了莱英小区，从此以后它一跃成为英国最大的房地产建筑商。分析家认为交易原因是由于温培公司需要进驻英国南部地区的土地。在那里土地银行持续不了两年。

② Maija Pesola：“温培将专心于在美国的发展”，《金融时报》2004 年 7 月 29 日。

③ Maija Pesola：“投资者将收到 14 亿英镑作为伯克利给出的房产的对等价值”，《金融时报》2004 年 6 月 26 日。

2004 年，他知道那些人们已经不再关注的事情吗？

英格兰银行终于舒了一口气，因为地产经纪人注意到了购买者的犹豫。房地产市场中止了。在威尔士和英格兰北部地区，已经开发出了低价位住房，交易中心移到了东南部。产权市场将会在 2005 年的大选之后得到复苏。投机者们将他们的财富归功于一个人的政策，即戈登·布朗。

财政部确信必须推进房地产的产量。如果不能中和从土地收获的资本收益的影响，而将大量的钱投入建筑业，则会使英国在 2006 年遭受胜利者的责难。公共部门开支将会导致 2010 年的经济大萧条。

布朗希望帮助低收入家庭，但是用纳税人的钱来补贴房地产就像往火里加汽油一样。这就是当政府决定花 2.5 亿英镑为工人建造低成本住房时所发生的事情。其目的是为了在 2004 年底提供 5.6 万套住房。但是，公众的钱为土地价格提供了另一个推动力。

政府的城市发展策略打算搅乱自己的财政计划。例如，它为简洁的市镇环境的革新设置了额外的费用。然而，它的财政，通过提升土地的价值，最终会造成土地的闲置和未充分利用。所有者这样做的目的是赚取更高的资本收益。布朗领域的土地不太可能被买来满足政府大量的建房计划。①

新的边境在伦敦以东，在这里政府决定坚持他们的立场。他们宣布将会在这里建造大量支付得起的住房。泰晤士河入口工程将会给土地所有者们带来好运。掌管计划编制的大臣——副首相约翰·普雷斯科特（Jhon Prescott）——宣布说他们将会简化方针，在这片土地上建造成千上万套住房。这带来了新的希望，最终带来了土地价值增长率的增长。在 2004 年，未获得开发许可的农业用地的价值上涨了 30%。

人们在对支付得起的住房的需求中已经感到失望。与此同时，根据房屋经销处的统计，仅在伦敦，就有 7 万套私人住房闲置 6 个月以上。为取代将财产权和公共财政的重新结盟以消除那种鼓励浪费的动机，政府宣布他们的意图是到 2006 年两年内花费 10 亿英镑帮助 1.2 万个工人购买

---

① 用于吃饭和睡觉的房屋及其他暂时宿舍数量之和几乎是 1997—2002 年间的 2 倍，达到 8.5 万间。约翰·卡尔维尔："劳动'未能'实现减少贫穷的目标"，《卫报》2002 年 12 月 12 日。

住房。这种逐步完成的政策不可能弥补体系中昂贵的法律和制度缺陷。

英国需要一个简单但却根本的改革，释放人们和他们的社团，使他们能够掌握自己的命运。相反的是，在提供资金的财政部的祝福下，普雷斯科特宣布房地产业的开销将会在2008年上升到13亿英镑。钱不应该只花费在住房上，也应该用于基础设施建设。再者，野心家普雷斯科特在北部和中部地区辨别出了9个地区，在那里房地产市场已经崩溃，全面陷入负资产净值——所有者拥有的抵押债务已经超过了其拥有的房产的价值。所以，他将这些地方命名为续借地域（renewal areas），在这里的开销将会再翻三番，从2004年的160百万英镑达到2008年的450百万英镑。

因此，通过政府的法令，大量金钱加速流入到房地产市场。这个过程在2008年将达到高潮——产权周期的制高峰。

第四节　返回到5%

戈登·布朗拥有大量的机会来分析这些过程并采取了有效的救济措施，但是他没能意识到这一事实。2002年12月17日，当他被国会议员追问的时候，他拒绝将房地产市场描绘成“火爆”。相反，他倾向于描述房地产市场价格正经历“快速的发展”。在劳动力市场问题上，他的态度仍然强硬。他号召公共服务部门遵纪守法，认为这些人不应该寻求“额外的工资增长”。[①] 劳动力市场不同于土地市场，没有任何特权。

当压力锅积累了大量水蒸气时，布朗向他的魔咒寻求救济。他将继续保持谨慎，但并非不愿意提供帮助。他向英国国会下议院财政特别委员会保证，“所得税的征收在增加，因为津贴正返回给城市”。[②] 那些津贴将会使伦敦房地产市场在产权周期的后半期达到顶端。除此以外，财政大臣为房地产市场提供了一个津贴：他决定在2010年卖掉300亿英镑的公共资产。

但是财政大臣对世界的乐观看法不被生活在伯明翰的人们所认同，

---

① 爱德·克鲁克（Ed Crooks）：“布朗拒绝有关房地产崩溃的预测”，《金融时报》2002年12月18日。

② 拉里·艾略（Larry Elliott）、夏洛特·摩尔（Charlotte Moore）：“布朗·班克斯的城市津贴”，《卫报》2004年7月16日。

伯明翰是建筑业的诞生地。在这里，布朗的教义令人沮丧。为了实现财政大臣于2003年12月设定的2%的通货膨胀目标，英格兰银行不得不将利率提高到5%。有人预言通货膨胀率在2006年将达到2%，但是由此造成的间接结果是经济的增长率将从4%下降到2%。①

英格兰银行认为5%应该是中立的利率。但是在银行和财政部所实行的政策下，5%并非中立的利率。这在私企的生产率上强加了一个人为的约束。当英格兰银行于2004年夏天提高利率到4.75%，并对经济发展的趋势表示满意时，这一切已经变得再明显不过了。在伯明翰，依靠增加贷款的成本来影响房屋价格，对于中小型企业实际上来说是一个灾难。

根据电脑辅助装置所作的调查，中小型企业收到的订单已经缩减了。当英格兰银行声称将关注通货膨胀时，制造商发现几乎不可能提高他们产品的价格，因为他们的利润空间面临着国外竞争者的压力。对于2004年8月之前的8个月里五次提高贷款利率，企业家们的反应是信心的渐渐枯竭。

K. & S. 电镀公司是受害者之一。它是伯明翰的一家企业，专门给别人制造出的产品涂上防腐蚀涂层。它雇佣了32个工人，销售额是1500万英镑。执行总裁琳达·埃文斯（Linda Evans）报告说，由于利率的上涨，贸易环境已经变得艰难。她们公司的客户大多依赖透支来进行他们的生意，因此也遭受着损害。因此，她的公司所面临的最大的风险之一便是：他的客户可能会改道远东低成本的国家来开展生意。

订单的大出血可以从工作的减少中判断出来。根据Forrester对技术行业所作的分析，在到2014年的10年间，多于100万的欧洲工作将会悄悄移向国外。几乎有2/3的工作将以英国人的失业为代价。②对于琳达·埃文斯，这种预测更增添了她的恐惧。“除了经济的大起落”，她什么也看不见。但是在她的生活里仍然有一盏明灯。在2004年8月的采访中，她说她已经以高于买价5倍的价格出售了自己的

---

① 英格兰银行：《通货膨胀报告》2004年8月。

② 克里斯·努托尔：“欧洲在十年里将移出100万份工作”，《金融时报》2004年8月16日。

房子。

> 当我在14年前买它的时候，它正处于正常的市价。当我卖的时候，它的价值翻了倍，但是绝对不值5倍的价。14年价格翻5倍多，实在是太荒谬了。①

她相信利率的增长对房地产投资商来说不会有太大的影响，因为在那个行业资本收益以每年20%的比率增加，但是它们对于制造商却是"致命的毁坏"。

采用单一的经济工具来管理英国的经济，对于伯明翰的工人来说不会有太大意义。对于像琳达·埃文斯这样的企业家来说，结果是使房屋的价格不断上涨，超出人们的承受力。"如果在第一个地方房地产的价值没有被高估，我们就不会有利率的问题，因为它会很低，人们也能买得起房子，制造商也透支得起。利率低有很多好处，但是需要保持，因为我们竞争不过远东或东欧那些成本低于我们国家的企业。"

2004年估计是经济周期向上摆动的一年。但是官方的政策给生产率强加了一个人造天花板。英格兰银行用晦涩难懂的术语给资本伪装上帽子。提高利率达到5%将会给戈登·布朗2%的通货膨胀目标以打击，但代价是什么呢？银行在其2004年8月的通货膨胀报告中说，通货膨胀在2006年将会持平，"反映了在规划的第二年里因需求增长的减缓而导致的容量压力的衰减"。② 通俗点说，就是为了完成财政部门时新的教义，英国的生产潜力已经牺牲殆尽。用于铸打经济的铁钻可以用英格兰银行（见表1-1）中的红线描述。③ 这反映利率已经下降了5%。

对贸易的限制是为了适应有关什么是英国经济可容忍的增长比率的传统观点。当中国经济开始出现两位数的增长比率时，英国的经济增长却仍将受到官方的阻隔，目的是控制"通货膨胀"。根据数据记载，通货膨胀刚刚超过1%，没能实现银行确定的2%的目标。制造商和零售商们即使想提升价格也不能够这样做，当他们认识到这个事实时，银行

---

① 作家访谈，2004年8月16日。

② 英格兰银行：《通货膨胀报告》2004年8月，第4页，GDP与通货膨胀预测，见第1章和第2章。

③ 同上书，第3页。

通过增加贷款利率给企业家们施压。

将利率控制在5%左右的最重要的压力来源于房地产市场。但是当货币政策对英国的制造商造成损害时，英国的银行却仍然使房屋价格笼罩在一片迷雾中。

> 根据（货币政策）委员会的观点，在未来两年里，房屋价格的暴涨将会减缓。我们完全不知道在这个政策中是否包含房价将要下跌的信息，还是它仅仅是根据收入对房价进行更长期的、更缓慢的调整，因为在一个相当长的时间里，房价将持续很低的上涨幅度。①

统治者装出一幅漠然不知的表情。在强调银行不可能对将来的出口、通货膨胀和利率的发展趋势充满信心的同时，国王希望人们不要怀疑他们的谨慎："我们说到做到。"② 评论家是如此的坦白和语气缓和，但是他们太无知、太任性，根本无法获得宽赦。这种无知会带来致命的结果，一位分析房价与消费量之间关系的银行分析家提供了一个例证。两者之间的关系"在最近几年变得不明显了"，他断言，这个关系在2001年明显地被破坏掉了。当房价持续上涨每年超过20%时，消费量仍然以每年3%的比率增长。③ 因为缺少连贯的产权周期理论，人们对这些数据所反映的事情怀有偏见。在2001年，房价和消费量都应该急降——在萧条期的中期，事实上没有（见第一章，第二节）。它们没有相继下降实际上是值得注意的，因为房价和消费量先于前三次萧条同时崩溃了——1973年、1979年和1989年。英格兰银行对于缺失的2001年萧条的解释在哪里？特别地，为什么房价在本该急剧下降的时候（依据过去的数据）还能继续上涨呢？为什么人们本该节省的时候还要去商店购物？虽然发展过程与以往的表现相反，但是两者之间仍然有一个关系。银行一面大喊对自己的专家意见缺乏信心，一面又期望人们相信他们能够通过操作利率来创造奇迹。

---

① 安娜·菲菲尔德（Anna Fifield）："银行减缓以最先到达终点线"，《金融时报》2004年8月12日。

② 默文·金：开放性评论，"通货膨胀报告出版会议"，2004年11月10日，第3页。

③ 英格兰银行：《通货膨胀报告》2004年11月，第12—13页。

对过去的误读会给将来带来什么呢？英格兰银行能否准备好以警示人们十年期末那迫近的危险？如果它不能预见出口的过程，那房价和通货膨胀也不能。英国的欧洲伙伴能否给银行提供帮助？在2004年金融风暴时，欧盟的统计机构揭示他们在给通货膨胀（消费价指数）下定义时通常会包含房屋的成本。这能够取代银行的水晶球成为全面的经济罗盘吗？不幸的是，欧盟对通货膨胀的扩展定义“排除了土地的价格”。①

对英格兰银行的能力的怀疑不会服务于某个人的政治利益，这个人一直觊觎最高政治职位，他就是戈登·布朗。他的名声是建立在对他自己天才地努力地鼓吹基础上的——他领导银行设定利率——给欧盟经济带来了稳定。有消息反映，媒体大体上已经相信了，但是那正是对2001年缺失的萧条的可靠解释吗？银行的政策是独立的吗？本质上对结果的影响是最小的吗？布朗向美国学习（他接受格林斯潘的忠告），他从美国引入的经验是有启迪作用的。

联邦储备局局长喜欢为一个世纪最好的部分独立设定利率，而且在他的任期内经历了一个又一个繁荣与萧条的循环期。为什么他没能从过去的错误中总结经验呢？第29次崩溃中的部分事件是有启迪作用的。联邦储备局人员的利率政策实际上就是在高利率（防止投机买卖）和低利率（鼓励美国工业的发展）之间荡秋千。政府制定的政策给货币政策设定了难以忍受的负担——联邦储备局人员通过推行“新纪元”观念，来合理化它们的地位而不是公开这些政策。

> 在1929年的前几个月里，金融市场的狂热之气不断增强。金融作家，甚至一些经济学家，都接受了这种理论，即“新纪元”的到来以及早期规则的失效。②

不是告诉人们政府需要改革，而是诱使人们将目光移向“新纪元”。在20世纪90年代，联邦储备局人员也同样做着转移话题的事。

---

① 谢赫拉扎德·丹尼什科夫：“房价有望成为通货膨胀的衡量因素之一”，《金融时报》2004年11月10日。

② 玛格丽特·G. 梅尔（Margatet G. Myers）：《美国的金融历史》，纽约哥伦比亚大学出版社1970年版，第304页。

艾伦·格林斯潘，不是提供全面的账目以说明为什么互联网公司的狂热最终会落到悲惨的结局，而是使人们为“新纪元”而心烦意乱。再说一次，规则已经改变。毕竟股票市场的崩溃摧毁的是小投资者。

中央银行的独立自主并不是经济稳定的公式。然而，我们不要忘记英格兰银行努力做出有说服力的货币政策决定与财政部顽固的财政政策决定相匹配。与银行相似，财政部的政策带有偏见，它们都喜欢给生产率扣上一顶虚假的桂冠。英国的企业家和工人们可以通过巨大的代理商策略（见第十四章）来增加出口。但是为了发挥全部潜力，修改政府增收公共税收的方式势在必行。财政政策可以与货币政策互相协调。合理的改革可以使人们成为自治的代理商，决定国家经济的命运。英国人会支持这种改革吗？我们已经经历了很多的失败。在1991—1992年的萧条期间，每年约有不少于7.5万的房屋被转让。在2010年，这个数据将会锐减。

第四部分

自动稳定器

第十二章

反周期行为

第一节　失败的语言

艾伦·格林斯潘为“新经济”撰写了墓志铭。美国的人口正在逐渐老年化，因而缺乏社会劳动力。许多人被迫推迟退休，持续工作到生命终止那一刻。

> 如果我们的退休福利超出了经济所能承受的能力，恐怕已经是超出了，那么我们必须重新校准这方面的公共政策，以便那些未来的退休者及时调整，寻找其他的退休福利渠道。①

消息是残酷的：田纳西州将不再照顾老年人，医疗保险和退休金也将被削减，这将迫使人们比预期工作更多年。乔治·布什总统对富人的减税政策导致了超过4000亿美元的预算赤字，可他的前任比尔·克林顿时期的预算还有剩余。2004年9月8日，在对众议院述职时，格林斯潘警告了财政预算不平衡的危险。网络经济泡沫的破灭恢复了传统经济的动力。

当老年人的希望逐渐破灭时，年轻人也必须面对一个这样的社会，他们中的很多人将面临贫穷的生活。根据人口普查署的年度报告，在乔治·布什的前三年任期内，共有430万人步入贫困的行列，贫困人口的总数达到了3600万（2003年）。特别值得一提的是，儿童是最容易受到伤害的群体。2003年，共有1290万儿童生活在贫困线以下，几乎占

---

① “艾伦·格林斯潘主席的评论”，研讨会，堪萨斯市财政储备银行，杰克逊·黑尔，怀俄明州，2004年8月27日。

8 岁以下儿童总数的 18%。这比前一年净增了 80 万。在健康方面，520 万人失去了医疗保险，这使没有医疗保险的人口几乎达到了人口总数的 15. 6%。

20 世纪 90 年代的新经济没有改变历史的倾向。世界上最富有的国家的成百万上千万的人制度化地走向贫穷，他们对此无能为力。欧洲也有相似的情形。

在全球化的压力下，传统的工业化国家有两种选择。在慢的运动方式下，他们可以经济地签订合同。另一种可供选择的方式是，他们可以通过公共财政的民主化来推动复兴。

托尼·布莱尔深刻认识到需要一种激进的新方法。他和他的同僚对社会公正共同作出了一个真诚的承诺。但是，他们国家贫困儿童的比例仍然超过了其他的欧洲国家。最富有的 10% 的人口所拥有的财富从 47% 增加到了 54%。没有什么方法可以颠覆这种趋势，因为造成这种现象的根源深深渗透于这个国家系统的根基之中。这些规则是为专门的社会化大生产而设计的；这些规则已经实行 50 多年了，没有人试图改变它们。财富不能在成功者和失败者之间转移，确实到了需要一些新的规则的时候了。两种相互对立的政治体制的相互融合——社会主义和资本主义——将仅仅使失败的历史成为永恒。

改变传统的管理国家的模式是必须的。托尼·布莱尔的第三条道路必须对过去的方式有所突破，但是新劳动法颁布七年以来，这种继续恶化的趋势丝毫没有得到减缓。布莱尔摸索了一种新的政策，但是它注定是一次失败的尝试。它依赖于一种混淆的经济。这种说法的依据可以在低收入人群所面对的金融危机中找到，低收入人群是指靠抵押维持生活和向房东交房租的人群。人们的消费可以通过统计来反映，例如丧失劳动能力的成人建立家庭。越来越多的人返回父母的家庭，他们不结婚也不要孩子，因为他们无力建立自己的家庭。

大量的失败应该引发我们思考这个根本问题，即巩固经济的基本原则是什么，以及政府在人们的希望破灭的过程中所扮演的角色。

生产力　根据经济和社会研究委员会的结论，英国的生产率将继续滞后于竞争国。每个工人的生产率比美国低 39%。与法国和德国的生产率的鸿沟仍然保持在 20% 左右。按照经济和社会研究委员会的解释，包括一个相对失败的投资、失败的改革，糟糕的劳动力关系，失衡的贸易，对抗化的生产，商家和金融机构的投机行为，落后的技术，缺乏主人翁意识，过分的商业规则，雇佣者对工作过分消极的态度，僵化的等级结构。这份清单还没有列完。[①] 几乎没有人有意识地希望降低生活质量，必须从规范人们的生活的规则中找出这些阻碍繁荣的根源。

失业　英国所面临的一系列令人敬畏的问题，使得戈登·布朗在对欧洲的财政部长演讲前必须集中全部精力来解决国内的挑战。然而，他却抓住一切机会严厉指责欧洲各政府在创造就业、减少失业方面的败笔。在法国和德国失业率大于9%的映衬下（2004），英国5%的失业率看起来令人印象深刻，但是英国通过排除270万病人和残疾人掩盖了事实。到2004年，50岁以下声称丧失劳动力的男性人数达到了70万。当那些能够而且乐意工作的病人被算作失业人口时，与法国和德国相比，英国就没有什么值得自鸣得意的了。

投资　到2003年，英国的建设投资在GDP中所占的比例比其他的主要欧洲国家少7%的状况已经持续了10年，欧洲的平均水平是12%。冰岛、波多黎各、西班牙的建设投资更是达到GDP的16%。[②] 没有足够的资本投资，英国在全球市场中就没有竞争力。生产力的提高取决于更新建设环境的意志。英国每个劳动者的实物资本比美国少，比起法国和德国就更少。值得注意的是，英国将更多货币投资到房地产而不是固定设备：这种投机心理对经济的影响更大。与英国糟糕的状况相关的投机可能与设备和机器的收益比较没有什么关系，而是与房地产行业的投机有更大的资本收益息息相关。这种假设还没有提到英国的研究日程上来。[③]

交通　尽管制定了提高机动性和降低交通成本的计划，政府在改善公路和铁路方面的目标仍然没有实现。在2000年制定的10年交通计划

---

① 经济和社会研究委员会（ESRC）:《英国的生产缺陷》，斯温顿，2004年版，第1页。

② 建筑产品协会:“可实现的目标？”2004年;“政府正在传递吗?”伦敦，2004年。

③ 经济和社会研究委员会（ESRC）:《英国生产的缺陷》，第15—16页。

中，公路方面确定了八个目标，到2004年，仅仅实现了一个目标——建设40条新公路，另一个目标——到2010年将拥塞状况减少到比2000年少5%——被放弃了。在铁路方面也有同样悲惨的故事。最后，责备的负担都放到了缺乏资金上，在第十四章中我们将看到，如果政府同意改革公共财政方面有缺陷的政策，这些资金事实上是可以满足需要的。

住房　戈登·布朗因为在提高住房产量方面的能力而声名鹊起，期望着以住房产量的增加来抵消住房价格的泡沫现象。事实上，2004年以后住房价格上升的减缓与房屋产量的增加毫无关系。布朗的顾问——英国中央银行的凯特·巴克在关于怎样建造更多的人买得起的房屋方面评说：房屋价格的影响，如短期的下降，可以提示我们应该在哪些方面努力。[①] 而且可以足够肯定，由于房地产市场的萧条，主要的建筑公司相继宣布他们正在消减房屋的产量。自从20世纪80年代的撒切尔时代以来，房屋产量下降的趋势已经不可逆转。

养老金　人们存款数的下降有可能引发养老金的危机。经济合作与发展组织预言退休年龄必定会推迟。相关组织对英国政府统计失业率的方法也颇有非议，他们强烈呼吁英国政府应该采集进一步的措施，防止将与残疾相关的福利事实上用作早期退休的安排。[②] 因为人们深陷贷款债务之中，退休后舒适地生活的愿望成了遥不可及的未来。

欧洲　在2000年里斯本的会议上，托尼·布莱尔扮演着一个领导者的角色，他劝说欧洲各政府，到2010年，努力将欧洲建设成为世界上最具竞争力和最有活力的知识经济体系。然而，在四年之后，人们可以清晰地看出这种倡议是不可能实现的。这是欧盟内部市场专员的定论，[③] 德国财政部长汉斯·埃克（Hans Eichel）也有同样消极的预言。

---

① 乔纳森·古斯瑞（Jonathan Guthrie）、夏赫泽德·邓希库（Scheherazade Vaneshkhu）："产权价格的下降能影响建造可购买得起的住房计划吗"，《金融时报》2004年9月24日。

② 戴维德·特纳（David Turner）："经济发展与合作组织认为养老金政策增加了风险"，《金融时报》2004年9月24日。

③ 彼特·诺曼（Peter Norman）："进一步的扩张，欧盟将无法运行，勃克施蒂恩警告说"，《金融时报》2004年10月18日。

人们的经济期望的破灭是特别容易对德国造成伤害的，因为随着新法西斯主义的抬头，他们极易在失业者和潜在失业者中煽动不满的情绪。

为了克服这些危机，要求很多人付出建设性的努力。但是如果政府不改革日益增长的税收政策，他们的力量是不会被动员起来的。税收不仅仅关乎公共服务的花费，它也影响着人们工作、储蓄和投资的意愿。政治家的花言巧语并不能改变当前人们的思想认识和行为方式。如果人们的行为方式同时被改变，那么这种激励只能是来自税收政策的改革，目前的税收政策已经打击了人们的积极性，影响了社会的福利。

在2004年欧盟准备接纳东欧国家成为成员国时，已经可以很明显地看出需要急切地补上这一课了。一些国家对公司减税试图吸引投资和提高生产力。法国强烈地抗议，认为这是不公平的竞争。前苏联国家期望通过处罚那些乐意在高失业地区创造就业机会的企业家，来鼓励人们工作和投资。财政部长尼古拉斯·夏克孜（Niclas Sarkozy）一方面在降低本国的税收以鼓励正在远离法国的生意返回法国，另一方面却激烈地指责低税收的东方国家。欧盟外长克里斯·帕滕（Chris Patten）语含讽刺地问道：“我们应该把贫穷看作比较优势吗？穷人应该受到惩罚吗？”①

梦想破灭了，第三条道路不是引导欧洲走向光明的教义。2004年10月，欧洲政治领导人在布达佩斯召开了会议，会议的主题是为什么第三条道路行不通，将以什么来取代它。② 根据一些线索，他们根本不需要苦苦探索，只需看看他们的主人——匈牙利左翼总理的所作所为就能得到答案。他通过投机倒把，成为了百万富翁，而且他的国家正在大力推行国家财富私有化。

欧洲需要救赎。当工作向低工资的远东转移时，人们赖以谋生的职业正在消失。到2025年，中国的经济总量将超过欧洲的规模；印度在2040年也有望超越欧洲。由于这些东方的经济发展迅猛，所以他们将从欧洲抢夺资本。按照经济规则，唯有一种方式能够将这种大灾难引入

---

① 克里斯·帕滕：“Sarkozy 能从东欧学到什么？”《金融时报》2004年9月23日。

② 安东尼·布朗（Anthony Browne）：“第三条道路之后，下一步是什么呢？”《时代周刊》2004年10月16日。

一种双赢的局面：大力发展生产力以超越历史水平。这在当前的政策框架内是不可能发生的，当前的经济繁荣与萧条交替发生。这些政策十分简单，就是自掘坟墓。

第二节　自掘坟墓的政策

2004 年 6 月，英国中央银行行长和其发言人对住房价格发布了不容乐观的言论。他们的责任是发表有利于房价稳定的言论，但是他们却没有尽到自己的责任：戈登 · 布朗的态度是袖手旁观。

和其他国家一样，英国依靠通货膨胀来作为调节经济的杠杆。通过改变贷款利率来实施调节作用。这使得市场经济陷于马克思所谓的资本主义矛盾的困境之中。这种政策当然有反常的表现。

- 当英国和美国进入 2001 年的经济衰退期时，他们大幅降低利率以刺激工业生产。但是在资本主义进程中，利率越低，意味着土地价格在上涨，开发商的利润率在缩减。
- 当经济逐渐走出衰退期，开始复苏时，中央银行改变了态度——逐渐抬升房价。他们提高利率，这一主动害苦了工业，因为他们需要贷款和投资来扩大生产。

这些决定奖励了一部分人，惩罚了另一部分人，它使政府政策的目标成为泡影。

默文 · 金为了庆贺作为中央银行行长的第一年任期，接受了《金融时报》关于房价——一年猛长了 20%——的专访，当他们将利率提高 4.25%时，这影响了很多人的判断。他已经对国会上院经济事务委员会坦白地承认，他对未来房价的走势一无所知，这一承认表明媒体可能被这一权威的评论误导了。

尽管被剥夺了知识，这些知识有可能使银行引导经济走向快速发展的方向，然而 MPC 仍然非常大胆地提高利率。它的成员怀疑与收入相关的房价将使人们望而生畏①。金应该清楚地认识到，四年以来最低纪

---

① 艾德 · 库克："金多次强调房价将下跌"，《金融时报》2004 年 6 月 30 日。

录的利率将使土地资本空前昂贵。这是衰退中期利率陷阱的第一步。在成长期，除了鼓励资本主义的形成，银行——并不知道什么导致了通货膨胀，到目前为止，才开始关注房价——开始突然提高利率。这沉重地打击了建筑业和制造业。金的代表——瑞奇·罗马斯（Rochel Lomax），声称他们制定了策略，以确保“通货膨胀在可控方位内，我们不想鼓励疯狂的行为”。

专栏 12－1　　　　未来？抛硬币吧……

当他主管国家货币政策时，默文·金手握着稳定国家经济的方向舵。你可能会认为——银行未掌握的经济状况是不值得了解的。实际上，银行所不了解的正是我们必须了解的。

2002 年 11 月，前经济学教授金在伦敦经济学院宣称自前 12 个月以来持续上涨了约 20%—30% 的房价在未来两年时间内将回落到原价（2004）。不幸的是，他不得不承认，他对这个预言并没有信心。事实上，英格兰银行是很无能的：房价上涨与下跌的机会是 50：50 的。这对于那些正在计划成家的人来说并不是好消息。金声称：“没有人能预测房价的未来，房价涨幅为零的可能性是零。”[1] 实际上，房价每年上涨 13%。

管理者并没有从房地产危机中吸取教训。他说：“最好的破坏货币政策委员会信誉的方法就是人们对房价的谴责。”显然，他对维护银行声誉非常关注。但是无知并未妨碍金在伦敦经济学院给学生授课。在他与格雷合著的教材中，他提出了土地租金税的问题。他声称：“很明显，现在各种形式地租的总和在国家收入中并不占大比重，但这也是现代化的国家获取所需财政资源的一种实际的方法。”

银行的教义将允许国家由于土地价格泡沫而发生通货膨胀，因为现在已经到了这个经济实体的房屋价格零增长的时刻了。

1. 艾德·库克、夏赫泽德·邓希库：“房屋价格的运动战和银行的关注”，《金融时报》2002 年 10 月 14 日。

2. J. A. 格雷、M. A. 金：《英国的税收体系》（*The British Tax System*），牛津大学出版社 1990 年第 5 版，第 179 页。

但是疯狂开始了，英国的房地产市场到了准备阶段（2006），这将导致胜利者的咒语变得癫狂（2007/2008）。工业不会被高利率压垮，但是这影响了英国获得高收入的能力，而在其他行业往往能够获得高收入。①

货币政策并不是通过它自身来稳定市场经济。当英国的工业部长了解到中国政治局对其过热的经济进行的宏观调控的效果微乎其微时，肯定会很不舒服。2004 年，北京政府运用宏观调控手段抑制房地产投资，并且在他们的规划政策中严格土地审批法规。这些措施不仅毫无作用，而且还损害了关键行业的投资增长，因为这个行业为失去土地的农民创造了新的就业机会。

东西方为了体现各自的意识形态更先进，一直在进行着冷战。到头来却发现他们陷入了一场有着共同敌人的战斗之中，直到他们给各自成百万上千万的公民造成了巨大的伤害，才能翻然悔悟。双方都没有找到一个能使经济稳定增长的期限。不存在一个这样的政策，马克思和货币主义者在他们共同的盲点上取得了一致。在他们各自的学说中都没有关于有效的土地税收政策的论述。

对立的经济思想学派怎样交流他们相同的选择性健忘症——独特的土地税收政策——是一个需要研究的问题。美国心理学家埃文 · L. 詹尼斯（Irving L. Janis）博士提出的一个重要观点正在帮助我们。他杜撰了“团队思维”（groupthink）这个短语②。这是人们在努力达成一致时，进行思考的一种模式。人们需要达成一致，从而对可供选择的行为进行客观的评价。本质上，团队思维是在追求预定目标时自我欺骗的一种集体技术。在美国，团队思维引发了一场政治灾难，例如约翰 · F. 肯尼迪签署入侵古巴的决定。猪湾行动注定是要失败的：但是政治家、五角大楼和智囊团聚在一起说服了他们自己，这是行得通的。最后导致他们不愿坐下来，对那些可以让他们冷静下来的情报进行批判性的分析。

最近，英国和美国的联邦情报局连同他们的政治家又一次对重要情报视而不见，他们无视萨达姆 · 侯赛因没有部署大规模杀伤性武器的情报。事实证明了布什内阁意识形态的狂野。通过一个集体决定的程序，

---

① 阿什利 · 西格：“银行副总裁提醒购房者冷静下来”，《卫报》2004 年 7 月 2 日。

② 埃文 · L. 詹尼斯：《集体决策：政策的制定和失败的心理研究》第 2 版，波士顿：Houghton Mifflin，1982 年。

布什和布莱尔政府说服了他们自己，伊拉克是美国公民此刻最大的威胁。因此就产生了先发制人，给与对方打击的命令。当国会举行听证会时，白宫的智囊团收集了证据，结论是间谍在评估威胁时进行了集体的团队思维。当哈顿（Hutton）调查英国间谍失败时，也得到了相似的结论。这是一个典型的团队思维案例，在此过程中，他们合理化并道德化了他们的地位，而忽视了各种观点的竞争和比较。那么就注定了因为思维封闭，结果将是灾难性的。

经济领域的决策过程也是相似的，而且在全球范围内都是这样。政府和他们的顾问说服了自己，稳定市场经济的最有效的方式是货币政策。可容忍的通货膨胀率就被设定为衡量管理水平的目标。改变利率就成为取得预定目标的一种方式。这种教义的理论和统计基础是不堪一击的，然而却不允许不同的观点扰乱这种一致。政治决策者和央行行长对他们能通过改变贷款的成本以平稳市场这一点深信不疑。这种财政手段是有效的，这一共识仍然在蔓延。

第三节　反周期策略

通过反周期策略解决了什么问题，又取得了哪些成效呢？

对于经济提供方：当人口和收入增长时，提高房屋产量就成为一种持续的需要。那么就不应该在土地上进行资本收益投机，因为这将导致土地供应的紧张，也将哄抬土地价格到一特定水平之上，这一特定的价格水平反映了利用所有资源——土地、劳动力、资本——的效率。

对于经济需求方：人们不应该将房屋价格哄抬到他们的购买能力之上。只有最大化地满足他们对自己和社会的渴求，才能达到这种平衡。

为了取得这样的结果，需要重新雕刻经济基础的扶壁。

- 建立在信誉基础之上的财政系统必须与以生产力为核心的经济协调发展，这样才能鼓励那些创造财富的人而不是那些掠夺他人财富的人。
- 破坏挣钱和储蓄机制的负担需要被消除，然后用健康、教育和退休这些长期需要来平衡工资生产和家庭再生产这些短期需要。

货币政策不能单独保障这一系列复杂的目标。权力中心发布的规则也不能实现这一目标。人们需要一种有效的市场结构，以帮助准确地制定决策。这意味着我们需要一个统一准则下的民主集中，这一准则是私人决定和公共政策的试金石。例如，大部分人都认可在合理的机制下不应该引发人为的价格上升。

这个方针和目标给政策手段提出了很高的要求，政策手段必须聚集所有个体的能量，而每个个体既是自我服务的竞争者，又是社会创造的合作者。

人们发现，财政政策是产生这一结果的工具。税收引发了仇恨，但是改革的关键是：理解问题的症结不是从人们那里索取多少用于公共服务，而是通过提高税收能为我们提供所没有的或者不能选择的服务。剑桥经济学家阿尔弗德·马歇尔在政治经济学领域作出了杰出的贡献，他定义的税收基础是土地租金和自然资源。

> 从土地的固有所有权而获得的净收益绝对是一个剩余价值，甚至直到最终它都没有直接进入正常的生产消费，正常的生产消费要求对劳动者或发明创造者的劳动给与补偿。因此，它与从建筑、机械等行业获得收入有所不同。最后，这些收入需要（根据当前人类的特征和社会制度）用来补偿生产、发明和收集所消耗的能量。①

个人所得税、增值税和工资税（例如英国征收的国家保险捐赠税），以及政府所征收的大部分其他种类的税，都提高了价格的一般水平，扭曲了人们工作、储蓄和投资的方式。公共服务租金的支付对这些被影响的个体和社会地位也是自由的。财政政策是以公平和效率原则为基础的。但是通过他们自身，这两个价值异乎寻常地在保障国家推行改革方面失败了。这是为什么我们需要进一步研究私人和社会关系哲学的原因，使政府能制定一个有效的命令确保税收改革。

不要丑化租金（马克思称之为利润丑化了它）是十分重要的。

---

① 阿尔弗雷德·马歇尔（Alfred Marshall）：《经济原理》（*Principles of Economics*）第1卷，麦克米伦出版公司1898年第4版，第717—718页。

土地租金和其他自然资源本身是没有罪恶的。土地租金是衡量经济活动成败的一种尺度。它也是生产力的标志。在任何地方，运用劳动力和资本的手段越高明的人，那么他获得的超出一般工资和利润的剩余价值就越高。只是在土地变为私有后，租金才出现了问题。当它们被资本化，在私人市场上交易后，社会创造的财富才会被不公平地分配。如果还存在可供选择的社会合作形式（但并不存在，由于政府的预算、法律、命令和管理)，这并不意味着政府必须适度且花费租金财政。所以我们需要重新审视财产所有权。西方自由主义哲学要求不断改革，财产权不能使资产强制再分配成为必然，财产权与维持资产不断积累相协调。解决办法是令人惊奇的简单。它仅仅是要求人们运用这样一条原则，他们应该接受市场上消费品的交易。当他们站在选择的位置获得商品时，人们需要付出相应的报酬。

这是一个传统的命题，当我们体会我们购买商品时所发生的现象时，它就可以被理解。例如，我们讨论一座房子的价格时，在我们开始付钱之前，希望对房子进行评估。当然问题在于我们所付的钱并不是交付给提供这项服务的机构，而是转移给了对于我们的选择不用承担责任的人。这对于财产卖方是完全合法的，但我们没有付钱给服务提供者（交通管理局、医院、学校等等）的间接原因是政府强迫通过征收工资税和储蓄税来提高财政收入。这就给资本主义定了性：它阻止了人们享受幸福的生活，人们被迫从事劳动。

公共财政政策的失误导致了我们的失误，我们错误地强调问题出在政治上而不是市场上。法律上认可土地市场会产生不良的结果。它破坏了自身存在的基础。现在的投机者——包括那些把自己的房子看作投资而不是居所的人——可以自由地在土地上赌博。那些引起通货膨胀的大厦必须被粉碎。它从开始兴建到最后落成可以持续 14 年之久，但是土地价格却不断被哄抬，远远超过了人们的购买能力，它的粉碎不可避免。

解决的办法是通过直接提高土地租金税来重新平衡公共财政。同时，人们得到的“补偿”是收入、资本和消费税将相应地减少。政府得以继续履行它的义务，直到人们决定将某项公共服务私有化。

如果能够避免土地市场的扭曲，那么对所有土地租金的公共收费应该实行统一的税率。这项收费应该是那些享受服务、获得利益的人每年应付的，是他们的一项义务。而且这项收费应该按照现时市场价值征收，现时的市场价值由土地使用者决定。

这项改革减少了租金的流通，租金也可以被私有化。租金的收费水平——如果这对反循环的目的是有效的——将在第十三章中讨论。这里，我需要建立这样的原则，诸如此类的公共收费与人们的道德敏感性相协调，它们减弱了对实业经济的人为约束。这个议程应该不会令戈登·布朗吃惊，因为它是时代政治的核心，他和托尼·布莱尔发现时代政治的核心强烈地吸引了他们的政治敏感性。

第四节 人们的预算

到2004年6月，戈登·布朗在财政部长职位上的任期打破了大卫·劳埃德·乔治创造的纪录，他于1908年到1915年间担任英国财政大臣。评论家对此进行了深入的分析：他们接受了布朗的自我评价，即他为英国留下了一段特有的稳定期。财政大臣在他每年对高级财政家的演讲中庆祝了这一纪录。他三次重复了他最喜欢的赞美词之一——他乐意做出艰苦的决定。而且在市长举行的宴会上他提醒客人，他的婚姻仍然美满，这帮助他“获得了一个长期的稳定”。尽管如此，在国内仍然流行着这样的看法：

> 让我们回忆最长的停滞期产生的问题，英国在过去的50年里一直忍受着房地产行业所带来的折磨。40年以前，我们每年建造40万套住房，到20世纪90年代中期下降到20万套，所以未来我们将承受压力……解决英国房地产市场巨大的不可接受的供需矛盾。①

布朗忘记提到在他的财政部长任期内住房产量每年减少达2万多

① 戈登·布朗：“公寓住房”，伦敦，2004年6月6日，演讲稿抄本，第3页。

套[①]。这项惨淡的纪录部分是由于公共财政改革失败造成的，改革的本意是为了支持建设和惩罚投机。财政部长因为他所提到的变化而赞美自己，这一行为表明他并没有关注产权市场的经济状况。他对下面的事实给予了特别的关注："我们将长期商业资产的资本收益税从40%减少到10%，而且在预算方面，我甚至想进一步鼓励风险承担者尽最大的努力将他们的理想付诸实践。"[②]

他的行为取得了与预期相反的结果。资本收益包含的储备租金比储备劳动力或固定资本更多[③]。当日本轿车制造商本田重新评估它在英国的工厂土地价值时，发现了这个事实。它从土地获得的收益比从生产的汽车获得的收益更多。自从1985年在斯温顿（Swindon）建造工厂以来，那块土地的价格从600万英镑上升到了2亿英镑。资本收益达到了3333%[④]。即使日本公司多极划分它的暴利以及由于戈登·布朗降低资本收益税而获得的红利，财政部长仍然提高了雇佣劳动力操作汽车生产机器的成本。

- 布朗对资本收益的减税是对土地市场进行公共补贴，相应的是对劳动力市场进行惩罚。
- 为了支持他的福利工程，他增加了工资税（国家保险贡献）。这种偏爱违反了劳动阶级是保守派的主体以及政府的劳动周期，但布朗对此是好奇的，工人的拥护者应该使公共财政的阶级基础系统永存下去。

这个纪录与在世纪之初的财政部的先祖相比如何呢？1909年，在劳埃德·乔治的预算中，他想重建财政。这个威尔士男子是一名激进的自由主义政治家，温斯顿·丘吉尔也属于这一派别，他在英国国会下院有关战争的演讲支持了劳埃德·乔治。这是丘吉尔1909年5月4日所说的：

---

① 史蒂夫·威尔考克斯（Steve Wilcox）：《英国的住房观察2003/4》，考文垂：特许房屋研究所，2003年，表19h和19i，第96—97页。

② 戈登·布朗："公寓住房"演讲，第5页。

③ 梅森·加夫尼称利润再投资租金为"地球成因资本"和利润再投资资本。梅森·加夫尼："在有限的土地和资本条件下面对完全就业。"亚瑟·林恩："初级，财产税，土地利用和公共政策"，麦迪逊：威斯康辛州大学出版社1976年版。

④ 詹姆士·麦金托什（James Mackintosh）："土地为本田制造了更多的汽车"，《金融时报》2003年2月7日。

> 公路修筑好了，街道建成了，服务提高了，电灯将黑夜变成了白昼，水从100英里外山川上的水库引来了——然而地主始终袖手旁观。这其中每一项的提高都是劳动者辛勤劳动的结晶，也花费了纳税人和其他人的钱。土地垄断者没有对这些改善贡献一丝力量，反而还将土地的价值不断哄抬。他们没有为社会提供服务，他们对大众幸福没有贡献任何力量，在他们财富的攫取过程中没有对社会作出任何贡献。①

现在，将土地所有者作为唯一的恶人是不合时宜的，从社会底层的投资中受益的主要受益者包括房屋的所有者。丘吉尔对经济如此公然地抨击惊醒着我们今天的经济，但是还有许多附加的疑点。

为了建立公平的国家分配体制，劳埃德·乔治提出了三种征税办法。前劳动部长洛伊·吉肯（Roy Jenkins）总结为：

- 对在土地价值上不劳而获的收入征收20%的税，“当土地交易或继承时需要交纳此项税收”。
- 对“未开发的土地和矿产”的每英镑资本征收半便士的资本税。
- 在每个租期结束时，对从该租赁中获得的所有利益征收10%的税收。②

吉肯评价劳埃德·乔治1909年的计划“几乎是一场颠覆性的改革”③。那不是土地贵族怎么解释预算。贵族阶级激起了众怒。贵族的强烈反对在议会上院上演了，他们阻止劳埃德·乔治的拨款议案通过。这引发了一场宪法危机。自由主义者转向选民寻求一项新的委托权。第一轮较量中，贵族地主失败了：预算进入了土地法。但是没有一些激烈的后续斗争，他们是不会放弃贵族身份的，他们甚至通过法庭进行起诉。如果他们能阻止土地估价，那么土地租赁就没有税收！劳埃德·乔治对失业者、病残者、孤寡老人和孤儿进行财政保障的计划，由于超出了国家土地租金所能承受的水平，很快就半途而废了。

---

① 巴克：《确保我们未来的住房需求》，第116页。

② 洛伊·吉肯：《大臣们》（*The Chancellors*），伦敦麦克米伦出版公司1998年版，第167页。

③ 同上书，第6页。

1919 年，一位拥有土地的游说议员者准备制定他的遗嘱。一个讽刺性的曲折是，1909 年劳埃德·乔治的主要反对者——财政大臣奥斯滕·卡布林（Austen Chamberlain），他用下院程序拖延着，直到他能“在未来几年的预算中通过安乐死”终止土地税。那么导致这场蒙羞的首相是谁呢？乔治自己。

为他们的贵族身份复仇是非常痛快的。历史与威尔士巫师是相反的。保守派在奥斯滕·卡布林相关策略的指导下继续他们的活动。

> 可以确定无疑的是，如果我们不采取任何行动，激进党迟早会建立他们的国家税收体系，而且一旦以这种形式建立，任何激进大臣都需要钱……将会发现让吝啬鬼发生转变是很容易的事情。[①]

反对这种预算方法，我们知道戈登·布朗是如此的羡慕，[②] 没有什么事可以与新的劳动力大臣在一个世纪之后又重新推动此事相比较。但是如果爱德华七世的历史没有给布朗的财政政策提供一个模版，那可以从他自己的政党所代表的阶级那里获得什么教训呢？

新兴的工党有一系列的等级，它是来自约克郡溪谷的改革家。菲利普·斯诺登（Philip Snowden）（1864—1937）描述自己是一个社会学家。他不知疲倦地为劳动阶级工作，但是他信仰自由贸易，而且对布尔什维克在俄罗斯的实践充满敌意。当他听了亨利·乔治的演讲后，他深信需要重建公共财政政策。亨利·乔治在 1882—1884 年访问了英国，进行了一次演讲旅行。[③] 斯诺登发现自己转向了他在工党内部的同志们的右边，而且这在 1924 年他作为部长的短暂任期内有所反映：当土地所有者听到他的预算内容后，他们变得轻松了。但是在 1930 年，当他返回财政部时，又是另一个故事了。

---

① 洛伊·道格拉斯（Roy Douglas）：《土地，人民和政策：1878—1952 年英国土地问题的历史》，伦敦 Lison 和 Busby 出版社 1976 年版，第 150 页。

② 南瑞·爱利特（Larry Elliol）：“布朗艰难说地通过了英国经济劳埃德·乔治的转折点”，《卫报》2004 年 6 月 16 日。

③ 亨利·乔治（Henry George）：（1839—1897），《发展与贫穷》的作者。《发展与贫穷》是一本经济历史的记录，发行量惊人。J. H. 克拉彭：《现代英国的经济历史》，剑桥大学出版社 1932 年版，第 483 页。

在 1929 年华尔街崩盘后，紧接着的几年依然萧条，失业人口在不断膨胀，在 1930 年 4 月 14 日，斯诺登介绍了一个预算。洛伊 · 吉肯用这些术语评价了这个预算：“斯诺登不仅摧毁了工党政府制定一个反周期的扩张政策的希望，也摧毁了该政府直接用税收政策维持平稳的动力的希望。”① 按照斯诺登的哲学观点，他正在追寻这样的一种行为过程。微观经济和社会的暗示超越了新古典教义中的思想。

1930 年预算中激进的核心是什么呢？吉肯是这样总结的：

- 在国会任期内，将会消除所有的食物税。
- 土地价值立法宣布开始对土地租金的公共收费进行定位。

按照吉肯的解释，斯诺登发布了通知：他对收入税和附加税的适度增加，使得工党政府通过再分配的税收来平衡社会收入的希望破灭。这也是造成独立工党脱离工党的直接原因。②

革命的左派没有感受到经济和社会的深刻暗示，政敌的行动弱化了斯诺登的控制。但是土地价值的命令没有给地主任何威慑，他们仍然控制着英国的建筑业。500 年以前，亨利八世解散了所有修道院，开始了伟大的土地降价，目的是允许人们保留通过自己劳动获得的收入。这个政策通过消除暴利，同时也消除了土地投机的诱惑，人们将为他们的土地收益纳税。土地市场一旦被建立，将成为稳定就业和生产的基础，同时也将产生一个附带的效果——将会有足够的人们买得起的住房供应。采取了两种措施，斯诺登呼吁建立一个公平的市场，资本家将把这个市场当作自己一展身手的舞台。如果社会创造的租金被私有化或私人创造的收益被社会化，那么在经济游戏中的这种公平原则就不可能存在。

吉肯评价斯诺登的政策是“最传统的金融政策”③。作为额外添加，他谴责这个政策是“一个精心制定的不切题的土地税收政策”④。吉肯的评价揭示了当今经济学家的一系列的思想。斯诺登的敌人——拥有土

---

① 吉肯：《大臣们》，第 289 页。

② 同上。

③ 同上书，第 288 页。

④ 同上书，第 294 页。

地的保守派是不傻的。他们认为这个预算是颠覆性的。

奥斯登的同父异母兄弟内文·卡布林（Neville Chamberlain）声称他之所以臭名昭著是因为，1938年他试图提醒海里·希特勒(Hery Hitler)——低估这一财政改革引起的社会后果是非常愚蠢的。1932年，斯诺登在财政部长任上是非常成功的。在这一年的财政预算中，他推迟了土地价值税，这个税收直到1933年才实施。而在1934年，他撤销了这项立法。

斯诺登在他艰难的第二任期确实成功了一次。他成功地改善了国家的债务，这降低了债务的成本。债务的高利息阻碍了利息率的降低。他在1932年债务转化方案中的成功使经济走向了低息贷款时期，这正是30年代英国经济的一个最好的特征，并且是一年左右的私家房建筑繁荣时期的主要因素。[①] 如果不允许自动稳定者在土地市场上运作，那么毫无疑问，低息贷款和住房高潮是治愈经济不景气的良方（第二个良方被认为来自于1938年）。斯诺登的财政机构用来实现持续增长：在1934年，不允许土地所有者从就业人口提高的生产力的资产收益中进行投机生意。卡布林反对这个议程，并且引发了随后的土地热。

劳埃德和斯诺登都遭遇了20世纪的巨大挑战：改革公众的财政，这样所有形式的公正——财产权和收入分配就会成功。如果他们成功了，应该归功于土地市场紊乱特征缓和的历史进程。他们失败了，但不是因为他们想尝试失败。

财政大臣为了提高新政治经济的效率和公平，发布了一个专门的命令，但只是因为那是他们例行公事地声称他们将在财政预算中这么做。不幸的是，直到他们写回忆录时，他们都没有展现出应有的勇气来表达他们明智的洞察力。奈杰尔·劳森（Nigel Lawson）在论述北海石油经济时阐明了这一点。

> 针对北海制定一个特别的税收体制是比较合理的，因为相对于世界其他的价格，它的成本非常低，获得了超额剩余价值。一般在技术上，这个短语被用来描述地租，经济学家也用它来描述超过维持系统运行的最低税收的超额税收。

① 吉肯：《大臣们》，第351页。

如果财政部长在20世纪80年代劳森的任职期间运用了这些知识，那么这些政策将能够阻止1988/1989年的繁荣，以及紧随其后的萧条了。

存在的挑战是使税收和生产成本相协调——如同劳森注意到的北海石油关系——以至于政府的分配不会产生这样的领域：它在纳税之前是经济的，而在纳税之后却是不经济的。财政研究机构注意到，当生产成本下降时，应该征收更多的资源租金，但是，“如果一个行业的利润接近边缘时”，税收应该下降到零①。菲利普·斯诺登用一种懒人的方式解释了这意味着什么：政府“没有权力对任何人征税，除非它能证明税款能够以一种更获利或更经济的方式被使用”②。如同一个议会民主的信仰者，议会民主意味着对人们隐藏所有的事实，以至于他们能够判断什么对他们最有利，而不是将所有的事实都告诉贵族们，他们往往都直面事实的真相。

这就是我在《土地的力量》以及与合作者在《国家的遗失》（*The Losses of Natrons*）中详细阐述的经济。我将副本提供给了财政部，但是没有任何效果。2000年8月，在一个资源租金的公共收费的评估中，财政部环境税收专家组中的一位经济学家写道：“哈里森先生的书中包含一些关于税收性质的有趣而又颇具争议的观点……虽然这些问题本身是很有趣的，但是他们与政府的总体经济政策不相协调……哈里森先生的观点与大部分经济学家的观点也不一致。”③因此，作为他们特别的标志集体决策的结果，了解到大部分经济学家继续在误导他们的读者，我们现在又试了一次。④ 通过考虑这个政策在一个大陆——澳大利亚的政治生存能力，我们开始评估作为公共税收的租金政策。

---

① 财经研究所：北海石油税，伦敦IFS系列报告第6期，1983年10月。

② 吉肯：《大臣们》，第281页。

③ 皮尔斯·毕松致杰弗里·李的信，2000年8月25日。

④ 詹尼斯定义这种心理状态为“一种暂时的集体发狂”（前面引用的书，第3页，更进一步地强调了）。因为自欺欺人而长期坚持，因为它的传染性影响，而在其他人群（或国家）中传播，因此有必要在制度上加强这种条件，干弗尼谈论了学术上相关的内容，经济的衰退，前面引用的书。

第十三章

澳大利亚：税收的弊病

第一节　土地财富

飙升的房价——在英国人们抱怨新住房供应不足和可使用土地缺乏的时候，澳大利亚正在面对这种困境。自从1992年经济萧条以来，尽管有足够的新住宅供应满足需求，但澳大利亚的房价一直呈上升趋势。澳大利亚政府关注到越来越多的人无力购买房子，命令它的生产率咨询委员会对此进行调查。委员会总结说：鉴于每年相对于储备规模较小的净增加的住房，增加土地开发或者计划提案程序，尽管人们热切期待，却不能有效地减轻过去几年的价格压力。① 在一块广袤的土地上，对于2000万居住者来说土地并不缺乏。可是房价却是2003年之前（10年前）的两倍多。尽管它拥有富饶的天然财产，澳大利亚却和英国一样遭受着周期性的经济大起落。

这些周期性打击的代价令人忧伤。在1974—1992年的周期中，单银行就损失了250亿澳币。② 由于这段历史，澳大利亚决定控制银行的信用产生活动。中央银行的主管在确定信用产生的问题时注意到："公司和银行是经济大起落周期的主要操作者，或者一般的金融机构。外汇的流入也许对资产价格的抬高有帮助，但国内的银行是不会袖手旁观的，他们将会借钱给那些有利润的工程和资产收购活动……看起来好像

---

① 生产率委员会："房屋所有权优先"（*First Home Ownership*），《墨尔本报告》第28期，2004年，第154页，澳大利亚储备银行发表同样的观点，"没有充分的证据显示房价的上涨是由于房屋供应短缺，难以适应新住房的潜在需求而造成的"。澳大利亚储备银行，答复生产率委员会有关房屋所有权优先的质询，2003年11月，第2、29页。

② G. J. 汤普森（G. J. Thompson）："银行风险的本质"，《澳大利亚储备银行公报》1997年7月，第1页。

任何人都可以赚钱……但是不可避免的是，许多投资是不明智的。"[①] 许多投资变成固定资产，或者投向那些已经拥有过多资金的行业。[②]

政府决定迅速采取措施阻止重现不计后果的信用贷款。审计是最可靠的基准，1998 年，澳大利亚成立了审计调整局。防范措施对纳税者是有利的，因为他们是最后的求助对象，当政府出现问题时，就期望他们买单。伊恩 · 麦克法兰（Ian Macfarlane）向全世界发布了一般的措施，他是澳大利亚储备银行的管理者。

> 政府必须干预并且关闭破产的信贷发放企业，卸下银行沉重的负担，以使它们能够相对轻松地运行。[③]

产权市场是怎样深深伤害移民的呢？澳大利亚吸取了这一教训吗？本来移民是为了逃避原来国家的经济变迁。尽管历史显示，澳大利亚当局成功地说服自己遏制房地产行业的这种趋势，事实上，住房价格在世纪之交仍然不停地上涨。但是，按照中央银行行长助理格雷 · 汤普生（Graeme Thompson）的说法：

> 虽然房地产价格正在上升，但是并没有我们在 20 世纪 80 年代所见的泡沫经济的标志。商品房的价格相对于 1993 年的最低价，也只算是一般水平。[④]

由于他们缺乏产权循环的相关理论，经济工作人员锐减到警戒水平。这使得，对待 20 世纪 80 年代后期泡沫经济所采取的方式，比起 90 代后期所采取的方式来根本算不上什么：它们是 18 年经济波动期的不同阶段。20 世纪 80 年代是这个波动期的尾期，所以这个时期的价格比起下一个周期中期的价格，波动异常的剧烈。在 20 世纪 80 年代晚期，价格上升了，主要集中在两年之内（胜利者的咒语期），这个时期

---

① I. J. 麦克法兰："经济危机的转换本质"，《澳大利亚储备银行公报》1997 年 12 月，第 18 页。

② 同上。

③ 同上书，第 19 页。

④ 汤普森："银行风险的本质"，《澳大利亚储备银行公报》1997 年 7 月，第 12 页。

到1989年上半年结束。这与2002年的价格上涨相比，几乎覆盖了5年的时间[①]。表13－1阐明了价格变化幅度的差别。在悉尼，到1989年的5年时间内，住房价格上涨了140%。下一个周期的中期，又上涨了45%。布里斯班并没有遵循这种历史趋势，昆士兰的最大一批涌入人口就是来自布里斯班（维多利亚和新南威尔士却经历了一次净输出）。

表13－1　　住房价格：五年期的变化百分比

	截至1989年3月的5年内	截至2002年3月的5年内
悉　尼	140.4	45.4
墨尔本	122.2	89.3
布里斯班	47.9	62.0
珀　斯	142.0	37.1
阿德莱德	43.9	42.3
堪培拉	42.8	49.8
达尔文	—	14.0
霍巴特	—	27.3
澳大利亚	114.1	56.9

资料来源："住房的最新发展状况：价格，金融和投资者的态度"，《澳大利亚储备银行公告》2002年7月，第2页表1。

表13－2　　房屋资产占可使用收入的百分比

	1980	1990	1998
澳大利亚	248	281	355
加拿大	123	118	129
法　国	172	218	227
德　国	—	331	301
意大利	133	170	166
日　本	380	641	381
英　国	343	361	293
美　国	169	173	163
瑞　典	208	245	198
新西兰	185	243	283

资料来源："城市规模，住房价格和财富"，《澳大利亚储备银行公告》2001年12月，第2页表1。

① "房地产近期发展：价格、财政和投资者的态度"，《澳大利亚储备银行公报》2002年7月，第4页。

我们怎样理解这块大陆上房屋价格的剧烈波动呢？这块大陆的特点是你在那里旅行几天有可能看不到一个人影。比起那些人口密度非常大的国家（表 13 – 2 中的日本是一个例外），澳大利亚人将他们财富的很大一部分投入了住房。澳大利亚有将近 800 万套住房，总价值 22000 亿美元（包括土地）。这是一个非常有活力的市场，每年大约交易 50 万套住房。每年平均出售 15 万套新住房，这个高效的房屋建筑工业每年几乎有 500 亿美元的交易额。

新房屋 2% 的资金流入股票并不足以使经济对该行业产生影响。生产力促进委员会描述了这一点：

> 资产股票需求迅速增长，然而其供应量只能缓慢地增加，这不可避免地导致了住房土地价值的上升，因此房屋价格更高——特别是在黄金地段。①

澳大利亚，尽管幅员辽阔、土地富裕，但它同样受困于与土地紧张的国家一样的经济。由于过度集中的人口的强烈需求，适宜于建造住房和办公室的地段同样是有限的，这与日本的状况是相似的。1990 年，日本人所拥有的住房的价值是相对于可消费的收入的 641%。在 20 世纪 80 年代期间，住房价格的猛烈上涨意味着日本将遭受一个长时间的痛苦期。经济已经进入了一个为期十年的萧条期。

日本，山脉之间适合居住的土地非常稀少，这至少可以作为它的房屋价格居高不下的一个充足的理由。澳大利亚，有很宽敞的土地能够用来建造房屋。比起其他国家，澳大利亚家庭拥有可拆卸的房屋的比例非常大，而且人口也比美国少，美国的人口是澳大利亚人口的十倍。直观上，一般人会认为房屋只占家庭财富的一小部分。土地的现实情况反映了适合人们居住和工作的土地供应的重要性。人口统计学关注的是从战略上确定有价值的位置，对于政策的目的，一个国家的土地总量是无关的，现实是像俄罗斯这样的大国都在继续逃避政府。在澳大利亚，54% 的城市人口生活在悉尼和墨尔本②。这个比例远远高于大部分国家的平均

---

① 《房屋所有权优先》，第 7 页。

② 丹·安德鲁斯（Dan Andrews）："城市面积，房价与财富"，《澳大利亚储备银行公报》2001 年 12 月，第 3 页。

水平。英国，生活在两个最大城市的人口占城市人口的19%，而美国是15.7%，德国是20%。

但是房屋价格也是银行家操纵的结果，在澳大利亚，尽管设立了管理机构，在20世纪90年代，银行仍然很容易借贷给贷款者。RBA的一个研究发现，在2001—2002年，当经济处于循环周期的中期阶段时，投资者的活动异常活跃①。如果没有理论阐明它的意义，单凭数据并不能说明问题。而且对于所有的谨慎的信用贷款提供者银行家，中央银行处理房屋贷款者的欠款非常的失败。他知道这种趋势背后隐藏着东西。2004年，副总裁格林·史蒂文（Glem Steven）分析了价格并宣布："从过去的两年很容易得出这种结论。投机行为对房屋价格有非常巨大的影响力。这种状态很不正常，它越早结束越好。"投机者的行为是不负责任的吗？价格不会下降的观点非常流行。这种心理是：为了追逐不劳而获的资本收益，因而形成了这种投机历史机遇的趋势。

- 在2003年6月，中等水平的房屋价格是房屋购买者平均年收入的6倍，而在20世纪80年代经济的鼎盛繁荣期，房屋价格是购买者平均年收入的4倍。
- 除了西班牙和荷兰，房屋购买者的债务比任何其他国家都上升得快。投资者的负担占银行精明的房屋负担的15%—30%不等。
- 家庭对房地产市场的好奇心增加了，投资房地产的家庭从8%上升到12%（2001年）。

表13－3　每年投资的税前收益（%）

		2000[1]	2001	2002	2003
股票：	澳大利亚	15.5	9.1	－4.7	－1.7
	国际上	12.6	6.0	－23.5	－18.5
澳大利亚公债		6.2	7.4	6.2	9.8
现金		5.6	6.1	4.7	5.0
房地产：	墨尔本	12.1	20.9	17.3	25.3
	悉尼	13.1	6.3	22.0	20.0
	澳大利亚	11.8	14.7	21.3	18.2

1. 是每年6月的数据。

资料来源：生产率委员会：《房屋所有权优先》，第53页。

① "房地产近期发展"，《澳大利亚储备银行公报》2001年12日。

在整个澳洲大陆，人们的投资欲都被新兴的房地产市场所勾起。他们都被获得的大笔财富的前景所诱惑。冒险的投资者可能会用债务来获得房主的身份。而且数据表明投资房地产是非常明智的。正如我们在表13－3中看到的，随着股票价格如同网络经济泡沫一样破灭，最高收益的行业是房地产行业。从自身利益来看，房地产投机商的行为显然是很合理的。但是这些行为的所有后果是什么呢？向中央银行寻求帮助是毫无疑义的，在未来房地产价格的变化方向问题上，澳大利亚中央银行副总裁史蒂文斯并不比英格兰银行的行长知道得多。他承认："从目前的状况看，当然是不可能准确预料未来的价格。"①

房地产市场在2004年有一个短暂的消停，在进入我们预料的Winner曲线期（2007—2008年）之前平静了两年，这巩固了在2001年进入消退期的条件。

但是，如果按照我们在第十二章中所主张的，在土地租金的公共税收结构上进行变化是一种有效的反周期政策，在这个土地税收政策已经执行150年的大陆上，我们怎么解释它的经济繁荣与萧条交替共存的现象呢？澳大利亚有一个相对有效的土地税收管理系统；那么为什么它仍然避免不了起源于土地市场的经济繁荣与萧条交替出现的周期现象呢？是我们所鼓吹的财政改革失效了吗？

第二节　公共税收的土地价值

早在19世纪50年代，澳大利亚殖民者就对土地租金征税。到1890年，这种税收政策已经覆盖了整个澳洲大陆。1910年，联邦政府引进的一种成熟的税收政策打破了这种状态。

当我们比较殖民地之间不同的发展水平时，会强烈地支持对土地价值（昆士兰、新南威尔士、西澳大利亚）进行公共收费，而且倾向于对土地和建筑物都征税，那么也很容易产生免除房地产追加资本税收的智慧。表13－4展示了农业方面的这种趋势。在20世纪30年代的萧条期内，与对人们在土地上的投资资本加强征税的三个州相比，扩大农作

① G. R. 史蒂文斯（G. R. Stevens）："经济环境与前景：2004年6月"，《澳大利亚储备银行公报》2004年6月，第19页。

物种植面积，对建筑物和固定资产免征税收的各个州反而取得了巨大的发展。在二战之后恢复期的几年内，仍然继续着这种趋势。比起对土地投资征收房地产税的那些州，那些鼓励资本发展的州取得了明显的进步。

在房地产行业也可以看到类似的情形。从20世纪40年代到1958年，那些免征房屋税的州，房屋建设相当迅速。通过调查私营部分的房屋建筑比率，并且调整交叉部分的数量，那些征收房屋税收的州落后于免征税收的州。

表13-4　对比房地产税收：农业

萧条期		
土地价值变化率		
从1929年到1939年的变化	变化英亩数	%
昆士兰	688	68
新南威尔士	1548	22
西澳大利亚	153	3
总计	2389	213
土地价值增长率		
南澳大利亚	-243	-5
维多利亚	-560	-10
塔斯马尼亚	-22	-8
总计	-826	-8
战后特点		
土地价值变化率		
从1947年到1959年的变化	变化英亩数	%
昆士兰	1224	76
新南威尔士	313	5
西澳大利亚	2545	71
总计	4082	3
土地价值增长率		
南澳大利亚	262	7
维多利亚	-311	-6
塔斯马尼亚	-22	-6
总计	-61	-1

资料来源：杰弗里·A. 福斯特：“澳大利亚”，罗伯特·V. 安徒生：“世界上的土地价值税”，牛津：布莱克威尔士，2000年，第3期，第403页。

考虑到土地税的作用，我们希望澳大利亚能够洞察这个财政政策的反周期特征。

最早的土地繁荣是19世纪30年代和50年代。这些并不是现代化商业圈的特点，尽管如此，直到1860—1890年之间，资本市场和城市工业才开始发展。这是因为在这个时期，澳大利亚经历了她的第一个18年的循环周期。关于这个历史现象的影响，可以得到很多值得注意的结论。

第一个周期（1876—1894年）的特点是投机倾向是基于财产权、金融机构和个人的态度，这些都是从英国流入的。到了19世纪80年代，边远地区的居民也都参与投机活动①。到1893年，整个澳洲大陆的银行全部崩溃了。

> 最初（1891—1892年），一些非专业银行机构和其他的银行由于投机房地产和土地交易市场，依靠短期存款，直接投机土地、期货、挪用等不健全的行为而倒闭。到1893年，金融危机波及那些问题明显的银行，导致了整个金融系统的崩溃，并且继续扩大、蔓延，形成了一个经济低迷期。②

维多利亚的产权税主要是依赖土地和建筑物价值，因此遭受了一个比新南威尔士（NSW）更深和更持久的萧条期。新南威尔士主要是征收地段价值税。在这个周期之内（在艰难的环境中前行），NSW经历了一个稳定发展期。相反，“仅仅在维多利亚发生了财政的繁荣和崩溃现象，这导致了这个殖民地一个更长久的繁荣和一个更剧烈的出口下降”③。从长远看来，NSW稳定的收益刚好补偿了悉尼的通货膨胀。

第二个周期（1894—1912年）引发了一次更强有力的政治“震动”。1910年发生的现象破坏了产权市场的繁荣，这一定是到了这个周期的Winner曲线阶段。在一个广泛的有关加快经济发展和禁止土地投机的好处的政治辩论之后，联邦政府成功地引入了土地增值税。在他的

---

① 哈里森：《土地的价值》，第231页。

② 杰弗里·卡尔麦克尔、尼尔·厄叟：“资产价值泡沫和谨慎规则”，《澳大利亚谨慎的规则判例》，工作底稿2001—2003年，第9页。

③ 伯颜·海格（Bryan Haig）：“澳大利亚GDP新评估：1861—194/49”，《澳大利亚经济学》His. Rev.，卷41（1），2001年，第22页。

澳大利亚演讲旅行之后，亨利·乔治将主要依赖土地租金的需求确定为公共税收。这正好与英国的情况相似；所不同的是，澳大利亚的联邦土地税允许适当的变化。这种政策一直保持到1952年。

土地市场没有扰动经济，投机者不能获取巨大的资本收益。那么，这是为期18年的循环的典型特点吗？对土地价值征税可能会打击投机者的信心。澳大利亚国立大学的特里·戴威尔（Terry Dwyer）发现，从1910年到1911年，土地的总收益是6370万美元，超过总体税收（4400万美元，它占国内生产总值的6.49%）很多[①]。因此，在20世纪的开端，一直在致力于消除所有的非租金税。

第三个周期（1912—1930年）不是一个像我们在第五章中定义的商业周期。土地税收的利益使他们感到已经到了这个周期的结束阶段。澳大利亚没有逃脱全球的萧条期，但是土地投机的破坏性影响被减弱了。第九年将是这个土地驱动的周期的结束期，到1929年，产权价格的上涨速度与股票和证券的价格上涨速度相同。

> 产权价格……下降的速度比股票价格慢……国内的房地产价格泡沫没有明显的标志，而且谨慎地运行着的银行和非银行的金融机构，在萧条期存活下来了，相对地没有受到多大的伤害。[②]

1929年澳大利亚的萧条很大程度上是由于受欧洲和北美发生的大事的影响。在20世纪20年代，欧洲和北美经济的主要特点是土地投机。土地租金的税收让投机者的希望破灭，因为土地租金税收减少了资本收益；但澳大利亚国内的稳定期并没有合理的解释。

第四个周期（1930—1948年）被第二次世界大战的爆发所影响，英国和美国的军需工业帮助刺激了经济的发展。此外，联邦土地税收继续影响着经济，直到1952年废除了此项税收。这正好与为期10年的世界主要经济的调整期的结束时间相吻合，这个历史时间是1955年。1952年废除土地税后，在下一个周期发生之前，澳大利亚建立了财政政策。

第五个周期（1955—1974年）注定与典型的繁荣与萧条的周期特点

---

① 特里·戴威尔："澳大利亚土地资源应征税能力"，《澳大利亚税收论坛》卷18，第1期，2003年，第62页。

② 卡尔麦克尔、厄叟："资产价值泡沫和谨慎规则"，《澳大利亚谨慎的规则判例》，第10页。

相一致。可以肯定，在20世纪60年代后期的土地投机到1974年将土地价格哄抬到了顶峰。金融公司也是受害者，首相高夫·怀特姆（Gough Whitlam）在1973年采取了迅速提高利率的措施来抑制房地产经济泡沫。他宣称："如果更高的利率有阻止投机资本进入土地和产权市场的效果，那将是再好不过了。"① 但是这个泡沫准备四散逃逸。将借贷成本提高到足以影响那些没有从事房地产投机的企业家是没有必要的。

如果联邦政府在1971年宣布重新开征土地税而废除工资税，而不是将利率上调到惩罚水平，那么20世纪70年代早期的泡沫经济就不会发生。

如同戴威尔的理论所论证的，租金作为财政的基础为现代经济提供的经费是足够的，它也能阻止土地的投机行为。

> 有趣的是，即使因为底土资产或频谱权利而缺少土地价值，而且保守的估计，到1972/1973年和1975/1976年，随着土地收益（包括再评估的收益）几乎等价于全部税收，土地价值的全部［政府］税收所占的比率表明税收仍有相当大的潜力。②

第六个周期（1974—1992年）的特点是州和市两级政府都减少了土地租金的公共税收。这进一步鼓励了从土地上追逐资本收益。对银行放贷进行约束是无效的：非银行金融机构的出现弱化了这种约束，它们乐意为产权市场提高贷款额度。1988年房屋价格上涨了40%的说法是不能成立的。不切实际无法实现的计划慢慢就会不攻自破，预料的结果是：

> 在20世纪90年代，澳大利亚出现了自19世纪90年代的崩溃以来的最大的金融系统危机，许多作者评论澳大利亚经济史上的这两个相似的时期……在20世纪90年代早期，建筑业的繁荣导致了对办公楼的过量供应，紧接着是房地产价格的剧烈下跌和一个严重的萧条期。③

---

① 卡尔麦克尔（Carmichael）、厄叟（Esho）："资产价值泡沫和谨慎规则"，《澳大利亚谨慎的规则判例》，第11页。

② 戴威尔："澳大利亚土地资源应征税能力"，《澳大利亚税收论坛》卷18，第1期，2003年，第33页。

③ 卡尔麦克尔、厄叟："资产价值泡沫和谨慎规则"，《澳大利亚谨慎的规则判例》，第12页。

并不需要特意改变这种状态，随着个人所得税达到了418亿美元，土地收益总量达到656亿美元，重建的公共财政将阻止对产权市场的投机，而且也将现金和信用贷款分散到其他行业的资本形式，而不是完全将压力加至于建筑行业。一个可以忍受的平衡的经济将为移民提供高工资的工作，那么移民也将继续涌入这个大陆。

第七个周期（1992—2010年）将展现英国出现的18年经济周期的所有特点。土地价值税收的状况是这样的：地方政府和州政府对土地价值的税收与对土地投机的资本收益相比是微不足道的。在NSW，在这个周期的中期（1993—2003年），土地价值将增加到3610亿美元。以土地为基础的税收将达到440亿美元，然而其中88%成了土地所有者的不劳而获的收益[①]。不用瞠目结舌，一个良性的财政环境鼓励了价格的加速上涨。图13－1表明了自1996年以来，产权交易的变化情况，NSW的变化最为显著[②]。

这些交易与GDP的增长有非常密切的关系，低迷期的房产交易超过了萧条期的交易（见图13－2）。1996年是一个例外。低利率使人们可以大量借贷来购买房产，用债务来刺激经济的繁荣。但是由于低利率导致了高的土地价格，当房地产价格达到无法忍受的水平时，良性的货币环境将经常萦绕着政府和金融家。

澳大利亚的经济出现繁荣与萧条交替循环的内在激励，与英国和美国是相同的。在建筑业的早期，即临近这个萧条期的中期时（20世纪80年代早期和2001—2002年），经济的繁荣主要是由于住宅土地的投机，在一年内房屋价格有可能上涨20%。此后，快到这个周期的顶峰阶段时，商业和工业部门开始反弹。在20世纪70年代早期和80年代后期，商品房市场供过于求，很多房屋都没有人购买。当房地产市场崩溃时，怀特姆、弗雷泽和其他的政府官员付出了政治代价。

这种历史结果不是不可避免的。在1979年以前，土地租金就超过了个人所得税和公司所得税的总和。租金足以满足大部分公共花费。在

---

① 弗兰克·斯蒂威尔（Frank Stilwell）、基瑞里·约旦（Kirrily Jordan）："澳大利亚的土地税收：原则、问题和政策"，劳伦特·约翰和亨利·乔治的经济学思想遗产，切尔滕纳姆：爱德华·埃尔加。

② 2001年新南威尔士交易的下降，回到维多利亚时代的销售水平，由土地价值研究组织的布赖恩·卡万拉报告，墨尔本，可归因于欺诈数据，私人交流。

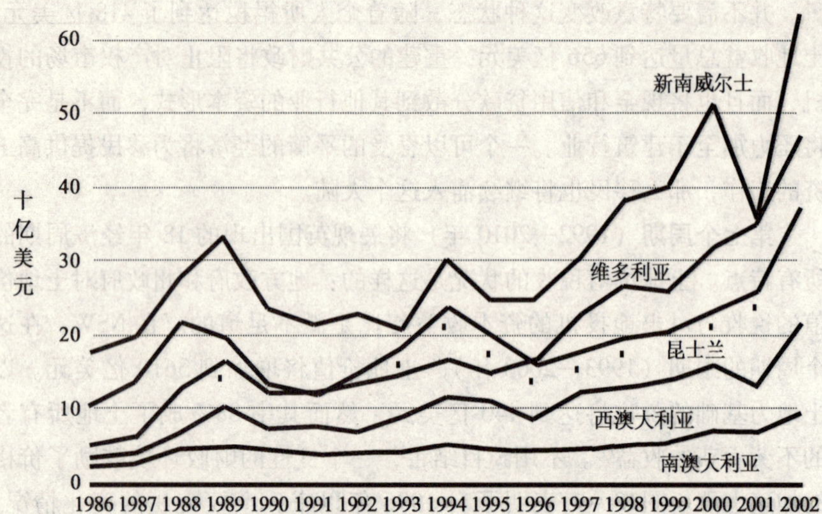

图 13-1 房地产交易的总体价格：澳大利亚五个主要的州

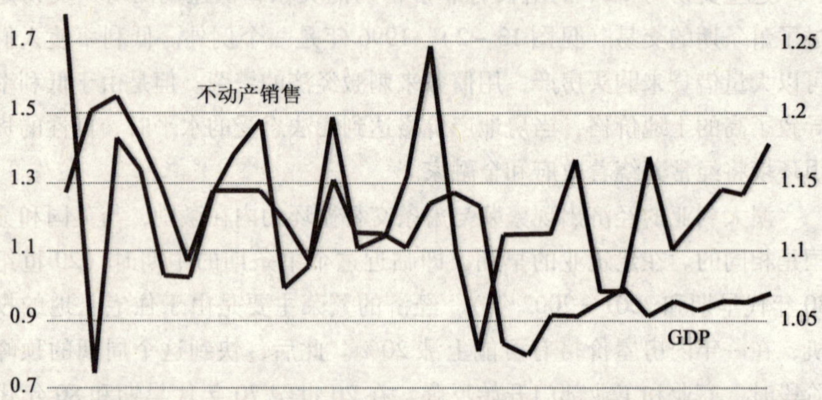

图 13-2 房地产交易的总体价格：澳大利亚五个主要的州

资料来源：土地价值研究协会，墨尔本。

1998—1999 年，租金是 1330 亿—1410 亿美元，而澳大利亚的公共税收是 1779 亿美元①。如果我们考虑到，重建的公共财政将减少许多人对公共福利的依赖，那么它们之间的差别就被消除了。但是最优的公共和私人价格政策是不存在的。所以低利率的租金减弱了土地价值税对反周

① 《澳大利亚税收论坛》，第 67 页。

期的影响。而且投机者也可以获得巨大的资本收益。

英国皇家艺术协会（RBA）倾向于认为2003年末利率上升到5.25%缓和了悉尼和墨尔本的房屋价格。事实上，这只是某种趋势上的短暂停留，最终将在2007—2008年加速通过Winner曲线期。

同时，生产率委员会做了一次调查，得出如此结论：由于政府鼓励房地产投机的税收政策，许多人买不起住房。尽管如此，联邦政府拒绝评论影响住房价格的税收政策（例如征收资本增值税的决定）。

第三节　失败的政策

中央银行认为他们的货币政策有助于稳定活跃的房地产市场。但是澳大利亚的两位经济学家认为：“严厉的规则不一定能够抑制泡沫经济。”①

规则行为不能阻止经济繁荣与萧条交替现象的发生，因为那些投机倒把者总会找到规则的漏洞。一个例子是，20世纪70年代，许多中级银行破产了，有一些被纳税人保护着。现在，主要的银行家应用高级的分析工具重点监测着银行的运行。澳大利亚经济学家非常羡慕西班牙的技术②。但是西班牙过热的房地产市场被资本进一步刺激，很大程度上，这部分资本并不是来自国内银行系统。巴克莱银行分析，2003年，西班牙海岸新建房屋的40%被英国人购买，这使得当年的房屋价格上涨了21%，这是传统房屋价格上涨6%—7%的三倍③。

高明的打击囤积房屋的方法是对那些房地产商征收年费，年费与他们从房屋获得的利益挂钩。他们从社会获得他们需要的服务（为什么他们生活或工作在他们选择的地方），他们应该像在超市购买货物付费那样对他们获得服务付费：一种商品、服务与等量价值的货币交易。

像西班牙那样在政策上失败的国家是不应该有什么借口的。他们获

---

① 卡尔麦克尔、厄叟：“资产价值泡沫和谨慎规则”，《澳大利亚谨慎的规则判例》，第13页。

② 同上书，第19、22、29页。他们公认（第22页）：“压力测试……很好通过控制泡沫的构造指导方式提供。”

③ 乔恩·邦尼（Jon Boone）：“冰淇淋亭子是炙手可热的财产，其价值为9.5万英镑”，《金融时报》2004年7月15日。

得了理论上、历史上和经验上的帮助（例如，丹麦征收了地方性的土地税），这些帮助为政府制定补救政策指明了方向。但是在澳大利亚，考虑到它具有 150 余年的土地税收的经验，人们有理由对政治领导人期望更多。联邦政府知道他们应该大规模地征收租金税收，以抑制土地投机。这种需求已经超越了纯经济的考虑。20 世纪财政政策的失误导致了病理性的结果，这种结果深深地植根于人们的心灵和思想，它是一个国家发展的障碍，它仍然在制造着这种障碍。

考虑到公共服务非常低的租金征收率，可供操作的政策空间十分巨大。一个合理的财政系统中可供分配的股息是十分巨大的（见第十四章）。澳大利亚应该开始公共财政的民主化。尽管如此，神秘的是，纳税人甚至不知道从澳大利亚的土地上征收了多少税收。生产率委员会认为："澳大利亚房地产行业税收总量的完全数据是不可知的。"[①] 我们知道，这部分税收只占税收总量非常小的一部分。在 2002—2003 年，房地产税收作为总体税收的一部分，每个州都是可知的。而且它在总体税收中所占的比例的差别也是十分大的，从北部的 1.5% 到塔斯马尼亚州的 3.3%，到维多利亚州的 9.5%，再到新南威尔士州的 11.1%。[②]

联邦政府的费用被隐藏在晦涩的国家账务后面。来自石油的租金税收被记录在公司的收入税收记录中。虽然如此，我们可以形成这样一种印象：相对不可移动的房地产的税收，资源的租金税确实是一种政策的失误。2002 年，这部分共课征 95 亿美元的税收，占联邦、州和地方政府总体税收 2169 亿美元的 4.38%。

那些关注政策的人们阐明了这种不良的政治哲学影响公共政策的现象，这些人掌管着州政府的咨询和调整机构。分析家们知道问题的症结所在，但他们仍然任性地对国内的讨论三缄其口。20 世纪 90 年代，澳大利亚的房屋价格的警报开始拉响了。

RBA 总裁伊恩·麦克法兰指出，信用和上涨的房屋价格是最重要的政策问题。这表明了内部的不平衡，这将增加经济发展的风险性，然而经济发展对澳大利亚社会是如此的宝贵。这需要公开辩论的行为来查明这个问题的根源。否则，在下一个繁荣期，他们将面对总裁所描述的

---

① 生产率委员会："房屋所有权优先"，《墨尔本报告》第 28 期，2004 年，第 15 页。

② 同上。

问题："银行、经纪人和其他商业机构通过提供过分慷慨的信用额度愚弄了民众。"[1]

根据这个诊断，那么适当的房屋价格的目标是什么呢？中央银行急于消除人们假设的恐惧。中央银行副总裁发表言论：他们非常担心房屋市场和人们的借贷行为，"这种担心就是渴望实现一种合理的房屋价格目标……"房屋价格仍然在飞速上涨，然而监视国家信誉体系的中央银行并没有实现它的目标！房屋价格仍然按照自己的机理运行着。我们对经济大起落周期循环的原因在于市场经济的看法深信不疑：一个瘫痪的政治系统。结果是产生了一个病态的社会，这是政府所实施的税收政策的直接结果。如果澳大利亚人要防止他们所选举的代表和政府官员任意忽视，那么需要全社会都来控制。[2]

第四节　病态的税收

将土地租金作为公共税收的发展模式在它的前几十年非常适合澳大利亚。如同在香港所实施的那样，当殖民统治当局将这种财政政策巩固和加强为统治所有企业和资产的永久工具时，那么生产的上限就超过了他所能达到的水平。从最早到此刻的开发者享受着有效的经济，它没有以房产为基础来区分人们。那些希望工作的人们将享受着免税的工资、更多的存款和巨大财富的积累。土地租金和其他自然资源的税收将足够支持社会的基本运转和提供一些公共服务。然而，工作的穷苦人和理想的富裕者之间的鸿沟仍然在无情地扩大，房屋市场推动了这种发展。

这种趋势到20世纪末期仍然在继续。事实上，自1970年以来，澳大利亚的住房价格平均每年上涨2.3%。然而，家庭可任意使用的收入平均每年增长1%。[3] 结果是减少了新家庭的土地占有量。健康状态和国家财富之间的矛盾以折衷方式解决。生产率委员会认为：房屋所有权、社会稳定、公民健康和教育之间有一种清晰的联系。[4] 为每个人提

---

① Macfarlane, op. cit., pp. 11, 12.

② 墨尔本土地价值研究集团，www.earthsharing.org.au/taxcom.html，如："澳大利亚的土地和资源租金收益是什么？"

③ 《墨尔本报告》第28期，第38页。

④ 同上书，第2页。

供住所的失败表明它处于病态之下。在这种状态下，家庭和邻居都可以找到自己。例如在英格兰和威尔士，乔治·J. 米勒（George J. Miller）得出结论：每年大约5万人过早地死亡，这些人死亡的原因与不正当的税收的影响有关①。其中还包括无力购买住房。

20世纪90年代，澳大利亚将利率减半，加大了社会的压力，这实际上将那些潜在的可提供给人们的抵押债务加倍了，也几乎使人们买得起的房屋的价格翻倍。那么，什么才是一个良性的货币政策呢？对那些准备结婚、建立家庭、开始幸福生活的人们来说，低利率又转变成了噩梦。结果是加深了积累财富的人和负债的人之间的罅隙。图13－3揭示了这种趋势。

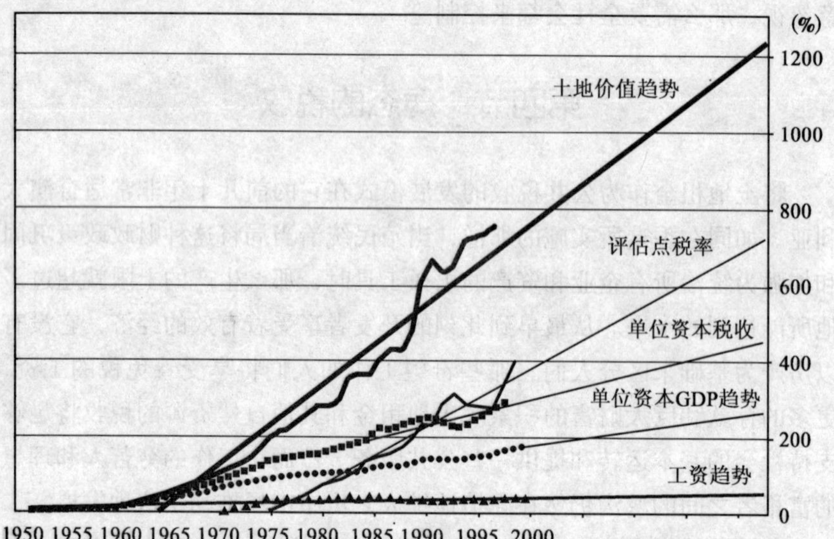

图13－3

资料来源：托尼·奥布恩："财富贫穷鸿沟"，Geophilos，2000年8月，第65页。

这证实了经典经济学家的恐惧，他们认为：拥有土地者的垄断权力将导致国家的收入流入不劳而获的地主的口袋，因而减少依靠工资维生的人们的收入。这是澳大利亚人的命运。这个结果被以下几种原因掩饰了：①税收政策，它隐藏了纯税收收入的水平；②津贴，通过它的分配

① 乔治·J. 米勒：《垂死的正义》（*Dying for Justice*），伦敦：土地政策研究中心，2003年。

减小了财政失误的危害性；③极小量的租金信息。

政府政策的病态性影响的根源，在于财产权和公共财政的共同作用。虽然我们承认：总体上，政治家真诚地希望提高选民的生活条件，但是也不可否认他们所实施的传统的税收政策是弄巧成拙的。他们能处理这个问题的唯一方法是忘掉折磨政治家的有关土地政策。

- 2000 年 7 月，澳大利亚政府征收了 10% 的商品和服务税（GST）。这提高了建造新房屋的成本，使更多的人无法购买房屋。为了补偿它造成的破坏，政府实施了第一次房屋方案（FHOS），可以使每个人购买任何他想要的房屋，包括没有征 GST 税的房地产，而不论他的财富情况。

通过这个措施，政府向房地产市场注入了 43 亿美元，达到了它的中期循环的顶峰。它的影响是增加了超过 50 万第一次购买住房者的需求量，他们中的许多人甚至在没有纳税者的补贴下购买了房屋①。这些措施（GST 和 FHOS）曲解了市场，在 2000 年上半年，当许多其他的购房者提出购买或建设新的住房时，为避免商品和服务税直接造成了房价的暴跌。在 2000 年下半年，房屋价格下跌了 30%，这是自 1975 年以来最大的下跌②。但是人们并没有被吓住，政府动用了联邦货币储备，为那些第一次购房者提供了额外的 7000 美元。这部分纳税者基金弥补了正在扩大的社会裂隙，其他的税收措施也强化了这个过程。

- 生产率委员会建议政府应该采取措施避免任何与房地产相关的“税上税”的破坏，例如对已经征收了商品与服务税的商品又征收印花税。印花税的征收曾经作为一种产权变化的方式，降低了效率，将价格提升到许多人的购买能力之上。
- 1999 年资本收益税的变化鼓励人们，当价格剧烈地上涨时，及时将钱投入房地产。
- 对收入征收高的边缘性税收，鼓励了人们在房地产市场投资以降低他们的纳税义务。按照国际标准，顶级的税率被用于相对较低的水平（62501 美

① 生产率委员会：“房屋所有权优先”，《墨尔本报告》第 28 期，2004 年，第 xxxi 页。
② 同上书，第 71 页。

元)。通过在制造损失的房地产行业投资，可以消除一部分负担。根据RBA，“房产作为普通的消费品在市场上交易，在很长一段时期内并没有获得积极的税收收入”。①

- 虽然对房屋价格的关注，澳大利亚政府补贴了基础结构，即使这“主要有利于土地所有者或开发商而不是房屋购买者”，根据生产率委员会。

财产经济学简单易懂。例如：税收减少造成地价上升。② 生产率委员会提到，当税收增加一段时间后，生产力就出现倒退，高税收将会促使投资者投入原始土地上的钱少于其他土地。③ 但是，由于对税收会促发人们对工作、节省和投资的动机的曲解，这种降低地价的方式会对整体经济造成一种致损效果。实现低价销售的起步方式是要人们对他们接受的服务付费，这就意味着当人们为占有土地谈判时，他们将付很少的钱给所有者。

- 尽管意识到房价——“尤其是他们选中的土地的价值”④ ——时时波动，政府仍然不增收资本税以奖赏房地产投资者。这种意外之财源于政府不要求房屋所有者交付与他们的土地收益相当的费用。房屋所有者是纳税者背后的自由骑士（即两个或者一个都不减轻不正当的结局）。他们享有主要住房资本税减征优惠政策，这造成了房地产的过度投资，也鼓励了房屋的高所有率，从而减少了劳动力迁移和降低资本的生产率。
- 税收使得租金收入重新分配给不动产所有者。税基包含土地收入，这一收入可以转嫁给所有者——宅基地占有者。与此同时，从非土地所有者那里征来的税收被用于建造基础设施，这又增加了其他公众场所的价值。为了弥补因收入和资产分配不公而产生的异常情况，政府颁布了更高的边际税率，声称要平息低收入家庭因最初的税收政策而遭受的损失。
- 税收的分配和 GDP 的增长一样，抵制税收和通货膨胀腐蚀税后收益价值的最大“防御手段”是购买土地，然后将其闲置。这减少了土地的流通，增加了税收以资助未被充分利用的基础设施，因此造成城镇生产率的降低、社会生态的损害。

---

① 生产率委员会：“房屋所有权优先”，《墨尔本报告》第 28 期，2004 年，第 42 页。

② 同上书，第 86—87 页。

③ 同上书，第 89 页。

④ 同上书，第 xiv 页。

病态税收造成的累积影响需要用货币来衡量，如果人们想要抓住它们的完整意义。现在可以对富裕国家做一些评估（见第十四章）。这些评估将激励人们从政治家那里夺取主动权。是该收起假慈悲（例如，在供不起的住房方面）并且开展有意义的改革的时候了吧？

第十四章

来自民主化财政的津贴

第一节　一项新的社会公约

对21世纪的民主挑战是为税收法令重塑一个新的角色。这是一项复杂的任务。它将这些变化局限在个人地位和我们的社会角色上。

为了在社会复兴和个人自由方向上进步，那些政治演说的语言自身就会重新修订。只有这样，才有可能为公共设施的投资商定新的条款。这就需要重写社会公约。

我们在筹集国家税收方法上的激进改变可能吗？也许我们没有更多的选择。巨大的压力促使我们约定新的个人哲学和公民职责。提醒我们转变的那些信号，也许来自政府修订税收条款的摸索当中。一项新的政治法则的轮廓是显而易见的，而且新的政治法则也暗示了它与旧的公共财产管理方法的不同。市场的概念也被用来形成新的态度。以目前的情况来看，这个新的税收法令的实施不会走得很远，因为政治家们仍然拘囿于过时的教条。他们试图混淆市场观念和福利经济体制。虽然如此，这项活动表明新的方法是需要的。

在英国，托尼·布莱尔的新工党政府采用了价格机制。这个机制的采用对运输政策领域产生了显著的打击。交通部长阿里斯·达林（Alistair Darling）在一个白皮书①和英国国会下议院的演讲中，宣称英国政府想用养路费来代替税收。乘车者应该根据他所行驶的路段、行驶的路程或者交通高峰期与否，付一定数量的费用。这算是公路的租金。

澳大利亚的财政尝试是对传统观念的挑战。传统观念认为人们应该

---

①　交通经济学的特点，伦敦：HMSO，2004年7月。

为他们受到的服务付费，而且政治家们认为他们能够承受，而不管是否达到了付费者想要的服务水平。这种财政尝试是根本上的转变。这种变化表现在语言上：远离了以前那种对税收的原始观念，认为在开发新住房的过程中开发者应该对基础设施负责。① 而这些基础设施和住房购买者的利益有一定的相关性。这些责任在某些特定场合是被作为服务而收费的，如租费。

征收这些费用有两条合理的理由：降低基础设施成本的需要和保护环境的需要。但是，需要注意的是：

> 在这些城市，土地由于稀缺而不可避免地要增值。除非住房密度增加，否则承受力会受到不利的影响。②

强迫增加人们所居住空间的密度不是一种有效的疗法。合理的策略是吸收投资土地提高的租金，而那些土地是为社会共享服务的。通过这种方法，空间规则通过丰富所有公民的文化知识而得到了补充。

在澳大利亚，用户付费原则被住房买主公认为是提高有效区域的想法，降低了对相同目标调整约束的需求。③ 例如，在新南威尔士的四个发展区域，每块土地征收1.5万美元的抵押运输费（hypothecated transport）。

> 政府已经批准了这个费用的征收，它认为这样可以得到一笔横财，要不它就成了城市铁轨系统延长线上那些原始地主的财富。④

这项征税是一个不成熟的方法。如果对于某些特殊的场合，所得的利润少于1.5万美元，这项征税包括税金的成分，这就扭曲了它的原意。另一方面，如果占用者因为给他提供的地方而愿意支付超过1.5万美元的运输费（即毗邻，也就是离火车站很近的距离），那么额外的费

---

① 生产率委员会："房屋所有权优先"，《墨尔本报告》第28期，2004年，第12页。
② 同上。
③ 同上书，第157页。
④ 同上书，第163页。

用就代表了一笔横财。土地所有者把潜在的津贴（付钱给铁路的人们的恩惠）变成了土地价格的增加，使得当销售期到来时土地所有者受益更多。

有责任心的人应该为他们想得到的服务去付费，基于这一哲学的征税已经表达清楚了一项新的社会契约。它扩展了人们提供公共服务的个人责任心。这个方法将会被巩固以推进所有税收的重建工作，所有公民都要参加到它的意义的争论中。举个例子来说，英国运输部秘书长一直要求财产的所有者应当对连接（英国伦敦的）希思罗机场和伦敦东部尽头的航线所花费的100亿英镑支付一定的费用。为了更好地确定什么人应当支付费用，以及应当支付多少钱，我们需要准确定义“公平”二字。此外我们还需要考虑的问题是，这笔钱是通过政府来征集，还是通过市场上的公共机构来征集。如果基于社会等级的税收被民主共和的财政税收取代的话，那么上面提到的问题可谓为社会经济学面临的炙手可热问题的经典范例了。同时伴随的是商品的价格会以一种新型的、激进的社会形式自发地浮现出来。

一些怀疑论者甚至还怀疑目前的股息、红利及各行各业的奖金不足以保证目前由于传统的税收政策造成的损害。所以，为什么要为政治上的初步变革所引起的风险而自寻烦恼呢？这显然是没有必要的举动！一个很好的解释的理由就是人们对目前的政策普遍不满。这是为什么呢？理由很简单，就是人们普遍地感到目前的政策不是在保护自己的私有财产不受侵害，而是私有财产不断地支出来负担起他们的社会服务费用。因此，他们一直感到自己的付出大于回报，甚至他们还怀疑自己比其他人在一些公共的商品和服务方面得到的要少。这些问题主要是来源于一些富人没有负担社会费用而享有一些特殊的社会服务，这种不良的社会现象引起了人们的广泛不满，而且根据公共筹集资金的理论来看这种不满的现象是正常的。

20世纪以来，税收发展的基础是社会上的劳动者有一定的收入，而不是与他们所选择的或享受到的社会服务的总和成比例的。一个人纳税的多少、纳税的方式以及用纳税的这些钱来干什么，统统都是由政府来决定的。这样做的一个结果是产生了自主经营者的逃税问题。自主经营者逃税、漏税问题目前已经十分的疯狂，仅仅是这一现象就使得英国每年有400亿英镑的国家收入被白白流失掉![1]

但是如果说这种税收的哲学体系是来源于社会制度，那就大错特错了！这种税收哲学的种子是由将社会收入据为己有的君主和贵族种下的，人民除了将私有财产充公来实现社会的公共服务别无选择。而这种措施与人们所想象的那种用自己的收入来维持日常生活是相违背的。正如梅森·加夫尼提出的财政观点那样："在将一些人的努力社会化的同时，会消除一个国家或民族的社会公共资源使用的平等性。"[2]

这样做的结果是我们不需要为我们生活环境之外的其他社会环境而费心费力。举个例子来说吧，当我们要售卖土地的时候所获得的价格是由我们使用的服务来估价的，而我们此时使用的这种服务是免费的，这就好比我们免费骑马而不用付钱一样。而对于意外的横财收入则是另一种资源重新分配的形式，当然财产散失者对于这种方式是十分不满的。对于公正的、负责的财产分配形式而言，这种方式是一种不均衡财产分配形式，我们应当尽力去克服。当然，如果财产的所有者甘愿去娱乐场所大手大脚，那就另当别论了。

这个论题有着强有力的精神上的、道德上的以及经济观念上的重要性，但由于许多土地所有者（或与住宅地区有关的一些人员）本身就是纳税人，所以其影响力丝毫没有受到影响。由于这是对于财政部的提案，所以他们不得不自己做出了一定的让步！这种现象看起来像一个幽默笑话，因为经过迂回线路的过程，使得我们全部为这些看似免费的服务付出了沉重的代价，这对一点土地都没有的人尤为如此！这个例子充分地揭示了当前征税的症结。因为免费骑马者（就是土地拥有者）可以凌驾于税收之上，而我们中的大部分人要自食其力。我们不能责怪任何人，只能够责怪自己，如果我们还允许这种纳税制度继续存在的话。

如果我们支付所有服务费用来试图享受我们所占用的土地，那将不会再有土地的租用费用可言了。这样会产生一个比较简单的、道德上健

---

① 根据2000年的《经济学文摘》里面阐述的一个估计，英国的免税黑色经济占其国民生产总值10%，约为1万亿英镑。其中财政部耗资400亿英镑。有些人很高兴是因为很多的人可以不再纳税，他们对没有逃脱纳税者魔掌而承担日益增加的负担的人，并不表示感激。夏洛特·摩尔："布朗的观点——0.1万亿英镑的黑色金经济"，2004年7月26日。

② 梅森·加夫尼："税收，资金与工作"，Geophilos，2003年春，我对在上层的商业循环中流失掉流动资金的几点看法。

康的、经济上有效的公共经费，这样土地财产的所有者在卖土地（包括建筑物和其他在土地上未贬值的物品）时将不会再存在征税问题。这样将会解决现存的诸如奇异旋转木马式的财富转移，同时也会解决在房地产经济中一些中间者的投机倒把聚敛横财的不良现象。

当然，采用新的财富政策并不是一朝一夕能够完成的。打击治疗是西方国家对前苏联采取的政策，但就目前看来并不是明智之举。但是这一次巨大的变革却值得人们沉思，不知是不是因为我们过度的敏感？难道这是由土地的资产损失造成的结果？如果能够提供大量的有关这方面的资料的话，我相信人们会支持这个政策。因为有这种理论的培养，所以明智的人们将会选择能够使他们富裕的变革，而对他人的利益也不会有所歧视而区别对待。目前收入所得税有所降低可以弥补人们在地理位置上所获得的利益，这正是通过目前财政改革所获得的红利。

第二节　盈利

经济学家采用“过度的负担”来描述传统的税收所造成的财产扭曲，这个负担使得国家财政在很大的程度上流失掉了，而财政大臣从不披露这些流失的数据信息。

通过对隐藏在一些学术的文学作品或一些经过修饰的行话的考究，我们对这些损失得到一些暗示。两个著名的美国经济学家通过提供对七个国家的公共租赁政策下的输出量收益和各国家收入总值评估结果，试图来改良这种限制民主讨论的政策。尼克·泰德曼（Nic Tideman）教授和弗劳洛兹·普拉斯曼（Florenz Plassmann）教授提出疑问：如果政府废除损害其经济的税收而使得人们承担与其所享受的服务成正比的费用，这样的措施会对其经济有什么影响呢？问题的答案：我们可以通过1993 年的国民生产总值表 14 - 1 来加以说明。这七个国家在货物和服务贸易中将近 70 兆英镑因为传统税收的负面影响而损失掉了。如果政府将政策转移到公共税收的政策上来，或许会是一个获取收益的好方法。

为了更好地进行说明，罗纳德·班克斯（Ronald Banks）引用了曾被运用于戈登·布朗 2000 年财政预算中的一些有关英国经济衰落的数据。作为对外交易的先驱班克斯深深地明白民族的金融系统是来源于国内。他将经济学家的晦涩难懂的大作转化成普通人们可以看懂的语言。他指出，英国目前情况下的1万亿英镑在改革条件公共税收系统下可以获得8800亿的英镑净增值，就是说社会上的每个人——包括男人、女人和小孩，都会有1.5万英镑的额外收入①，甚至比这个估计还要多很多（因为尼克·泰德曼教授、弗劳洛兹·普拉斯曼教授采用的是保守估计计算）。这就明显地说明了英国有足够的潜在收入去承担人们所需要的社会服务。财政部改革社会政策会引起生产总值的上升，从而增加额外的收入。

表14-1　G7：公共租赁政策下的输出量收益和各国家收入总值

国家	国民净收入（10亿美元）	人均国民净收入（美元）
美国	1602	6902
加拿大	275	9142
法国	879	15166
德国	1018	12406
意大利	815	14128
日本	1535	12284
英国	716	12133
总值	6840	

资料来源：尼克·泰德曼、弗劳洛兹·普拉斯曼：《民族的损失》第六章，伦敦沃斯拉出版社1998年版。

现今，应当用于增加国民生产总值和人民满意度的政府的开销，却因为一些不良使用的社会现象，引起了一些负面的影响。国民收入主要源泉的税收正在不断地紧缩而不是扩张。这种趋势正在不断扩张，人们潜在的不满也在无知的面纱下不断地窒息直至销声匿迹。而政府本身也能想出增加税收的好方法。

假设英国政府将这种转变的过程期定为十年的时间，这十年时间恰好是英国的两届行政管理期。

---

① 罗纳德·班克斯："欺骗：戈登·布朗，财政部和税收政策的内幕"，伦敦：房地产经济研究中心，2002年。

税收初期改革的原则是不能损害最易受野蛮的财政攻击的人群。废除收入所得税会立刻导致紧缩性资本成果向以技术为基础及人才为中心的财富创造、服务提供方式转型。这些开始于一些废弃的社会服务和支出，就是那些不再需要国家的公共财政预算的社会服务和支出。同时，减少社会上低薪阶层的需求可以使社会上的福利费用有所紧缩。简单而言，人们的收入之间的联系将会变淡，同时财政部对人们生活的影响也将逐渐变小。因为对财政收入的需求量越来越小，最后的措施是以税收为根本的财政收入不会再给政府带来麻烦。同时，应当把政府某些工作职位的废除提上议程，因为消失的一些下层阶级将不再需要管理者来统筹管理。

当有效的财政开始执行的时候，整个国家的国民总收入也会有所增加。拿英国作例子来看，当产值为 1 万亿英镑时，税收约为产值的 33%①。所以说，英国可以将 3330 亿英镑用于公共服务业上。现今，根据泰德曼、普拉斯曼和班克斯的计算，10 年的过渡期其经济产值将会增加到 1.8 万亿英镑。这种增长并不是基于五分付出三分回报的物质利益增长规律，而是在于有效利用土地、资金和劳动者服务三者之间的关系。新经济政策增益的 1/3 为 6000 亿英镑，这比目前所收集到的税收收入要多得多。因此，在第一年，当经济达到税收机构所提供的上限时，此时输出量会高于历史的增长趋势。没有人会因为得不到其他人的帮助而缺乏食物，以致度日如年。相反，他们会幸存下来。

但是，伴随着转变深入到过渡时期，即与人民收入和他们依据旧的趋势所创造的前景有关，此时公共部门本身的特征就需要变革了。最需要马上解决的问题是，国税将不再凌驾于人们的日常生活之上。人们将更为自主地来控制他们自己的日常生活琐事。结果是将人们的政治权力从中心的公共机构转移到了私人、所在城市的分部门及其邻近的社会机构中去了。

政府发现其财政出现剩余的时期将会很快到来。剩余的公共资金用作什么比较好呢？可用于弥补过去在基础设施建设如运输部门上的投资

---

① 罗纳德·班克斯："地球的成本"，伦敦：Shepheard-Walwyn，1989 年，通过对所有可行的窗体进行税收来作为公共消费的充裕的后盾，请参阅梅森·加夫尼："税收产生的资源的详细记录"附录 1，"民族的损失"。

不足的问题。政府也可以选择将这部分资金作为红利归全民所有。美国的阿拉斯加州对每一年的石油税收资金都必须确定一定的方式来使用。目前，阿拉斯加州的部分剩余资金用于投资阿拉斯加州的永久基金，这种资金是为将来石油资源耗尽时提供必要的社会需要而储备的。还有一部分石油税收基金每年以现金的形式分发给本州的全部公民。其中2000年，分发给每个公民的基金为1963美元，这是自1982年以来最多的一次①。

这种重建远古时代人们从土地获得利益的规则，是通过对市场经济和国有化经营经济进行选择而得到的。它获得的利益将等同于土地获得的利益，目前尚未出现合适的所有者权利。

基于给下层阶级分配小块土地的政策，不会解决我们需要对系统本身进行重新分配的程度问题。弗德纳德·莫恩特（Ferdinand Mount）是零碎方法（piecemeal approach）的提倡者，他曾任撒切尔政府的顾问。他非常关心下层阶级道德上和文化上的福利情况。他的观点是，通过分配方案可以培养人们对所有权的感知。莫恩特对英国目前由于土地分配不当而使贫富差距逐渐增大的问题十分生气。

我认为，英国的土地所有权在主要的经济大国是最集中的。相对于世界其他地方如此众多的不动产可以幸存下来，这绝对不是一件简单的事情。英国的大地主拥有的土地数量也比其他财产拥有者所拥有的要多，而其农场的平均面积也要比其他国家的大得多。②

莫恩特的财政措施有一个明显的缺陷，那就是他试图将目前数量相对变少的土地分给数量较以前增多的人们。这与前苏联犯了同样的错误。问题的根源在于他们还没有弄明白，问题的关键不是土地本身的所有权归属问题，而在于当他们占有土地时从土地税收中获取的资金总量。

---

① 艾伦纳·阿特兹克（Alanna Hartzok）："阿拉斯加州的政府管理模式：依靠天然资源税收满足公共设施和人民福利"，Geophilos，2002年春，No. 2（1），第一笔红利分配，1982年为1000美元，2003年为1107美元。

② 弗德纳德·莫恩特："关注差距"，伦敦：精华图书2004年版。

将社会住房私有化和谎称通过低税收来进行土地再分配的措施，并不能解决自古以来的不公平措施带来的遗留问题。我们需要的是一种基础广泛的、开放的政治措施，这种措施在分配个人收入和获取工作岗位时是公平竞争的。我们还需要缓解贫困的劳动者与富有的财产所有者在纳税问题上的纷争。如果中产阶级关心社会上的失败者、落难者的福利问题，最有效的方法就是拥护纳税的改革。同时这也会使所有人获得利益，当然也包括将来有一天会买房子的中产阶层。

第三节　灾难之路

究其根源，税收的掠夺特性是受公共花费用于第二时期新劳力的影响。此时的货币筹集被用作学校和医院的投资。这样做的目的是值得赞扬的，可是这样筹集资金的方法却是不可取的，犯了一个致命的错误。这是因为将纳税人的资金投资于学校和医院这些特定区域的建设，会使这些本已属于特殊区域的场所更加引人注目。这会使由增长的生产力所生产出来的额外的产值转移到业主的手中去。这种结果已经被财政部的会计学协会轻轻地掩盖掉了。我们可以通过分析布莱尔政府的十年交通运输投资计划来分析解释这个问题。

2000 年 7 月，政府宣称将会有 1800 亿英镑用于公路系统和国家铁路系统的建设，表 14 - 2（第六栏）提供了这项命令带来的巨大损失①。政府被提议将 1230 亿英镑用于公共的花费。这是首席财政部长——普雷斯科特提出的一个现实的和高效的方法②，但是普雷斯科特在向议会揭露如此巨大的开销可能会限制国家政府的财政支出时却失败了。十年以后，由于政府的税收工具缺失所造成的财产损失有将近 4000 亿英镑。

通过对政府的财政税收和财政支出的全面审计检查，可以估算出它对房地产市场的影响作用。表 14 - 2 中的第五栏表明了房地产的总产值一直处于上升状态，其总产值高于 1800 亿英镑。这是一种非常不切实际的低级估计。众所周知，根据前 200 年的经验和经济学理论的系统方

---

① 哈里斯："财富的流通"，即将出版。

② DTLR 出版社发行，2000 年 7 月 20 日，第 1 页。

法分析，我们可以得到下面的结论：将1800亿英镑用于交通系统的建设，可以使房地产的价值大幅度的升值，估计可升值为4000亿英镑。当然，精确的估值难免会存在一定的不确定性，这主要是来源于政府对成本效益分析即投资的净产值存在一定误差所导致的。最终的估计数值都是通过房地产的价值来衡量的。

十年交通运输投资计划投资与支出：
2002—II（10亿英镑 产值）[1]
表14－2 房地产增值与输出量损失[2]

	公共投资	私人投资	公共资源损耗	合计	房地产增值[3]	国民收入损耗[4]
	(1)	(2)	(3)	(4)	(5)	(6)
公路	13.6	2.6	5.0	21.3	23.4	58.9
铁路	14.7	34.3	11.3	60.4	66.4	82.3
局部交通	19.3	9.0	30.6	58.9	64.8	158
伦敦	7.5	10.4	7.4	25.3	27.8	47.2
其他交通	0.7	n/a	1.5	1.5	2.4	7.0
未分配[5]	9.0	n/a	n/a	9.0	—	44.3
收入	n/a	n/a	2.7	2.7	—	—
合计	64.7	56.3	58.6	179.7	184.8	398

说明：1. “投资1800亿英镑用于建设高水平的交通运输系统的十年投资计划”，伦敦：交通部新闻社发布，2000年7月20日，第3页。

2. 罗纳德·班克斯估计与房地产经济研究中心——伦敦。

3. 摘自 cols. J-3，比率为1.1：1。

4. 摘自 cols. 1 and 3，比率为3.167英镑的收入损耗与传统税收的每1英镑的增长。数据来源于2001年财政预算中的税收负担与国民收入统计表。引自罗纳德·班克斯的著作“欺骗：戈登·布朗，财政部和税收政策的内幕”，伦敦：房地产经济研究中心，2002年。

5. 在传统的税收政策下这个财政收入会有所增长，但是我们不知道这个增长会被用在什么地方，于是我们在不切实际的条件下，即假定房地产值没有上升的条件下，我们估计了收入损耗值。

所以说，戈登·布朗的财政哲学被赋予了一个隐藏的价格标签，CBI 曾经估计过这个问题。在 1997—2005 年之间，财政大臣增加的税收花费掉了约 500 亿英镑。这降低了社团的收益率，从而使此次投资引起了广泛的不满。但这并不是 2002 年 12 月 10 日交通部长——阿里斯·达林（Alistair Darling）在国会下议院提出异议的转折点。阿里斯·达林强调指出，布莱尔政府的财政计划是有规则的和平稳的，而且他还针对这两个方面，花费约 55 亿英镑用于缓解一条交通要道的交通阻塞工作。他告诉人民大众：

> 我们需要更多的公路和铁路，我们是世界上最先进、最发达的国家之一。在过去的 5 年里，我们已经顺利解决了 150 万人的工作问题，而且人民的生活水平也越来越好，从人民旅游的次数的增加可窥一斑。

阿里斯·达林宣称的公共支出的财政政策是有规则和平稳的事情最终没有得到证实。有规则的财政及计划应当考虑其所有可能的财政后果。举个例子来说，55 亿英镑的钱被用于房地产市场，将会有至少 60 亿英镑或者 120 亿英镑甚至更多的额外收入。当然这部分钱会被少数的特权阶层拿走。而房地产增值如此大的原因也就在于人们活动空间的更加灵活方便。通过理论研究可以得知，如果将 1 英镑投资于交通运输中（当然这种方案要在商业上可行）①，至少可以获得 1.1 英镑的房地产的额外增值。这类投资的回报可能会更多！在伦敦，用于延长地下的周年庆典的道路的投资获益更加惊人，其收益与投资的比例估计可以达到 4∶1。对于房地产商而言，35 亿英镑投资可以获得将近 14 亿英镑的收益②。基于此种理论，55 亿英镑用于高速公路建设的投资，可以使房地产商获得 200 亿英镑的收益。但是对于房地产的价值而言，还应将收入的损耗考虑在内。55 亿英镑将会导致高于 170 亿英镑的收入损耗，这

---

① “这是最小值的回报”，诺贝尔经济学奖的获得者——威廉姆·沃克里在研究交通运输和城市经济学时不止一次地重复这句话。他这句话平凡易懂地揭示了税收是公共财政收入的合适来源，请参照沃克里的四章在肯尼思·文兹尼的著作“房地产价值与纳税”，纽约：M. E. SharpelLondon：Shepheard-Walwyn，1999 年。

② 德·瑞丽（Dontiley）：“纵横驰骋”，伦敦：房地产经济研究中心，2001 年 1 月 7 日。

个对商品和服务的估计是基于财政部采取了最为有效的财政收入增值政策[①]。损耗的原因不在于政府的财政收入增加了多少，而在于如何使资金增加来支撑项目进展。

政府陈述安定平稳的成果的主张是什么？其财政政策不仅破坏了交通计划，而且扩展了社会目的。资产利润的受益人将是那些拥有他们自己的房屋的人。在这个十年中剩下的时间里地价将不断提升，交通运输进程将成为分配资产价值的主要方式，资产来源于纳税人并将有利于财产所有者。这既不公平也不有效。这种结果不存在表面上的平衡。交通运输资金将给房屋价格产生一个螺旋状上升的附加值，使老师和护士更加买不起房子。公众的花费将使房产所有者不肯转让他们的房屋，因为他们期望获得更大的利益。

另一个结果是保存了经济繁荣和萧条的交替循环，它阻止了公众和私人服务的投资。我们在建筑业也看到了这种情况（见第七章第三节）。总体上来说，对于英国，在1992—2002年之间其公众投资的累计值不足650亿英镑。该结果由罗纳·罗伊博士计算而得，他假设新的公众投资在这十年之内为一常值，并且将总值（1590亿英镑）与公众投资的实际累计量（930亿英镑）相比较[②]。

劳埃德·乔治和菲利普·斯诺等拥护改正公众政策中的摇摆不定的方法。如果他们能够将自己委托给布莱尔政府，那么经济利益将不难计算。估算了欧洲交通运输部门在改革中所获得的利益的提升，表14－3给出了英国的结果。

表14－3　　英国最佳运输价格后的国税利润

税　　收	每年10亿欧元
所有内陆的交通运输模式的特定税收	59.84
所有内陆的交通运输模式的最佳税收（包括附加的停车管理费用）	98.79
税收值的净变化量	38.95

资料来源：欧洲交通运输部长会议："重整交通运输税"，巴黎OECD出版社2003年版，第14页表1。

---

① 此方法在班克斯的书中有所讲解。

② 若娜·罗伊（Rana Roy）："不要单独消费：全面纳税的经典范例分析"，伦敦：铁路系统讨论报告会，2004年7月，第6页表3。

如果价格是基于我们所概述的公平和高效的原则，只在英国，税收的年增长值为390亿欧元（240亿英镑）①。经济学家罗纳·罗伊在调查国库收入变化的结果之后总结如下：

> 因此，为了最优化福利而不是国家收入而设计的定价体系产生了每年99bn的总税收，在未达到标准的60bn税收之后附加的39bn通常从交通运输部门征得。②

如果没有这些优化的财政政策，在生长时期的向前移动和响应时期的向后撤退对经济的综合影响之后，所得到的结果是：我们又回到起始点。如果消除了人们的税收但是需对他们所获得的利益——包括使用道路的权利——支付费用，那么总的收入将增加。我们可以提供投资所需要的固定资产；我们可以撤回不利的税收，享受更高的生活标准，失业风险的降低减轻了工作压力。

最优化的定价政策使经济重新平衡，更低的债务和更多的投资保证了共同体的合法义务。这样的结果需要一个具有很好领导才能的精明的长官。不幸的是，戈登·布朗所能提供的最好的服务就是公众咨询，它建立在发展中国家标准税金计划的基础上。这一政策在1947年之后再三被劳工政府所尝试，但都留下了消极的影响。③

第四节　掠夺政策的结尾

从历史观点上说，传统意义上税收应该被保存下来用于公共领域的服务经费，而贵族政府却将税收私有化，公开指责贵族政府的这一行为被认为是正当的。

在20世纪，劳动阶级曾努力尝试过要求参与公共财产的直接分享，而不是财产的重新分配。他们的努力以失败告终，于是人们开始将希望

---

① 欧洲交通部长会议："改革交通运输税收"，经济合作与发展组织出版社2003年版，第34页 表1。

② 罗伊："不要单独消费"，伦敦铁路系统讨论报告会，2004年7月，第13页。

③ V. H. 布朗德奈尔："1947—1976房地产经济的缺陷"，in Nicolaus Tideman，"房地产与纳税"，伦敦：Shepheard-Walwyn，1994年。

转移至社会主义，以寻求问题的解决方法。但是，将马克思主义和19世纪英国社会主义者作为意识形态工具并没有产生很好的效果：只有在民主化的社会，税收才有可能真正成为国家的收入。这导致了哲学上似是而非的论点：社会主义化的税收政策要求自由市场的公共机构来保护个人的贸易自由。由于USSR指挥系统的独裁主义特性，它不可能采取在《共产主义宣言》中所描述的IO改革目录的第一条（税收是用来支付公众服务费用的[①]）。因此苏维埃联邦政府需要分析国家税收的特点，从人民的工资中扣除税收来获得国家收入。这是20世纪征税病理学中最奇特的案例。在苏联，参加革命的工人阶级从资本家的剥削中逃离出来，但是由于不能提出公共资产的民主主义形式，他们不可能做自己的主人。

我们可以通过观察20世纪的国税来合理化普通公民的常规税收政策。在国家福利形态中，某些方面国家税收可以作为等同于政治权力的社会武器。直到第一次世界大战，这一权力一直被地主所独占。虽然贵族政府被迫放弃了他们的议会权力，但仍然控制着国家税收的来源。因此劳动阶级必须认识到这一事实。这导致了一个不正当的结果：通过国家的代言人来重新分配收入，对税收进行了间接的处理，这样做的结果是使得掠夺国家税收的权力又重新落回到他们自己的身上。

由于在民主政治中的财产分配原则仍旧导致了它最终的灭亡，因此对大多数人利益的补偿行为是必要的。例如，在20世纪30年代消沉的年份，在英国和威尔士1%的25岁公民私人拥有总财产的55%。[②] 由于可以通过扩充劳动阶级的财产和权力来增强该阶级集体力量的价值。这使不同阶级之间生存标准差距的缩小成为可能，而这要通过执行一系列的措施才能实现，这些措施包括：为人们提供更多的利益，要求更多的收入，甚至于使他们能够获得原本就属于自己的财产。“这样，财产分配的不平等将导致收入分配的更加不平等。”第二次世界大战之前数年凯伯金（Campion）在关于财产及其分配的开创性学习中总结道。

在国家税收作为人们命运的仲裁者的同时，社会福利制度延续到了

---

① 马克思、恩格斯：《共产党宣言》，由 AJP. 泰勒转引，Harmondsworth：Penguin，1967年，第104页。

② H. 凯伯金：“英国的公共与私有财产”，伦敦：牛津大学出版社 1939 年版，第120页。

这个世纪末。在21世纪我们将如何发展？在声称要效忠于人权的时期，我们荒谬地将自己监禁在法律和制度的框架之中，我们滥用权力来赦免强制的税金。现在，国税已经完成了其历史使命。我们需要创造一个新的角色或任务来满足国家发展的需要，这可以是一个用来补充社会工作的合作伙伴的角色。领导阶层也将从那些已经获得一定资产的土地、住宅所有者们当中产生。

通过对过去一个世纪所获得利益的彻底分析，可以得出世界上创造财富能力的中心正逐步向东方转移的结论。对于这一前景的合理反映就是那些房屋所有者可以通过公共财产民主化的过程来行使他们的权力。房屋所有者需要对未来有一个美好的憧憬，在经济生产力增长的前提下生活品质大有改进，在他们的头脑中这些都应对有形象化的东西。如果他们怯于这种挑战，那么他们将失去控述滥用税款的权利，并且很有可能不能为他们的孩子支付房款；他们只能对处于被雇用的压迫状态，以及由税收间接引起的其他的结果，如个人的心理问题和糟糕的邻里关系等。

21世纪的经济革命能否成为一次统一人民而不是分裂人民的和平的革命？通过声称民主主义的管理方式增加了国家的收入，我们扩大了控制范围，并使那些税款可以被合理应用。根据社会共同体工作的进展决定是否需要由非政府代表监督国家收入的分配。改革过程将有组织地进行，而这所有的一切是那些控制了新的生活方式并且对新生活负责的人选择自身生活方式的结果。通过这一方式，我们给每个人在自己的国家一个最基本的条件。现如今许多不擅社交的行为已经消失了。

独裁主义者将会成为强烈的反抗税收运动的牺牲品。它不再决定你是否有能力支付被认为是必要的花费。相反地，作为社会的一员，我们将自己做出决定，自由选择居住和工作的场所。这是使公共财产民主化的唯一方法，它保留了我们所有的自由选择权。

一个可供选择的方法是固化那些将采取更为强硬、侵扰的强迫方式征收的国税。在那些对全球经济开放的国家，要从机动的劳动力和资产上增加国家收入将变得越来越困难。除非国家收入的基础转移至那些稳定的资源上，国税将变得越来越令人绝望并且专制。除了自卫本能，它将对它本身进行彻底改造（就如极权主义国家那样联合起来，以达到更广的区域），而自由的星星之火将如过去梦想到的那样闪烁。严格统治而失去人性的社会危险性有可能已经存在于我们身上。在英国，对国会负责的情报委员理查德·托马斯（Richard Thomas），对东德国停滞调查所带来的危机日益严重提出警告。[①] 数据库的增生扩散以及关闭监控录像等行为，权威人士具有了控制我们生活的工具。“我不认为人们对处于这背后的东西是一清二楚的。”托马斯警告说。

政治力量的集合体和经济活动结构的转移，使得税务改革成为生存的规则。既和平又繁荣的前提是去除了原先不公平因素的公共的资产。另一方面，我们知道商店里哪些东西是为我们而准备的。

- 退休金不能提供给那些认为他们退休后可以完全享乐的人。
- 随着便宜的能源——石油——将在2050年枯竭，生活花费将增加。[②]
- 制造业将其产品中心转移至东方。
- 欧洲将变得易受外来的打击，而中国却将她自己禁闭在一个经济繁荣与萧条的交替循环之中。[③]
- 美国北部的国税收入将进一步向外扩张，因为无国界的社会将使企业在税收方面重新部署。

除了由普通公民财产而来的生产利润，在全球化的竞争之下，西方文明将处于财政的过度紧张状态。20世纪初，国际贸易形成了新的交通扩张形式，英国、德国和法国在世界市场的统治瓦解了，欧洲面临着与上述同样的危机。一个世纪之前，存在一个安全的网络：殖民者可以通过剥削殖民地来弥补他们国内出现的经济赤字。为了保全他们在该安全网络中的主权，欧洲人发起了伟大的战争。但现在我们处在殖民地时

---

① 理查德·福特（Richard Ford）：“警惕势态的大增长，关注数据的变化”，时代出版公司2004年版。

② 目前，世界的石油储存量按照现有耗油率可以再使用47年，此数据来源于2004年BP的《世界经济统计报告》。詹姆士·鲍克斯尔：“BP宣称：世界的石油储量仅为10%”，《金融时报》2004年7月16日。

③ 21世纪，中国在农村的移动人口将比城市的移动人口少很多。失业人群没有很好的组织，资本投机者们推翻了住宅区，而在这些土地上取而代之的是摩天大楼。政府部门已经试着去控制财产投资的增长，以防止城市的泡沫经济和过热的经济扩张，但是北京的政权制度导致了人们可以拥有使税收私有化的权力，以及人们对该权利无法抵抗的追击：“通常动用警察和暴力策略来清除移动人口，例如停水和停电。”缪阿·迪克：“北京反对毁坏住宅区”，《金融时报》2004年6月6日。

期之后的时代，没有殖民地可供国税去剥削以缓和下层阶级的不满。

现在我们达到了最终的领土边境。但是没有通往未来的道路：我们可以返回。每个共同体可以重新统治属于它自己的社会。那必将付出巨大的物质上和精神上的代价。这是在最后可以进行详细阐述的声明。[①]对于当前的目的，我们可以推断：改革将终止经济繁荣与萧条之交替循环。劳动人民将可以为他们的家庭购买很好的住房，并且可以享受两个世纪以来都没有出现过的在劳动中的安全保障。通过将公共财产的重新民主化，不公平将被消除。从此以后，人们的命运将掌握在他们自己的手中。

① 这样做的原因是“资本主义的病态”的作者意思。

附录

创立真实状态的哲学

> 我们有很低的利息率，很低的通货膨胀，那么为什么在其他国家的房价只随通货膨胀率的变化而变化时我们的房价［建造房子的价格］却一直在上升？令人无法接受的是，房价上升的速度竟达到通货膨胀率上升速度的10倍，甚至更多。
>
> ——约翰·普雷斯科特，英国副首相《卫报》，2005.1.4F

在2004年，英国财政部在公众压力下，考虑基于公共国家收入的形态而改变地价。《金融时报》与其他一些杂志一起，成为有声的鼓动者。马丁·沃尔夫是金融时代的首席描述经济特征的作家，他简洁地概述了这一改革的经济效用：

> 需尽快完善有关于疏通拥塞、污染负荷，以及繁重的经济税金等方面的计划。但是这一思想的执行同样也需要对财政体系有一个彻底的分析，并且对其进行适当的调整。令人惊讶的是，政府毫不犹豫地将接近国内总的产品税收收入的40%投入到研究如何做到使利益最大化和损害最小化的过程中。在他们与我们的共同努力之下，一定可以做得更好。①

财政部已经准备好要用它的库存响应来贬损这一提议。对这一政策的致命打击来源于那些询问这一政策的意图的人。如果只从经济意义上来说，将土地从建筑物价值中分离出来是不可能的。这是布莱尔政府对拥护改革政策的人的一个尖酸的拒绝理由。财政部的经济学家们交流讨

① 马丁·沃尔夫："为什么利文斯敦是一个税收天才"，《金融时报》2004年8月6日。

论了这一所谓的问题之后，副首相约翰·普雷斯科特（John Prescott）宣布了政府要将土地与建筑物价值分离开的意图。普雷斯科特宣称为低收入工作者提供大量买得起的住宅也是他们计划的一部分，而他们所提供的这些房子将建立在公共的土地上，并以6万英镑的价格出售。这些房子的销售价格不包含房子所在的土地。因此，当房子的所有者卖了他们的房子之后，他们仍然拥有房子所在这块土地的所有权。也就是说，土地是一项不可转移的资产。①

如果财政部真的对使用最适宜的政策来阐述金钱的价值感兴趣，那么他们就应该可以很快建立像澳大利亚和新西兰那样的联邦政府，并可以像例行公事那样将土地资产从建筑物价值中分离出来。但是就像大多数房屋所有者所认识到的那样，实际上这一行为在英国的私有市场也正在像例行公事似的执行着。图A－1显示，图中最上面的曲线代表“房价”随着时间增长的情况。在我们购买一套房子之后，我们对它投保的价格应低于购买价格。为什么呢？因为我们不需要对这块土地进行保险。没有人可以将它烧毁或将它偷走。大风会刮过，小偷会偷盗，但是土地并不受这些外界因素的影响。房子可能会倒塌，但是土地依然存在。基于上述原因，我们只需要对房子进行投保，而土地并不需要。

目前，“房子”的售价与土地价值的比例是多少？图中中间的直线表示了用现今的价格更换房子的花费。在英国，保险公司用ABI/BCIS住宅重建花费指数来为住宅所有者制定他们房子的保费。建筑房屋的花费以一个随着时间稳定上升的比率增长，这一增长比率与通货膨胀率的增长趋势有线性关系。通过将土地价值的上升比率与重建建筑物的花费的上升比率作对比，我们得到一个惊人的发现：这两条曲线的走势显示出两者之间的差距越来越大。

但是这两条顶部曲线之间的差距并不完全代表由土地引起的全部花费的比例。我们确保一个新与旧的根本区别，也就是现有建筑物的价值应低于建筑物重建的费用。这一点在图下面的图例中给出了说明。该结果无论对私有资产还是公共财产都有至关重要的意义。所付房子的价格

---

① 本霍尔（Ben Hall）：“帮助低收入人群的5亿英镑住宅计划”，《金融时报》2004年9月27日。

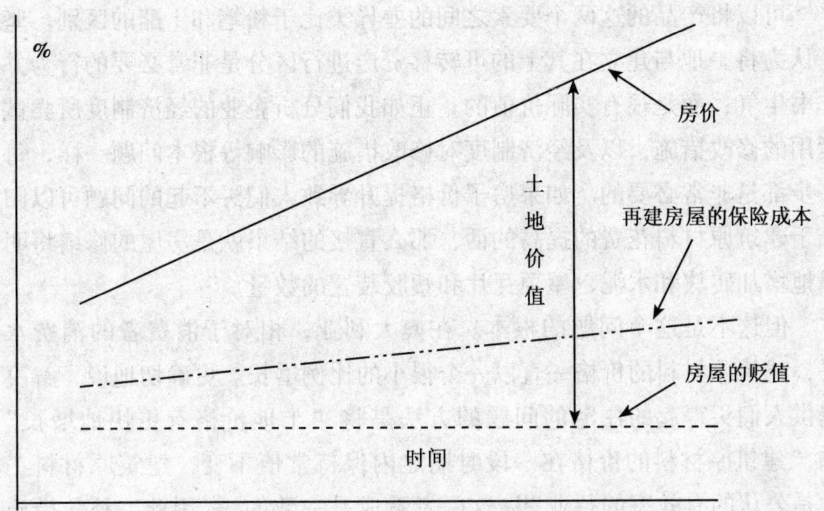

图 A－1　住宅资产：土地和建筑物价值（年变化率:%）

新建住宅只占了总的住房数量的很小一部分（2%）。国家住宅资产的折旧值随着时间的增长而下降。某些资产具有固定的价值（历史上重要的古建筑）。其他的通过修建也保持了一个良好的状态：英国政府的一项调查（英格兰银行：《通货膨胀报告》2004 年 8 月，第 2 页图 B）表明居住条件的改进是人们借用住宅资产净值的唯一的也是最重要的原因。不管重新装修还是购置一套全新套房的花费是多少，它们的价值都随着时间的增长而下降。

中土地所占有的那一部分代表了市场价格和建筑物折旧价值之间的差距。

在同一场所的土地的价值和建筑物及其他可转移资产的价值之间的区别，无论对于诊断目的还是对于经济目的都是至关重要的。不幸的是，即使在土地与其上的资产转移相分离的澳大利亚，经济学家和统计学家们在他们使用的术语上都不是非常严格。联邦政府的顾问，例如，生产力代理帮助人们制定打入房地产市场的探索策略，他们通过将其转移出问题区域焦点的方式对该问题进行定义。这一特点表现了“大部分房屋价格的变化反映了土地价值的变化”。并在插入语中增加了：

> 在这一报告中，除非对价格数据有特殊的说明，所使用的术语“房屋价格”一般包括了所有形式的住宅，包括土地。①

① 生产率委员会：“房屋产权优先”，《墨尔本报告》第 28 期，2004 年，第 6 页。

可以将产品的这两个要素之间的差异类比于粉笔和干酪的区别。坚持认为将土地与建立在其上的可转移资产进行区分是非常必要的行为并非书生气，而是很有实际价值的。正如我们分析企业的经济制度所尝试运用的修改措施，以及经济制度对修改措施的影响等根本问题一样，每一步都是非常必要的。如果房子价格提升导致人们买不起的问题可以归结于建筑原材料花费的提高的话，那么直接的结果就是房屋的修缮将明显地增加砖块和水泥、屋顶瓦片和塑胶装置的数量。

但这不是这个问题的根本。在澳大利亚，相对于消费者的消费水平，建筑原材料的价格一直以一个很小的比例增长。更确切地说，解决提供人们买得起的住宅的问题的方法是将“土地价格有更快地增长”和“建筑原材料的价格在一段时期之内保持常值不变，建筑原材料工业是公认的有效率的行业”[①] 这两者看成是一致的。[②] 因此，补救措施将不在于房子的价格。总而言之，问题引发了“根本上归因于确定区域土地价值的内在缺陷”。[③]

除了使用正确的术语之外，对于诊断目的的应用来说，还存在税收的含义。因为建筑物折旧，政府对于向房屋拥有者征税的问题又明智地作了规定。在澳大利亚，在建筑物的前 40 年折旧率是每年 2.5%。在加拿大，刚开始建筑物的折旧率是每年 4%，然后逐渐降低。而在美国，27.5 年之内每年的折旧率都固定在 3.64%。[④] 土地得不到任何的折旧税收补助，因为土地不存在折旧问题。

这一方式可以清楚地表明，对于包括那些为他们的房屋交税的人和支付税金的人的社会共同体，财产也被视为非常重要。举例来说，在美国，由于要交收入所得税而降低津贴而使政府损失了相当多的税收。而降低的那部分津贴可用于建筑，并在财产税估价报告中为低的土地价格和高的房屋价格提供强有力的依据。通过这一方法，投资者们减少了他们应交的税金。该方法将税收的重担转移到那些只赚工资的人身上，他们会为自己拥有的房屋交税，但是不会钻税收政策的空子。在这种情况

① 生产率委员会：“房屋产权优先”，《墨尔本报告》第 28 期，2004 年，第 125 页。

② 同上书，第 184 页。

③ 同上书，第 126 页。

④ 澳大利亚储备银行：《提请生产率委员会调查关于房屋所有权优先问题》2003 年 11 月，第 44 页。

下，我们可以看到，很有必要将那些重要的概念清晰明了化，并且将这一方面的管理制度真实有效化。通过对公共领土的暴政，腐败者们获得了巨大的财物，他们混淆了很多技术术语——特别是土地和税收等词的应用。